# 金陵古迹图考

南京世传名著

朱偰 著
南京市地方志编纂委员会办公室 编

南京出版社
南京出版传媒集团

图书在版编目（CIP）数据

金陵古迹图考 / 朱偰著. -- 南京：南京出版社

ISBN 978-7-5533-2442-5

Ⅰ. ①金…　Ⅱ. ①朱…　Ⅲ. ①名胜古迹—考证—南京
Ⅳ. ①K928.705.31-64

中国版本图书馆CIP数据核字（2018）第260336号

书　　名：金陵古迹图考
作　　者：朱　偰
出版发行：南京出版传媒集团
南　京　出　版　社
社址：南京市太平门街53号　　邮编：210016
网址：http://www.njcbs.cn　　电子信箱：njcbs1988@163.com
联系电话：025-83283893、83283864（营销）　025-83112257（编务）

出 版 人：项晓宁
出 品 人：卢海鸣
责任编辑：张　龙　汪　枫
装帧设计：王　俊
责任印制：杨福彬

排　　版：南京新华丰制版有限公司
印　　刷：南京工大印务有限公司
开　　本：787毫米×1092毫米　1/16
印　　张：15.25
插　　页：7
字　　数：204千
版　　次：2019年1月第1版
印　　次：2025年6月第3次印刷
书　　号：ISBN 978-7-5533-2442-5
定　　价：200.00元

南京出版社
图书专营店

# 《南京传世名著·金陵古迹图考》编委会

# 出版说明

《金陵古迹图考》《金陵古迹名胜影集》是我国现代著名学者朱偰先生（1907—1968）的代表作。作者以实地调查和文献分析相结合的方法，对南京的历史沿革和名胜古迹进行了详细的考证，为后人留下了一份珍贵的南京历史遗迹的存照。1936年商务印书馆首次出版，现以该版本（以下简称“原书”）为底本，以简体横排形式，将《金陵古迹图考》《金陵古迹名胜影集》两书重新编辑出版。在出版过程中，坚持原真性原则，在充分尊重作品原貌的前提下，对原书内容进行了补充完善：

一、朱偰先生的父亲朱希祖先生曾为《金陵古迹图考》一书撰写序言，该序见于朱希祖先生作品集中，但原书未予收录，本次出版将其收入，置于朱偰先生自序之前；

二、《金陵古迹图考》与《金陵古迹名胜影集》两书之间图版编号有未对应之处，现已重新核正；

三、原书中的标点符号错误或不合现今规范之处，已由编辑径改；

四、原书中的异体字，一律改为简化字；

五、原书中的插页，现按原尺寸印刷；

六、原书中存在的一些讹误，由平涛先生校正，如“陈述文”更正为“陈文述”；“射鸟山”更正为“射乌山”；“辅公袥”更正为“辅公祏”；“祇役出皇邑”更正为“祗役出皇邑”；《洪武京城图志》作者“杜泽编”更正为“礼部编”；“东曰冶城”更正为“西曰冶城”；“请以所居宅舍为宅”更正为“请以所居宅舍为寺”；等等。

希望本书的出版，能够对南京名胜古迹的保护和利用起到积极的推动作用，使这些历史文化遗产能够在当代发挥更大的价值。

南京出版社

# 序

金陵古迹，日就摧残，近代以来，凡有四次：洪武缔造京城，六朝古碑，改砌街道；洪杨草创宫室，四郊古墓寺院，碑碣坊表，运载俄空；端方总督两江，金陵古代金石，半归私室；近岁国都南迁，公私营造，毁弃尤多。夫古迹者，国家历史所寄，民族精神所系，苟非大不得已，必当百计保存。今者保存古物，已设专员，然当局之耳目有限，群众之蒙昧孔多，摧毁之事，层出不穷。良由蚩蚩之氓，不知古物何用，不识古迹何在，无意之中，遭其毁灭，此为最大之因，由是古迹图考尚焉。所以启导耑蒙，共思保卫，厥功实非浅尠。

余长子偰，留学德国，专治财计，回国以来，教授于中央大学，目睹金陵之佳丽，古迹之沦亡，出其绪余，抽其暇晷，常事考察，兼以摄景，随时记述，积有二载，遂成《金陵古迹图考》。余虽治乙部，反不如其专精，虽欲造述，亦不如其敏捷，此则少年气盛之可贵也。其书之条理，异于宋元以来地志多事剿袭稗贩者，厥有二事：一曰从事实地考验，一曰推求原始证据，其“自序”及“凡例”，言之綦详，余毋容为之赘述。庄生有言：“亲父誉之，不若非其父者可也。”且学术之事，当仁不让，向、歆经术，父子异撰，余虽事启发，亦间有异同。前者偰为《建康兰陵六朝陵墓图考》，余为《六朝陵墓调查报告书》，颇多各抒所见，不相苟同；今读此书，大体颇觉完善，惟“六朝城郭”一章，如云梁之宫城三重，虽本唐许嵩《建康实录》（注），然《隋书·礼仪志》谓：梁武受禅于齐，侍卫多循其制。正殿便殿阁及诸门上下，各以直阁将军直领，有御仗等二百七十六人，以分直诸门。行则仪卫左右。又有左右夹毂等四十九队，亦直诸门上下。行则量为仪卫。东西掖、端、大司马、东西华、承明、大通等门大司马下《隋志》

疑脱“南掖”二字，《梁书·张弘策传》：孙文明作乱，入南、北掖门。北掖即承明，此南掖在大司马东，宜据补。又各二队，及防殿三队，虽行幸不从。案《隋书·礼仪志》此节出于梁五礼仪注，最足信据。夫大司马、东西华、承明、大通，此宫城第一重门也，则端及东西掖为第二重门矣。志言防二重宫门后，即言防殿，则所谓第三重门，竟无有也，此可疑者一也。《梁书·侯景传》：“景乘胜至阙下”，“百道攻城，持火炬烧大司马、东西华诸门”，“又斫东掖门”。夫大司马、东西华为第一重门，东掖为第二重门，则东掖、西掖之为第二重门，梁末尚然。《南史·张弘策传》：天监初，东昏余党孙文明等作乱，帅数百人，因运荻炬束仗，得入南、北掖门，至夜，烧神虎门、总章观，又进烧尚书省及阁道云龙门。此南、北掖为第一重门，云龙、神虎为第二重门，乃梁初承齐制而未改者。及云龙、神虎为文明所烧，殆即改为东、西掖。陈太建七年六月己酉又改作云龙、神虎(见《陈书·宣帝本纪》)。而万春、千秋，止宋一用，梁、陈二史遂不再见，此可疑者二也。如此异议，足资商榷。然各有证据，非等凿空之谈。前人传说，亦难一时廓除，故未可以一掩全璧也。阅是书者，苟能发思古之幽情，笃保邦之至念，所谓弘我汉京，胥在是矣，夫岂曰小补云乎哉？

中华建国二十五年一月五日朱希祖作于青溪

(注)《梁书·武帝纪》：天监十年，“初作宫城门三重楼及开二道”，《南史·梁本纪》同。《建康实录》脱一“楼”字，遂有误为三重门以及三重宫墙者。或谓以高下言当称层，以前后言乃称重，以此言之，《梁书》、《南史》乃各衍“楼”字不悟。古称九重天，正指高下言也。

# 自序

尝以为中国古都，历史悠久，古迹众多，文物制度，照耀千古者，长安、洛阳而外，厥推金陵。北京虽为辽、金以来帝王之都，然史迹不过千年，非若金陵建都之远在南北朝以前也。他若汴京、临安，一开都于五代，继于北宋；一肇建于吴越，偏安于南宋，其为时较短，而历史遗迹，亦不若长安、洛阳、金陵、北京之众。而此四都之中，文学之昌盛，人物之俊彦，山川之灵秀，气象之宏伟，以及与民族患难相共、休戚相关之密切，尤以金陵为最。太白诗云："吴宫花草埋幽径，晋代衣冠成古丘"，极言南朝之文物也；"三山半落青天外，二水中分白鹭洲"，极言山川之灵秀也。牧之诗云："大抵南朝皆旷达，可怜东晋最风流。月明更想桓伊在，一笛闻吹出塞愁"，极言江左之人物也。用晦诗云："楸梧远近千官冢，禾黍高低六代宫。石燕拂云晴亦雨，江豚吹浪夜还风"，极言史迹之众多也。梦得诗云："千寻铁锁沉江底，一片降幡出石头。人世几回伤往事，山形依旧枕寒流"，极言盛衰兴亡，至足引人流连凭吊也。独怪关于南都，独少考察古迹之著作（注一）；司保存文物之责者，且听仅存之文物遗迹，风吹雨打，日趋于散佚零乱，乃至于消灭无存，良可慨叹者也。何以言之？余来金陵，适值新都建始之秋，街道改筑，房屋改建，地名改命，其间变化之繁，新旧递嬗之剧，实其他都城所罕有。新都之气象，固日新月异；然古迹之沦亡，文物之丧失者，乃不可胜计。试举数例以明之：

栖霞山之西北，地名张家库，有六朝古墓焉，石辟邪二，东西相向，肘鬃膊焰，腾骧欲飞〔图一八〕。因无碑刻，既不知是齐是梁，亦不知其为何许人。余于二十二年残秋，初至其地，见半没泥中，高可丈余，右辟邪头部已有裂痕。及再至其地，剥落更甚；

三至则并下颚亦已不存矣。按《六朝事迹编类》，栖霞山有齐故尚书令侍中巴东献武公萧颖胄墓（清严观《江宁金石待访目》误为二人，凡两见，实误），则此或为颖胄之墓欤！

昔卢妃巷（今改洪武路）之北，户部街之南，有沟一段，芜草杂生，垂垂干矣。其上有桥，半没泥中，道旁有老树杈丫，亭亭如盖。询之土人，谓系虹桥遗迹。余昔读甘熙《白下琐言》：

> 南唐护龙河自升平桥经上元县之左，东边一带水道，各志历历言之；而西者独略。今羊市桥畔，上踞屋舍，下穿沟渠，后为张府园、裕民坊。皆系菜圃，其地有河身一段，长十余丈，宽二三丈，清水一泓，资以灌溉，两旁石岸犹存，乃西护龙旧址也。……

尝欲亲临考察，以张府园改建中正路，旧迹已渺不可寻。后读陈沂《金陵古今图考》，以为南唐宫城，在内桥之北，东尽升平桥，西尽大市桥，北至小虹桥，因急于一考小虹桥遗址。今见此桥，始知今之浊水一沟，石桥半埋泥中者，正昔日护龙河小虹桥遗址，一代宫阙所届，有如故都之神武门前御桥也。因亟为摄影，以留其址，非取其景也，宝其迹耳〔图二四〕。然我知异日改筑马路，填塞沟渠，此桥此水，必早晚渐归消灭，而与南唐史迹同归湮没矣。

南城大全福巷之口，有瞻园焉，系明中山王徐达园墅。内有玲珑山石，高二丈许，瘦削如峰，另有老藤架其上，雅有深致，传为明中山王瞻园遗物。余于二十三年晚秋往访，遍询土人，已不可寻；后询警察厅司户籍者，始知该园一部早已易主，今已改建洋房，在某天井之中。余遍访其处，始于米店后小院中得之，玲珑犹昔，然深埋四围高楼之下，老藤已枯萎，无复当年扶疏景象。居其地者，除米油商人外，尚有宪兵司令部职员某，院落湫隘，人众嘈杂，山石有知，亦当叹时之不遇矣。

秦淮文庙之前，旧有天下文枢坊焉，建于明万历十四年，清初王澍重书，同治中重修；飞檐复宇，制度宏丽；坊额青质金字，光芒四射。余初来金陵时，尝数见之。二十三年秋，因事重过其地，则坊已杳，仅有新筑水泥石坊，滞重无华，迥非昔比。询之土人，始悉市府改筑者，低徊盘桓，为之叹息久之。

以上所举，不过二三例而已。他若朝天宫之日趋圮倾，愚园之日趋荒废，陵墓之失修，旧迹之澌灭者，更不可胜计。余深惧南都遗迹，湮没无闻，后世之考古者，无从研求，故就三四年来考察所见，遗迹之犹幸保存者，摄为照片，辑为图考，以保留历史遗迹于万一。读者于十余年后，莅临首都。读此书而阅此图，我知其当有不胜今昔之感者矣。

二十三年十月十八日秀水朱偰序于青溪

（注一）近古物保管委员会有《六朝陵墓调查报告》一书出版，然不过因人成事者。其中调查，大半为家大人及余私人之工作；新加入之十三陵墓，无一非经余发现而导往者，至于图版，十之八九亦由余供给。

# 凡例

（一）本书研究方法，以实地调查为主。著者于民国二十二年至二十四年三年间，旅居金陵，鸠集同好三人（内一为德国哲学博士 Metzener，一为奥国音乐博士 Strassl），对于金陵史迹，加以实际调查，从事摄影及测量。计调查范围，东至丹阳，西至当涂，南至湖熟，北及浦镇，举凡古代城郭宫阙、陵寝坟墓、玄观梵刹、祠宇桥梁、园林第宅，无不遍览。计摄影所得，有千余幅，精选三百十二幅，另印《金陵古迹名胜影集》问世。惟一图一考，相辅而行，故本书所注图页，皆指《金陵古迹名胜影集》而言也。

（二）本书叙述方法，亦以实地调查所得为本，“知者以为知，不知者以为不知”，凡所叙述，皆所亲览；凡有主张，皆有根据。其史迹已亡，而无实物可凭者，则不得不引证前人著述，然亦先以当代人之著述为主。盖耳闻目击所及，终视道听途说本诸传闻之为愈也。故研究历代史迹，皆先选择原始的材料，略举如下：

（1）六朝　以六朝人诗文之遗存于今日者为主（如他书所引宋山谦之《丹阳记》，顾野王《舆地志》，齐、梁诗人对于南朝寺宇之描写，江总《栖霞寺碑》等），以《建康实录》为副，盖唐许嵩去六朝未远，犹胜于宋张敦颐之《六朝事迹编类》也。

（2）隋唐五代　可引之专书较少，惟诗人咏金陵者独多，流传至今犹广，差可引证者也。

（3）宋　宋凡三修《建康志》（乾道五年知建康府史正志修《建康志》，庆元六年知建康府吴琚修《建康续志》，景定二年周应合修《建康志》），而惟《景定志》独存，故研究宋代遗迹，自以《景定志》为主。

（4）元　元凡二修：一为天历二年南台御史赵世延嘱郡人戚光纂《集庆路续志》，今佚；一为至正元年张铉纂《金陵新志》，体例略依《景定志》，今存。研究元代史迹，今以后者为主。

（5）明　明凡四修：一为《应天府志》，见《文渊目·旧志》，当是洪武年修；一为《应天府志》，见《文渊目·新志》，当是永乐年修，今俱佚。一为正德十四年徐霖等纂《应天府志》，今失传。一为万历五年王一化等纂《应天府志》，未竣，府尹程嗣功继之，成三十二卷，今有日本内阁文库万历刊本。故研究明代史迹，以此书及《洪武京城图志》、陈沂《金陵古今图考》及其他明人游记诗词为主。

（6）清　清凡五修：一为康熙六年，知府陈开虞延江宁张怡修《江宁府志》三十四卷；一为康熙二十□年知府于成龙修《江宁府志》三十四卷（是书仅有抄本，缺卷一、二、三、三十至三十三）；一为嘉庆十六年知府吕燕照延桐城姚鼐纂《江宁府志》五十六卷（通称《吕志》），最详在赋役，而略于人物，尽删秦淮游宴诗文，其属于偏见，彰彰明甚；一为同治十三年上元县知县莫祥芝、沈国翰，江宁县知县甘绍盘等修《上江两县志》二十九卷，详于洪、杨乱后；一为光绪七年知府蒋启勋、赵佑宸延郡人汪士铎续纂《江宁府志》十五卷（通称《汪志》），简核有要。惟研究清代史迹，仅凭方志，尚觉不足，如洪、杨乱前，甘熙《白下琐言》，实为杰作；洪、杨乱后，陈作霖之《金陵琐志》五种（尤以《运渎桥道小志》、《凤麓小志》、《东城志略》为佳），亦属写实之作，皆当注意者也。

本书所引各种史籍，皆分别注明出处，以便检查。至若近人著述，往往不亲历调查，叙述史迹，仅掇集他人成说，寥寥数语，而附有关系之各说于下。是既无补于实际，不过为资料之汇编，且错误繁多，概为本书所不取也。

（三）关于六朝陵墓，著者另有《建康兰陵六朝陵墓图考》一书问世。计新发现陵墓凡十三处（张家库萧暎墓、甘家巷南狮子冲宋文帝长宁陵、栖霞山西北失名之古墓、笆斗山徐家村失名之古墓、侯村失名之古墓、官塘失名之古墓、江宁镇方旗庙失名之古墓、丹阳狮子湾齐宣帝永安陵、赵家湾齐高帝泰安陵、鹤仙坳齐景帝修安陵、三姑庙齐武帝景安陵，及水经山后失名之二古墓），此皆实地调查之所得，而足以更正张璜《梁代陵墓考》之错误或补充前人方志之不足者。本书仅录其结论，不再详其考证焉。

（四）关于六朝城郭宫阙，本书不惮烦琐，详引《晋书》、《宋书》、《齐书》、《梁书》、《陈书》、《南史》、《北史》及《建康实录》，札记六朝都城门名之见于史籍者，推翻《至正金陵新志》、陈沂《金陵古今图考》、史若川《六朝故城考》十二城门之说，而综为九门。再凤庄门系华林园门而非台城门，见《南齐书》卷四十五《宗室传》，《至正金陵新志》以下，皆误为台城北门，此当更正者也。

（五）关于明代宫阙，凡更正《上江两县志》错误四处：（一）内五龙桥在午朝门内，相当于北京午门内之金水河御桥；外五龙桥在洪武门内，承天门外，相当于北京天安门外中华门内之御桥。前者系事实如此，后者可类推而得（盖北京宫阙规则，全仿南都，是由于史籍记载可知也）。今《上江两县志》卷二十七上，（明宫城图）绘内五龙桥于承天门外，外五龙桥于洪武门外，其误一也。（二）五凤楼即午朝门，是由于北京制度可知，而北京制度，则固仿自南都。《国朝宫史续编》卷五十三云："午门，为紫禁城南正门，三阙，上覆重楼五，……崇闳壮丽，俗所谓五凤楼也。"今南京午朝门双阙已毁，惟遗基尚在，而门上柱础，又显然示五楼之制。则《上江两县志》卷二十七上以午门、五凤楼为二，其误二也。（三）《上江两县志》卷二十七上，绘奉先殿于文华殿侧，而别绘太庙、神厨于阙左门外。按奉先殿象内朝，太庙象外朝，据《续通典·礼典》可知。殿当在乾清宫东，今绘在文华殿侧，其误三也。（四）据《洪武京城图志》，社稷坛在午门外西南，端门之右；太庙在午门外东南，端门之左；今日遗址尚在可资考证者。乃《上江两县志》绘社稷坛、太庙于禁城之外侧，遂不得不误社右门（见《洪武京城图志》）为社左门（不见方志），而庙左门遂阙而不载矣。此其误四也。

（六）关于明代陵墓，本书曾作周密之调查：计陵寝一处，王侯将相等墓三十二处，并摄影测量，以资研究。调查所得，可以修正前人记载者，有下列数点：（1）《肇域志》云："永乐三年秋于阳山采石，为孝陵碑。……学士胡公广有《游阳山本业寺记》，而詹事郑公济有记乃云：永乐二年冬于幕府山阳访碑石，……与胡公记异，不知前碑后竟用否。"今本诸调查所得，则知阳山碑材，因过于庞大，无法运输，弃置未用，此可解决前人疑问者一也。（2）屈大均《孝陵恭谒记》，谓"数百步至大金门，有神功圣德碑，……逾桥，桥下之水通霹雳沟，……是曰御河。桥以北有石兽六种，……擎天柱二，……石人凡八，……"似从神功圣德碑逾桥以至石兽石人，御道神道皆由南直北。今本实地调查，则知孝陵神道，最为屈折，神功圣德碑后石兽神道，为由东而西，石兽尽，神道折而北，为石望柱及石人；过棂星门（今圮），则又折向东北，并非皆由南而北也。屈氏谒陵于仓皇之余，怀亡国之痛，草草游览，所记不真，尚不足为病；独怪近人修《明孝陵志》，近在咫尺，不知实地调查，仍以讹传讹，甚矣古籍之不可尽信，而掇拾陈说之无补于考证也！又屈记谓石人凡八，高可四五丈；实则文臣高不过丈，武将独高丈三，与长陵制相同，不可不察也。（3）甘熙《白下琐言》卷二，谓“明初功臣，多赐葬金陵，修整可观者，惟二王（宁河王邓愈、中山王徐达）而已。”实则明初功臣墓，修整可观者，正不止此二墓：如太平门外李文忠墓、神策门外康茂材墓、雨花台北俞通海墓、雨花台东李杰墓，皆宏大而完整，甘氏自未及一一亲历耳。（4）《白下琐言》卷二，谓王以旂墓在北山，石人石马坊表犹存，与徐中山、邓宁河诸墓相埒。今据调查所得，则王以旂墓在祖堂山西之白山，有碑二，石狮二，武将文臣各一对，并无所谓石马坊表也。且雕刻甚陋，不及徐、邓墓远甚，实亦未能相埒也。

（七）本书所记玄观，凡四十三所；调查而有实物可凭者，仅二十七所。且宫观零落，《白下琐言》及《金陵琐志》所记当年盛时景况，多已成为陈迹。则当还其本来面目，不可侈述过去盛况，而与今日不侔也。

（八）本书所记祠祀，以历史上实有其人为限，凡五十三所，近年存者不过十七所。此不过就其大者言之，其他宗祠等在所不计也。

（九）本书调查所及梵刹，凡九十有三；其有遗迹可寻或碑碣足证者，凡八十有六寺，详见第十三章梵刹各节。至于乡镇之寺宇，一二楹之小庙，记之无足轻重者，概所不载也。此八十六寺，强半荒废，非由于驻军蹂躏，即属于多年失修，日渐颓废。甚矣南朝寺宇之衰也！

（十）本书据实地调查所得，足以纠正方志记载之谬误者，为数尚多，不及一一备举。如宋少保王德墓，《白下琐言》谓在钟山清真寺侧，《上江两县志》遂以之隶钟山，不知王德墓远在城北下庙，已近笆斗山，决不能谓在钟山也。至于积极方面调查所得，足以补方志之缺漏，征之文献不足者，更不及一一备举矣。

（十一）本书每章每节以后，多系之以诗词。盖史迹之得名，往往由于辞人凭吊吟咏，一经品题，声价十倍，故研究史迹，不可与文学分离。且干燥之考证，得此辞藻润色，可以使逝者复生，无情者化为有情；兼可兴盛衰之感观，发思古之幽情。故本书于选择词赋，再三致意，手此一编，重要之南都文献，尽在其中矣。

# 目录


**绪　论** …… 001

第一节　研究之范围与方法 …… 001

第二节　参考之书目 …… 002

**第一章　金陵之形势** …… 007

第一节　概　论 …… 007

第二节　山　脉 …… 008

甲　钟山龙蟠　石城虎踞 …… 010

乙　覆舟山 …… 012

丙　鸡笼山 …… 014

丁　卢龙山 …… 014

戊　马鞍山　清凉山　小仓山　冶城山 …… 015

己　仓山　大壮观山　直渎山　幕府山 …… 016

庚　栖霞山 …… 019

辛　阳山　汤山 …… 020

壬　青龙山　黄龙山　赤山　方山 …… 021

癸　牛首山　献花岩（祖堂山）岩山　三山　雨花台 …… 022

第三节　水　系 …… 024

甲　长江天堑 …… 024

乙　秦淮河 …… 026

丙　九曲青溪及运渎 …… 030
丁　玄武湖 …… 032

**第二章　金陵大事年表** …… 035

**第三章　秦汉以前之遗迹** …… 057
第一节　冶　城 …… 057
第二节　越　城 …… 058
第三节　楚金陵邑 …… 059
第四节　钟山汉秣陵尉蒋子文祠 …… 059
第五节　青溪小姑祠 …… 060
第六节　诸葛武侯驻马坡 …… 064
第七节　六朝以前金石 …… 065

**第四章　六朝城郭宫阙遗址** …… 067
第一节　吴都建邺及太初宫 …… 067
第二节　六朝水道考 …… 069
第三节　建　康 …… 073
第四节　台　城 …… 083
第五节　六朝都城宫城分考 …… 090
第六节　萧梁一代之文物 …… 097

**第五章　六朝陵墓** …… 103
第一节　总　说 …… 103
第二节　陵墓体制 …… 107

**第六章　南朝四百八十寺** …… 113

**第七章　隋唐之遗迹** …… 125
第一节　隋 …… 125

第二节　唐 …… 126

**第八章　南唐遗迹** …… 133
第一节　南唐都城 …… 133
第二节　南唐宫城考 …… 134
第三节　南唐陵墓 …… 137

**第九章　宋元之遗迹** …… 139
第一节　宋 …… 139
第二节　元 …… 141

**第十章　明代之遗迹** …… 143
第一节　城郭及宫阙 …… 143
第二节　孝　陵 …… 146
第三节　初明功臣诸墓 …… 150
（1）钟山之阴 …… 150
（2）邓府山 …… 151
（3）其他诸墓 …… 152
第四节　旧院及十六楼 …… 154
第五节　秦淮四美人诗 …… 158

**第十一章　满清及太平天国遗迹** …… 163
第一节　满　清 …… 163
第二节　太平天国 …… 164

**第十二章　近代之玄观祠宇及梵刹** …… 165
第一节　玄　观 …… 165
第二节　祠　宇 …… 169
第三节　西北诸刹 …… 176
第四节　东北诸刹 …… 180

第五节　东南诸刹 …… 183
第六节　西南诸刹 …… 185
第七节　城南诸刹 …… 189
第八节　其他诸刹 …… 192

**第十三章　园林及第宅** …… 211
第一节　园　墅 …… 211
第二节　第　宅 …… 220

**第十四章　结　论** …… 223

**附　图**
最新南京城市图
金陵附郭古迹路线图

# 绪论

## 第一节　研究之范围与方法

金陵古迹，至为繁多，欲将南都之文物制度、山川史迹、宗教艺术，于短短数十万言中叙之，吾知其必不能胜任也。故本书研究之范围，以有形之史迹为主，其主要目的，在将南都二千年来，造形艺术（die bildende kunst）之发展阶段，逐一叙述，尤以建筑艺术——如城郭宫阙、陵寝祠庙、玄观梵刹、园林第宅，以及沟渠桥梁等——为其中心部分。惟人文之发达，有赖于天然之环境，金陵之负山带江，龙蟠虎踞，与其政治文化上之地位，关系至为密切，故本书之第一章，首叙金陵形势，略述山脉水系大概。

自然地理既明，第二章乃综述金陵之沿革，第三章以后，分叙历代史迹，秦汉第一，六朝城郭宫阙遗址第二，六朝陵墓第三，南朝四百八十寺第四，隋唐第五，南唐第六，宋元第七，明代遗迹第八，清代第九，太平天国第十。各以史迹之多寡，分节目之繁简。至于古迹之存于今日者，依地理之分布，分区分类叙述，第十二章总叙玄观祠宇梵刹，第十三章园林第宅，而以结论殿后。每章各节之末，附以历代词人诗词题咏，以发思古之幽情，而兴盛衰之观感焉。

本书研究方法，以实地调查为主，视个人能力所及，而为摄影测量之工作。三年以来，南京、句容、丹阳、当涂方圆数百里以内，名胜古迹，无不亲至访求调查。故本书所记，皆为实录，另有摄影三百十二幅，地图十余页，以辅笔墨所不逮。其间有久已沦亡失载之史迹，如六朝陵墓者，新经发现凡十三处，对于文献史乘，亦不无裨益也。至于遗迹湮没，古物荡然，不可再考者，始求之于古籍，然仍一一注明出处，以便查考。本书所用参考书籍，不下百余种，请于下节中列表说明之。

## 第二节　参考之书目

关于金陵方志史乘，浩如烟海，欲入手整理，无不生望洋兴叹之感。兹分类按时代先后，举其要者如下。其年代愈古者，愈可珍贵；尤以当代人之记载，为研究古迹最可贵之资料。至已佚之书目，徒列无益，概从略焉。

（一）地理书

（甲）总类

（1）《元和郡县志》　唐李吉甫撰

（2）《元丰九域志》　宋王存撰

（3）《太平寰宇记》　宋乐史撰

（4）《舆地广记》　宋欧阳忞撰

（5）《舆地纪胜》　宋王象之撰

（乙）方志

（6）《景定建康志》　宋景定二年周应合修

（7）《至正金陵新志》　元至正元年张铉修

（8）《洪武京城图志》　明礼部编

（9）《万历应天府志》　明万历五年王一化等纂，府尹程嗣功继之，成三十二卷，今有日本内阁文库万历刊本

（10）《康熙江宁府志》　清康熙六年张怡修

（11）《康熙上元县志》　清唐开陶修

（12）《康熙江宁县志》　清戴本孝修

（13）《乾隆上元县志》　清何梦篆修

（14）《乾隆江宁县志》　清王箴舆修

（15）《嘉庆江宁府志》　清嘉庆十六年姚鼐修（一称《吕志》，或称《姚志》）

（16）《道光上元县志》　清陈栻等修

（17）同治《上江两县志》　清同治十三年莫祥芝、沈国翰、甘绍盘修

（18）《光绪续纂江宁府志》　清光绪七年汪士铎修（通称《汪志》）

（丙）山川名胜分志

（19）《摄山志》二卷　明金銮撰

（20）《栖霞小志》一卷（《藕香零拾》第十一册）　缺名

（21）《摄山志》八卷　明栖霞寺僧兴源撰

（22）《摄山志》八卷（乾隆五十五年刻本）　清陈毅撰

（23）《栖霞新志》（《商务史地小丛书》）　今人陈邦贤撰

（24）《牛首山志》二卷（钞本） 明盛时泰撰
（25）《献花岩志》二卷（钞本） 明陈沂撰
（26）《马鞍山志》（《六梅馆集》第八册） 明周复俊撰
（27）《清凉山志》 明丁飞雄撰
（28）《盋山志》八卷（光绪九年刻本） 清顾云撰
（29）《石城山志》（《可园丛书》二十一册） 今人陈诒绂撰
（30）《后湖志》十一卷（影印明刻本） 明赵官撰
（31）《莫愁湖志》 清马士图撰

（丁）专志琐志

（32）《建康宫殿簿》（《说郛》第三十二册） 唐张著撰
（33）《故宫遗录》（《知不足斋丛书》第十一集第四册） 明萧洵撰（记元大都宫殿，可供研究宫室之参考）
（34）《历代帝王宅京记》 明顾炎武撰
（35）《梁京寺志》（《说郛》第三十三册） 缺名
（36）《金陵梵刹志》五十三卷 明葛寅亮撰
（37）《金陵玄观志》十三卷 明无名氏
（38）《南朝佛寺志》（《金陵琐志》五种之一） 清孙文川、陈作霖撰
（39）《灵谷禅林志》十五卷 清谢元福撰
（40）《重修祈泽寺志》四卷 清金鳌撰
（41）《高座寺志》 清王槩撰
（42）《律门祖庭汇志》 清古林寺僧仁友编
（43）《金陵名祠志》 明葛寅亮撰

以上宫殿寺观祠庙

（44）《历代陵寝备考》 清朱孔阳撰
（45）《建康兰陵六朝陵墓图考》（商务印书馆出版） 今人朱偰撰
（46）《六朝陵墓调查报告》 古物保管委员会
（47）《明孝陵志》（钟山书局出版） 今人王焕镳撰
（48）《梁代陵墓考》（上海土山湾印书馆印） 清张璜著，李卓译

以上陵墓

（49）《金陵琐志》七种

《凤麓小志》四卷 清陈作霖撰

《东城志略》一卷 同上

《运渎桥道小志》一卷 同上

《南朝佛寺志》二卷　清陈作霖撰

《金陵物产风土志》一卷　同上

《钟南淮北区域志》三卷　今人陈诒绂撰

《石城山志》一卷　同上

（50）《金陵岁时记》一卷（排印本）　今人潘宗鼎撰

（51）《西石城风俗志》一卷（排印本）　清陈庆年撰

（52）《金陵园墅志》三卷（翰文书店出版）　今人陈诒绂撰

（53）《金陵胜迹志》十卷　今人胡祥翰撰

（54）《新京备乘》三卷　今人陈迺勋撰

（55）《科学的南京》中国科学社出版

以上琐志

（二）史乘

（甲）正史

（56）《三国志》

（57）《晋书》

（58）《宋书》

（59）《齐书》

（60）《梁书》

（61）《陈书》

（62）《南史》

（63）《五代史》

（64）《十国春秋》

（65）《南唐书》

（66）《明史》

（乙）编年

（67）《金陵通纪》十卷续四卷　清陈作霖撰

（丙）杂史传记

（68）《建康实录》二十卷　唐许嵩撰

（69）《六朝事迹编类》　宋张敦颐撰

（70）《金陵古今图考》　明陈沂撰

（71）《金陵通传》四十五卷补遗四卷（《可园丛书》七至十六册）　清陈作霖撰

（72）《续金陵通传》一卷补遗一卷（同上十六册）　今人陈诒绂撰

（73）《金陵待征录》十卷　清金鳌撰

（丁）野史别录琐言杂记

（74）《江南野史》 宋龙衮撰

（75）《江南别录》 宋陈彭年撰

（76）《江表志》 宋郑文宝撰

（77）《金陵世纪》 明陈沂撰

（78）《金陵琐事》四卷续四卷 明周晖撰

（79）《客座赘语》十卷 明顾起元撰

（80）《留都见闻录》二卷（《贵池先哲遗书》第十四册） 明吴应箕撰

（81）《六朝故城图考》六卷 清史学海撰

（82）《续金陵琐事》 清王官德撰

（83）《板桥杂记》 明余怀撰

（84）《白下琐言》十卷 清甘熙撰

（三）金石

（85）《复斋碑录》 宋王厚之撰，今人朱偰集本

（86）《集古录》 宋欧阳修撰

（87）《江宁金石记》八卷（至元为止） 清严观撰

（88）《江宁金石待访目》八卷 清严观撰

（89）《金石笔识》 清同治莫友芝撰

（四）诗文集

（90）《文选》 梁昭明太子选

（91）《金陵百咏》（《观古堂丛刻》第三册） 宋曾极撰

（92）《金陵杂咏》（同上） 宋苏洞撰

（93）《金陵图咏》（明刻本） 明朱之蕃撰

（94）《秣陵集》六卷图一卷表一卷 清陈文述撰

（95）《金陵古迹诗选》 清汪旸撰

（96）《金陵名胜诗钞》四卷 清李鳌撰

（97）《秦淮诗钞》二卷 前人

（98）《金陵诗汇》二十六卷 清朱绪曾撰

（99）《金陵诗征小传》（原刻本） 前人

（五）西文书籍

（100）Gaillard Apercu Historique et Géographique. Nankin D'alors et D'aujourd'hui （Variétés Sinologiques No.23） Chang-Hai 1903.

# 第一章　金陵之形势

## 第一节　概　论

金陵地望，当北纬三十二度二分，东经一百十八度五十三分。其地居全国东南，当长江下游，北控中原，南制闽粤，西扼巴蜀，东临吴越；居长江流域之沃野，控沿海七省之腰膂；所谓“龙蟠虎踞”，“负山带江”是也。论者每谓金陵形势，偏于东南，都其地者，往往为南北对峙之局，不足以控制全国，统一宇内。故三山驻师，终鼎足割据之势。五马渡江，开南朝偏安之局。实则金陵一隅，实中国民族思想之策源地。《世说》所谓“过江诸人，暇日辄至新亭，周顗曰：风景不殊，举目有河山之异；王导曰：当共戮力王室，何至作楚囚对泣耶？”其民族意识之浓厚，可以想像。

自后明祖奠都金陵，以伐胡元，终成一统之业；太平天国虽未成功，然亦以金陵相号召；近者如辛亥革命，国军北伐，皆莫不以南京为策源地。金陵之于中国，亦犹Frankfurt a. M. 之于德，Orleans之于法，Moscow之于俄；虽未必尽为全国中心，然有事之秋，登高一呼，天下响应。此郑成功之所以海道千里，直薄金陵，恸哭孝陵，以图恢复也。况时移势异，古今未必尽同；昔日中原群雄角逐之场，关中沃野千里天府之国，今皆化为贫瘠，全国财赋之汇，趋于东南，经济重心，厥在江浙。长安形势虽佳，终不过位列陪都而已。至于北京，固为千余年来帝王之都，且与东北边防，关系尤重，然形格势禁，殊难恢复首都地位。诚能以金陵为国都，长安为西京，北平为北京，番禺为南京，励精图治，不遑宁处，据龙蟠虎踞之雄，依负山带江之胜，则中兴我民族，发扬我国光，其在兹乎！

**新　亭**　　　　陈文述

一洒新亭泪，登高望石头。琅邪新帝子，河朔旧神州。
慷慨资齐相，凄凉吊楚囚。于今风景好，极目总悲秋。

**天门山**　　　　曾　极

在当涂西南三十里，又号东西梁山。

鲸翻鳌负倚江潭，天险由来客倦谭。
高屋建瓴无计取，二梁刚把当殽函。

**咏古怀迹**　　　　朱　偰

孝陵恸哭告高皇，誓扫东胡复汉疆。
三日海风京口戍，千年龙虎石头岗。
义声远播中原仰，威望长传岛国香。
正朔胜朝终不改，东南半壁未沦亡。

**新　亭**　　　　前　人

新亭洒泪望神州，莽莽平原走上游。
一样青障绕四郭，宛然伊洛在中流。
不殊风景生长恨，举目河山起黯愁。
江左于今成乐土，何人对泣道宗周。

## 第二节　山　脉

参考书

（1）《首都之地象》 英国巴尔博（G. B. Barbour）著

（2）《江宁地志大纲》 胡焕庸、王维屏著

（3）《紫金山》 林文英著

（4）《南京雨花台砂砾层及其地文意义》 谢家荣著

（5）《方山地质调查略记》 孙鼐著

金陵全区，冈峦重叠，大抵东北为山地区，西南为丘陵区，中部为秦淮平原区，西部为沿江冲积区。其山脉系统，来自天目山，迤逦东北，入句容境，耸为茅山，北折为青龙山，东为汤山、射乌山，耸峙乎近江者为宝华山、栖霞山、乌龙山、直渎山、

幕府山、狮子山，耸临后湖者为钟山，入城为覆舟山、鸡笼山、鼓楼冈，迤西为小仓山、清凉山而尽于冶山，此北支也。南支则起自江宁、当涂交界处之娘娘山，磅礴而北，耸为吉山、祖堂山，再北为牛首山、大山、马鞍山，而至雨花台，入城为凤台山，与冶山隔淮相望。兹将全境主要山峰，列表如下（单位公尺）：

| | | | |
|---|---|---|---|
| 钟　山 | 四六八・八 | 宝华山 | 四〇〇以上（注） |
| 空　山 | 三八二・五 | 汤　山 | 三三二・五 |
| 栖霞山 | 三一三・〇 | 大连山 | 三〇五・六 |
| 祖堂山 | 二九九・七 | 银凤山 | 二九九・二 |
| 黄龙山 | 二九四・八 | 黄土山 | 二八一・〇 |
| 青龙山 | 二七五・九 | 娘娘山 | 二六一・〇 |
| 狼　山 | 二五七・三 | 娘娘凹 | 二五七・二 |
| 吉　山 | 二五六・〇 | 次　山 | 二五四・〇 |
| 牛首山 | 二四八・〇 | 方　山 | 二二五・六 |
| 白头山 | 二二五・〇 | 幕府山 | 二二三・五 |
| 射乌山 | 二一一・一 | 象　山 | 二〇二・〇 |
| 铜　山 | 二〇〇・〇 | 大　山 | 一九六・七 |
| 朱　山 | 一九六・二 | 火龙山 | 一八八・二 |
| 八仙山 | 一八一・〇 | 灵　山 | 一七六・〇 |
| 马鞍山 | 一七五・六 | 南羊山 | 一七一・〇 |
| 棘　山 | 一七〇・二 | 上头山 | 一六〇・〇 |
| 甘家山 | 一五八・七 | 陡　山 | 一五六・八 |
| 北盘山 | 一五三・〇 | 朝阳洞山 | 一四七・一 |
| 章　山 | 一四四・七 | 龙　山 | 一四四・五 |
| 南马鞍山 | 一四四・二 | 观音山 | 一四二・五 |
| 杨坊山 | 一四〇・〇 | 岘　山 | 一三四・七 |
| 将军山 | 一三〇・二 | 狮子山 | 一三〇・〇 |
| 罐子山 | 一二六・一 | 南象山 | 一二五・九 |
| 观　山 | 一二二・〇 | 杨梅山 | 一一三・〇 |
| 韩府山 | 一〇六・二 | 红　山 | 一〇三・五 |
| 北羊山 | 一〇二・〇 | 小岘山 | 一〇〇・〇 |
| 太平山 | 八八・八 | 雨花台 | 八〇・〇 |

（注）据 Richthofen，且高过于钟山。

兹再分述各山如下：

### （甲）钟山龙蟠　石城虎踞〔图二〇四、二〇五、二〇六、二〇七、二〇八、二〇九〕

钟山一名蒋山，又名紫金山，因其岩层有紫色页岩，远望作紫金色，故以名也。或曰：山上有紫云，时时晨见，故谓之紫金山（注一）。山为金陵重镇，高达四百六十八·八公尺，左近诸山，除宝华山差可与之比肩外，无有及者。《康熙江宁府志》云：

> 由钟山而左，则有摄山、临沂、雉亭、衡阳诸山，以达于东。又东为白山、大城、云穴、武冈诸山，以达于东南。又南为土山、张山、青龙、石硊、天印、彭城、雁门、竹堂诸山，以达于南。又南为聚宝、戚家山、梓桐山、紫阳、夏侯、天阙诸山，以达于西南。又西南绵亘至三山而止于大江：此诸葛亮所谓龙蟠之势也。由钟山而右，近之为覆舟山，为鸡笼山，皆在六朝宫城之后；又北为直渎山、大壮观山、四望山，以达于西北；又西北为幕府、卢龙、马鞍诸山，以达于西，是为石头城，亦止于江：此亮所谓虎踞之形也。其左右群山，若散而实聚，若断而实续，世传秦所凿断之处，虽山形不联，而骨脉伏地，隐然相属，犹可见也。

其云气山色，朝夕百变。沈约《钟山诗》云："发地多奇岭，干云非一状。"盖自古已然。杜濬《山晓亭记》云：

> 盖钟山者，气象之极也。当其明霁，方在于朝，时作殷红，时作郁苍，时作堆蓝。少焉亭午，时作乾翠，时作缥白。俄而夕阳，时作烂紫，时作沉碧。素月照之，时作远黛，时作轻黄。星河影之，若素若玄：凡此无论昼夜，皆山之晓也。惟不幸而淫雨，而穷阴，而风霾尘沙，而妖氛，山隐于垢浊，晦昧不见：如此虽在永昼，亦山之夜也。

山双峰蔚起，上诣青冥。其巅有一人泉、大爱敬寺址。

> 《肇域志》：一人泉在钟山绝顶，古法云寺侧，仅容一勺，挹之不竭。
>
> 《六朝事迹编类》：大爱敬寺在北高峰上，侯景之乱，邵陵王纶赴援台城，营于蒋山，因山巅寒雪，乃引军下爱敬寺。

中道为弹琴石。

《宋书》：萧思话从帝登钟山北岭，中道有盘石清泉，上使于石上弹琴，因赐以银钟酒，曰相赏有松石闲意。

西为黑龙潭、七佛庵，风篁露篠，亏蔽澄碧，竹树交翳，时闻梵音，旧为萧统讲经地。庵后有太子岩，或曰统读书处也。

《肇域志》：循泉西有黑龙潭，相传曾有龙见，今深广不数尺，其上为太子岩，又名昭明读书台。

岩西有招隐馆、栽松岘、杨梅岩、头陀岭诸胜。山阴有蒋庙故址，祀蒋帝，帝即后汉蒋子文也。尝自谓骨青，死当为神，吴大帝为立庙于钟山，封为蒋侯。在六朝时至为灵显，齐永明中至封以帝号，南唐追谥庄武帝，亦犹后世之崇奉关帝也。今之蒋庙在太平门北五六里李文忠墓侧，系清初移建者，非复旧观矣。

山之南曰玩珠峰，即独龙阜也，为志公葬处，后孝陵建焉。

《六朝事迹编类》：梁天监十三年（五一四），以钱二十万易定林寺前冈独龙阜，以葬志公，上有塔五级，永定公主造焉。

塔东为落叉池，西为洗钵池，西南为木末轩，取王文公诗“木末北山云冉冉”以名之也。塔后旧为定林寺，是荆公读书处，米元章榜曰昭文斋，李伯时写公真像于壁，杨次公为之赞，故定林之名特著矣。寺之左右，峰峦复沓，后环屏风，前障桂岭，明庆寺址在焉。又前为道士坞，昔陈宣帝礼元靖先生，藏兢于此。相对曰静坛，梁侍中周舍立。

山阳正中为朱湖洞，一名紫霞洞，道书第三十一洞天也。今存说法、紫霞二洞，小院红墙，掩映于松林丛翠中，景至幽窅。紫霞洞可容数十人，旁有悬瀑，淙淙不竭，洵胜境也。其上曰茅草凹，有道士刘渊然告天石刻，今藏朝天宫。

《白下琐言》卷七：钟山《告天石刻文》，乃前明朝天宫道士刘渊然于钟山朱湖洞天告行为追荐设醮祈苐之文，埋石山顶凡二通：一书洪武三十五年（一四〇二）；一书永乐四年（一四〇六）。乾隆四十二年（一七七七）为樵者掘得报告，饬送朝天宫收藏。其词云：“奉大明皇帝圣旨：伏为皇考太祖高皇帝妣孝慈皇后登遐日远，痛怀丧葬之未亲，崩失年深，益感劬劳之未报。手足且伤于前后，情怀有恸于死生。骨肉相残，几致屏翰之倾替；腹心构讼，幸兹家国之安全。”云云。其洪武三十五年，即建文四年壬午之岁，此革除年月之证。道光癸巳（一八三三），重修朝天宫，陶文毅公有跋，刻诸石上，付道士藏之。观其文词，知文皇当日亦深有负疚于心矣。

山阳之泉，有八功德水、曲水、钟山水、霹雳沟。

《肇域志》：八功德水，在旧悟真庵后，僧法喜以居无泉，竭诚礼忏，求西天阿耨池八功德水。方求七日，遂获此泉：一清，二冷，三香，四柔，五甘，六净，七不饐，八蠲痾。自梁以前，尝取给御。洪武年间迁寺时，旧池就涸，从寺东马鞍山下通出，先年以木为笕，通水入寺；宣德五年（一四三〇），以石枧易之。因火灾后，三年水竭不到，至正统元年久旱，忽涌出如初。今复竭。

又：曲水，晋海西公疏以宴百僚。宋时以三月三日，祓除于此。

山之周围，陵墓相望。山阳有吴大帝陵，步夫人墩，晋五陵（康帝崇平陵、简文高平陵、孝武隆平陵、安帝休平陵、恭帝冲平陵），明孝陵；山东有宋武帝初宁陵；东北有宋文帝长宁陵；山阴则有明中山王徐达墓，开平王常遇春墓，岐阳王李文忠墓，东瓯王汤和墓，江国公吴良墓，海国公吴桢墓，滕国公顾时墓；许国公王志墓，芮国公杨璟墓，燕山侯孙兴祖墓，安陆侯吴复墓，汝南侯梅思祖墓，详后陵墓各章。

钟山当六朝之时，寺宇特富，梵宫琳宇，钟磬之声相闻。《寰宇记》引《丹阳记》云：梁以前立佛寺七十所，历代以降递有废兴。今则蔓草荒烟，泯灭殆尽，惟山左之灵谷寺〔图一六九、一七〇〕，半山之万福寺（今改为奉安纪念馆）为仅存之硕果。然残山剩水之间，往往仍有古寺废址，颓垣遗基，依稀可辨者。余尝六登钟山绝顶，于独龙阜后半山溪谷中，发见寺址二所；而山巅亦有殿址一处，犹可想像当年全盛景象也。

（乙）覆舟山〔图二〇九〕

覆舟山在太平门内，《建康志》：周回三里，高三十一丈，东际青溪，北临真武湖，状如覆舟，因名。自来言覆舟山有二说，《嘉庆江宁府志》，以太平门外蒋庙之西仓山当之；而《白下琐言》则以为“鸡鸣寺东北一阜，下临小教场者是”。其说云：

……予按《寰宇记》称东接青溪，北临真武湖，状若覆舟。仓山在后湖之北，岂非南临后湖乎？小教场即今小营，其东南太平桥、竹桥为青溪故道，适与覆舟相近；仓山南临后湖，形状不肖覆舟，安所谓东接青溪哉？宋张敦颐《六朝事迹编类》：乐游苑在覆舟山；《晋书·礼志》：北郊坛在覆舟山南。今小教场地处平坦，正设坛开苑之所，又何疑焉。志称其北立堤，西达宣武城，以蓄湖水。今城跨山后，外皆危堤高埂，正蓄水之明验，其非仓山益较然矣。

二说之中，余以为后说为是。山一名玄武山（宋元嘉中改名），亦名龙山（见《建康志》），与钟山形断脉连，又有东陵，烽火所及，并为要隘，历代战伐所必争之地也：

《晋书·成帝纪》：咸和二年（三二七），苏峻至蒋陵覆舟山。

又《卞壶传》：峻至东陵，诏以壶督大桁东诸军事。

《建康实录》卷十：晋安帝元兴三年（四〇四），桓玄闻吴甫之及敷等二军皆没，大惧，使桓谦次陵口，卞范之次覆舟山，多张旗帜。

又卷十一：帝（宋武帝）率二州之众一千七百人……破皇甫敷等于罗落桥，进败桓谦将于覆舟山。

又卷十七：梁敬帝绍泰二年（五五六）六月甲辰，齐兵度钟山龙尾（按即今龙广山，一称富贵山）据幕府山。……壬子，齐军至玄武湖西北，将屯北郊坛；霸先引军自覆舟山东移于郊南，与齐人对阵。……誓军士一战乃克之。

山在宋为北苑，后改曰乐游苑。

《建康实录》卷十二：宋文帝元嘉十一年（四三四）三月丙申，禊饮于乐游园，且为江夏、衡阳二王来朝，帝有诏会者赋诗，命太子中庶子颜延之为之序。……

**范蔚宗《乐游应诏诗》**

崇盛归朝阙，虚寂在川岑。山梁协孔性，黄屋非尧心。
轩驾时未肃，文囿降照临。流云起行盖，晨风引銮音。
原薄信平蔚，台涧备曾深。兰池清夏气，修帐含秋阴。
遵渚攀蒙密，随山上岖嶔。睇目有极览，游情无近寻。
闻道虽已积，年力互颓侵。探已谢丹黻，感事怀长林。

孝武大明中，造正阳、林光殿于内。侯景之乱，焚毁略尽。陈兴，更加修葺，并立甘露亭于龙舟山，即覆舟山也。山有藏冰井；又有白水苑、阆风亭、瑶台诸胜，并是六朝旧迹，见《宫苑记》，今皆无存。

《建康实录》卷二十：太建七年（五七五）闰九月……甘露三降乐游苑；丁未幸乐游，采甘露，宴群臣，诏于苑内覆舟山上立甘露亭。

《建康志》：藏冰井，宋大明中，凿以藏冰，齐梁陈皆因之。

山石作赭红色，下临后湖，近因取石，益显峻嶒。余尝有《登覆舟山》诗一首，录以殿焉：

登高怅望覆舟山，落日亭亭雁度关。
岭势峻嶒惊鸟道，峦光倒映入渔湾。
江山历劫愁无限，枫叶经霜色愈殷。
闻道霸先尝破敌，齐师片甲未曾还。

（丙）鸡笼山〔图一三八〕

鸡笼山在城北，俗称北极阁。《建康志》：高三十丈，周回一十里。《寰宇记》：西接落星冈，北临栖元塘（按即胥家大塘），状如鸡笼，因名。宋元嘉中，黑龙屡见玄武湖，此山正临湖上，改曰龙山。明置观象台于山巅，又曰钦天山。上有望湖亭，南唐建，今废。山左右昔有十庙，十庙者，帝王庙、蒋忠烈庙（子文）、城隍庙、真武庙、卞壶庙、刘越王庙（南唐刘仁瞻）、曹武惠王庙（宋曹彬）、元卫国公庙（福寿）、功臣庙（祀开国元勋）、五显庙、关羽庙凡十一庙（据《洪武京城图志》），俱明洪武建或徙置，俗称十庙，今十庙口是也〔注二〕。太平之役，诸庙荡尽，今仅存东岳庙，或系城隍庙故址。山上旧有北极阁，后有旷观亭〔图一三八〕，徙倚空阔，南望城市，烟火万家，群山环抱，江湖映带，实为登临胜地。左旧有万寿阁，清康熙二十八年（一六八九），谕免房税，百姓伐石立碑，以纪其事。今中央研究院于其地改建气象研究所，旧迹荡然矣。

山东麓有鸡鸣寺〔图一五八、一五九、一六〇〕，据小山之上，本梁同泰寺故址〔注三〕。前有施食台，相传地为古战场，元时刑人于此，尝有鬼魅祟人，洪武初迎西番僧结坛施食，以度幽冥。寺后有豁蒙楼，取杜工部诗“忧来豁蒙蔽”之意，相传为南唐涵虚阁址。楼面山枕城，下临桑泊，湖中凫雁，历历可数，南朝四百八十寺，此独占尽湖山之胜。下有景阳井，一称胭脂井，今禁登临。

山南旧有晋四陵（元帝建平陵、明帝武平陵、成帝兴平陵、哀帝安平陵）及陆玩墓，今皆无可考，惟大石桥有石麟里，或系其遗迹耳。

（丁）卢龙山

卢龙山俗称狮子山，在仪凤门（今兴中门）内，《建康志》周回一十二里，高三十六丈（按实高一三〇公尺）。东有水下注平陆，西临大江。晋元帝初渡江，见此山形似塞北卢龙，故名。明初改狮子山，太祖尝于山巅欲建阅江楼不果，有平砥，其故址也。山阿有道观，蒙以山名，太祖克陈友谅，亲树旌麾督战于此。山麓有静海寺，在仪凤门外，明永乐中建，以海外平服，赐额静海寺。中有危石，磊砢特起，崖穴相贯，虞允文尝三宿其下，上有宋人题名石刻，世相传为三宿岩，又有天妃宫〔图一二〇、一二一〕，永乐十四年（一四一六）建，殿宇宏丽，廊庑绘海中灵迹，惊风怒涛，怖人心目。有阁曰玉泉，高可见江，水云波鸟，众景奔赴，诚大观也。今废，然遗址犹可寻，穹碑巍峩，犹可想见当年之景象也。

**登阅江楼**　　王守仁

绝顶楼荒旧有名，高皇曾此驻龙旌。
险存道德虚天堑，守在蛮夷岂石城。
山色古今余王气，江流天地变秋声。
登临授简谁能赋，千古新亭一怆情。

**卢龙山**　　陈文述

渔阳形胜古卢龙，莽莽青连一万重。
辽海秋寒骄苜蓿，秣陵春雨长芙蓉。
江南地僻惊千障，塞北山多借一峰。
我向白狼河上见，苍然云气满居庸。

（戊）马鞍山　清凉山　小仓山　冶城山

四山自卢龙而南，绵连江左，逶迤相属。马鞍山在定淮、清凉二门之间。《方舆纪要》：西北连狮子山；《建康志》：东与石头接，高八十五丈，以形似得名。其山幽阻深邃，精蓝梵宇，盛时盖七十余所，钟磬相闻，列刹相望。今寺宇渐趋零落，仅古林寺〔图一七三—一八一〕、金陵寺〔图一八二〕（在大悲岭），其较著者耳。

清凉山旧名石头，即石头城之所据也。自江北而来，山皆无石，至此山始有石，故名。《建康志》引《江乘地记》云："山上有城，又名石城山。"又引《宫苑记》云："楚威王灭越，置金陵邑。"即石头城〔图三七、三八〕。城吴时尚为土坞；晋义熙初始加砖累甓，因山为城，因江为池，地形险固，自六朝以来倚为重镇，常以亲近重臣领戍军，南北战伐，胜负取决焉。隋平陈，于石头置蒋州；唐武德四年（六二一），为扬州治，寻扬州移治江都，此城遂废。武后光宅中，徐敬业举兵，使其徒崔洪渡江守石头。建中四年（七八三），朱泚作乱，江东观察使韩滉筑石头五城。元和二年（八〇七），李锜为镇海节度使，遣兵修筑石头，谋据江左。盖当年江流逼城，为金陵必争之地，自江渐西徙，水西门至江东门间十里，淤为平地；而石城故基，又为杨吴稍迁近南，于是山为城隐，无复虎踞之雄矣。然出石城门（即汉西门）而北二里，山势嶙峋，石城突兀，淮水浩瀚，舳舻纵横，则当年形胜，固依稀在目也。山有清凉寺、小九华寺〔图一六八〕、扫叶楼〔图二九二、二九三〕诸胜，分见梵刹园墅诸章。

小仓山在清凉山东，坡陀相属，止于五台山。旧有随园，袁子才侨寓处也。因山筑基，引流为沼，莳花种竹，饶有古趣，见后园墅一章。又有永庆寺〔图一八六〕，依五台山，梁永庆公主所造也。

冶城山在水西门内，吴为冶城，本冶官治也。晋初移冶城于石头东，以其地为王导西园。太元十五年（三九〇），建冶城寺于此。桓玄入建康，废寺为别苑，广起楼榭，飞阁复道，延属宫城。寻复故，陈永定二年（五五八），遣临川王蒨西讨王琳，送之于冶城寺是也。亦名冶亭，刘裕将伐司马休之，使刘钟领石头戍事，屯冶亭，即此。刘宋为总明观，征学士充之，置东观祭酒、访举各一人，举子二十人，分为文史阴阳五部学。杨吴为紫极宫，有钟阜轩，见黄履《金陵杂咏》。宋太宗雍熙中，于冶城故基立文宣王庙；天圣七年（一〇二九），张士逊奏徙浮桥东北；景祐中陈执中又徙府治之东南，即今县学。然则文庙原在冶城，同治后不过再建耳。文宣王庙既徙，改为天庆观；大中祥符间，赐额为祥符宫，有太乙殿，前有泉亦曰太乙矣。元为元妙观，又升为永寿宫，有钟英亭。明为朝天宫，有习仪亭，百司庶府，有大朝贺，习仪于此。同治乱后，移建府学文庙于此。制度宏丽，为南都冠〔图一二二〕（注四）。西有卞公墓，苏峻之乱，卞壶巷战死焉，二子从难，有宋叶清臣书墓碑，题曰："晋尚书令假节领军将军赠侍中骠骑将军成阳卞忠贞公墓。"

### （己）仓山　大壮观山　直渎山　幕府山

自钟山分支而北，曰仓山、大壮观山，又北曰直渎山，西北曰幕府山，皆一脉相连。仓山在太平门外岔路口（即《嘉庆江宁府志》指为覆舟山者），其北曰姚坊山，曰马房山，曰尖山，曰太平山（高八八·八公尺），皆坡陀相属。

大壮观山在太平、神策（今改和平）二门之间，《建康志》：周回五里，高二十八丈，东连蒋山，南际真武湖。陈宣帝起大壮观于此，因名。山俯临后湖，在六朝时为阅水师之所。《陈书·宣帝纪》，帝幸大壮观阅武；又南康愍王子方泰传："太建十一年（五七九）八月高宗幸大壮观，因大阅武，命都督任忠领步骑十万，陈于真武湖；都督陈景，领楼舰五百，出于瓜步江。高宗登玄武门，亲宴群臣以观，因幸乐游苑，设丝竹会；仍幸大壮观，集众军振旅而还。"按瓜步在六合东南二十里，地属江北，观此可为湖水通江之证。

直渎山在观音门外，高一四二·五公尺，北滨大江，西连幕府，东望乌龙、临沂、衡阳诸山。多悬崖峭壁，洪涛险浪，摧击其下，诚天险也。《建康志》引《伏滔北征记》云："吴将甘宁墓在此，或言墓有王气，孙皓恶之，乃凿其后为直渎，山因以名。"或曰岩山；俗曰观音山，名称虽别，要是一山矣。东北一石吐江，三面悬绝，势欲飞去，曰燕子矶〔图二三四—二三八〕，旧有水云、大观、俯江诸亭，（今改建六角形，凡二层）登临极目：白云扫空，晴波漾碧，西眺荆楚，东望海门，势极雄伟。其上怪石横空，惊涛骇浪，走于舄底，至为壮观。鸦片之役，英军由矶登陆，入观音门，直趋卖糕桥（英主帅 Lord Saltoun 设总司令部于此），以迫南京，可见矶虽拳石，然形势实甚重要。山又多石洞，所谓岩山十二洞是也，“天围山中，江转石底”，称异境焉，然知名者，亦不过头台、二台、三台诸洞〔图二四〇—二四二〕，尤以三台洞窅曲幽深，层累而上，最为曲折。侧有宏济寺址，旧有吴道子石刻观音像，嵌绝壁上（今存三台洞者，疑为赝鼎）。又有观音阁〔图二三九〕，洪武初即山建阁，正德初就阁建寺，危石半空，摇摇欲坠，悬壁有铁练，云是当年锁舟处，下瞰大江，云涛汹涌，惊心荡魄，今江面已去壁里许，无复当年伟观矣。

**晓雨复登燕子矶绝顶**　　王士祯

岷涛万里望中收，振策危矶最上头。
吴楚青苍分极浦，江山平远入新秋。
永嘉南渡人皆尽，建业西风水自流。
洒洒重悲天堑险，浴凫飞燕满汀洲。

**岩山十二洞**　　朱　偰

落日横江风满楼，依稀铁练镇孤舟。
行人遥指悬崖上，世事沧桑不胜愁。

幕府山〔图二四三、二四四〕在神策门（今和平门）外，高二二三·五公尺，晋丞相王导开幕府于此，故名。山北临大江，为建业门户，六朝军事，视为重镇。

《建康实录》卷十二：宋文帝元嘉二十七年（四五〇）十二月，魏太武率大众至瓜步，声欲渡江，都下震惧，咸荷檐而立。……

《建康实录》卷十七：梁敬帝绍泰二年（五五六），齐兵度钟山龙尾，据幕府山，……至玄武湖西北，将屯北郊坛。……霸先……自率麾下于幕府山南，吴明彻、沈泰等众军首尾齐举，纵兵大战，侯安都自白下断其后，齐师大溃，相藉死者不可胜计……

山有五峰，南曰北固，南朝帝子，尝宴乐于此。峡中有石洞极幽邃。中峰上有仙人台、虎跑泉，西北有达摩洞，峰曰夹萝，亦曰翠萝，或曰，达摩渡江时梁武遣使追之，两峰忽合，骡夹不得前，故曰夹骡也。前有五马渡，晋元帝与彭城王渡江处，所谓五马渡江，一马化龙者也。

山上有幕府寺，梁时所建。其东接宝林山，有宝林寺，本梁同行寺，今深山丛芜中，犹可见其残基焉。

《金陵梵刹志》：幕府寺，晋元帝渡江，王丞相建幕驻军于此，后改秀岩院。有达摩洞，前可瞰江。寺旁有芦数千枝，相传达摩折以渡江之余。

《至正金陵新志》引旧《图经》云：宝林寺本同行寺，梁天监中，武帝与志公同游此山，见林峦殊胜，命建寺，因名同行，亦名圣游寺。

《六朝事迹编类》：……唐会昌中废，吴太和中复建，后改为秀峰院。至嘉祐中，改赐今额〔宝林寺〕。

南接铁石冈，有石佛阁，嘉善寺在焉。有苍云崖，最为幽胜，明焦竑题字摩壁上，乱石撑空，谽谺欲坠。两崖间旧有屋，石上镌观音及善财童子〔图二四七〕，有碑，刻“万历丁未（一六〇七）秋建，明年二月成”。

山阳有晋穆帝陵；西有宋明帝陵、宋明宣沈太后陵；晋王导墓，今并无可考。惟山阳正中有失名之古墓一，翁仲石兽，错列其间，衣冠有宋代作风，或为宋墓耳〔图二七、二八、二九〕。

山东南相连有石灰山，俗曰北固山，讹为白骨山，其实古白石也，一曰白下。亦为历代战伐要塞。

《建康实录》卷七：成帝咸和三年（三二八）五月，征西大将军陶侃、江州刺史骠骑将军温峤、庾亮等率舟师四万，旗鼓百里，次于蔡州。六月诸军尽会石头城西北，贼盛未即决战，议于查浦筑垒，监军李根固争曰：查浦地下，又在水南，惟白石峻固，修之灭贼之术也。……根引兵夜修晓讫，贼众见垒大惊。壬辰，进军白石。九月戊申，司徒王导奔于白石。……

《建康实录》卷十七：中兴元年（五〇一），高祖悉大军据姑孰，……诸军相望大溃，追至宣阳门，东府、石头、白下等诸军并降。……

魏源《圣武记》卷八（《国初东南静海记》）：顺治十四年（一六五七），成功闻王师三路攻永历于云贵，乃大举内犯江南，以图牵制。十六年六月（一六五九），由崇明入江……七月，直薄金陵。时江宁重兵移征云贵，大半西上，城大备虚；松江提督马进宝不赴援，阴通于寇，拥兵观望。成功移檄远近，太平、宁国、池州、徽州、广德、无为、和州等四府三州二十四县，望风纳款，东南大震。总督郎廷佐佯使人通款，以缓其攻；成功信之，按兵仪凤门外，依山为营，连亘数里。崇明总兵梁化凤，率师入援，登高望敌，见敌营不整，樵苏四出，军士浮后湖而嬉，乃领劲骑五百，夜出神策门，先捣白土山，破其一营，以作士气。次日大出师，由仪凤、钟阜二门，以三路攻其前，而骑兵绕出山后夹攻。成功令甘辉守营，自出江上调舟师；诸营见山上麾盖不敢退，又未奉号令，不暇相救，遂大溃。化凤后遣兵烧海艘五百余，成功遂以余舰窜入海岛。是役梁化凤首功。……

石灰山东南有明康茂材墓，详后第十章。

（庚）栖霞山〔图二一六—二三三〕

栖霞山在金陵东北四十里，高三一三公尺，西接宝华山，东望乌龙山。山多药草，可以摄生，因名摄山；又名伞山。主峰曰凤翔，自东北而来，分而为三：其迤逦西南行，奇峰屡起，怪石嵯峨者，曰中峰；中峰之西北曰西峰；中峰之东南曰东峰。东峰势若卧龙，故又曰龙山；西峰状如伏虎，故又曰虎山。龙虎二山，左右环拱，象山前障，形胜天成。

《建康志》：山周回四十里，高一百三十二丈，南接落星山，北有水注江乘浦入摄湖〔偰按，湖今废〕。

《舆地志》：江乘县西北有扈谦所居村，侧多药草，可以摄生，山因名焉。

《建康志》引《江乘地记》云：山形方正，四面重岭似伞。山有三峰，中峰屹立，东西拱抱。

金陵谚曰："春牛首，秋栖霞。"盖言春景惟推牛首，秋色首尚栖霞。尤以重阳过后，繁霜未降，满山枫叶，与荻花相映；《桃花扇》所谓"放目苍崖万丈，拂头红树千枝，云深猛虎出无时，也避人间弓矢"，可想见层山秋深之景象矣。

栖霞在六朝以前，知者甚鲜。自南齐处士明僧绍隐此，其名始著。永明七年（四八九），僧绍舍宅为寺，齐梁以来，代有增筑（注五）。琳宫梵宇，飞檐相望，与济南之灵岩，荆州之玉泉，天台之国清，并称四大丛林焉。

**栖霞寺东峰寻南齐明徵君故居**　　刘长卿

山人今不见，山鸟自相从。长啸思齐主，终身卧此峰。
泉源通石径，涧户掩尘容。古墓依寒草，前朝寄老松。

片云生半壁，万壑徧疏钟。惆怅长空去，犹疑林下逢。

**十一月五日雨中重游栖霞** 朱　偰

栖霞秋雨苦连绵，红树青山入望妍。
古径不曾缘客扫，丹枫依旧傲霜鲜。
行宫殿址蔓荒草，居士楼头锁暮烟。
怅望天涯何所见，江声暝色白云边。

**栖霞红叶** 朱　偰

萧森秋色斗清妍，锦绣重重万壑连。
已染青山霜降后，更添黄叶立冬前。
似酡似醉佳人色，如火如荼夕照天。
红剪一林巫峡杳，烟深千里楚江边。

（辛）阳山　汤山

钟山之脉，东转而南，曰阳山，曰汤山，曰青龙山、黄龙山，以至方山、赤山。若断若续，实皆一脉也。

阳山在麒麟门外汤山西北，高三八二·五公尺，一名雁门山，亦曰孔山（一作空山，或作巩山）。明孝陵碑材拟取于此，今犹有遗迹可寻：碑长十四丈有奇，阔不及长者三之一，厚丈二尺，已三面凿空；碑座高二丈，长四丈许，厚称之，亦已略具轮廓〔图七三—七六〕。碑材以过于庞大，无法运输，遂弃置不用；然于此亦可见明成祖好大喜功之一斑矣。

《建康志》：山周回二十里，高一百二十五丈，西连彭城山，南连大城山。山势连绵，类北地雁门，故名。

胡广《游阳山记》：永乐三年（一四〇五）秋，因建碑孝陵，斫石于都城东北之阳山，得良材焉。其长十四丈有奇，阔不及长者三之一，厚丈二尺，色黝泽如漆无疵璺。

同治《上江两县志》谓山北有陈文帝陵，引《建康实录》云："陈文帝天康元年（五六六），葬永宁陵，隶雁门山之北。"实则《建康实录》卷十九，仅谓："天康元年夏四月癸酉，帝崩于有觉殿；丙戌葬永宁陵。"注云："陵在今县东北四十里陵山之阳，周四十五步，高一丈九尺。”余尝遍访雁门山北，不见有所谓陈文帝陵者，然则《上江两县志》误矣。

（壬）青龙山　黄龙山　赤山　方山

青龙山在麒麟门外，高二七五・九公尺，山脉由东北而西南，长凡数里。山产石材质甚良，都人竞采为碑础，或煅以取灰焉。山下佘村有铁底塘，《待征录》疑即古铁冶沟也。西南麓宋墅村有梁建安敏侯萧正立墓，宋墅后村尚有失名之墓阙一，侯村失名之墓阙一，石辟邪二，皆无可考，观其作风，亦系六朝墓也。

《建康志》：山周回二十里，高九十丈。

《通志》：山趾石坚而色青，亦曰青山。

《建康志》：梁时筑坝堙淮水，以灌寿州，久不能成，聚江南之铁，融液载往；其所余者，弃之于此。

黄龙山介青龙山之间，高二九四・八公尺，亦由东北而西南，其地山岭丛礴，人迹罕至。

赤山、方山，皆在金陵东南，并系火山喷出岩，远望峭立，形状颇为相似。方山在土山镇（今江宁县政府所在地）南，距中华门约三十里，高二二五・六公尺，形如方印，故一名天印山[图二七〇]。六朝之时，因破岗渎东通吴会，西达秦淮，而以方山埭为起点，故方山为交通要道。晋元帝时，张闿自至方山迎贺循；宋元嘉末，何尚之请致仕退居方山；谢灵运南游，邻里相送至方山赋诗并此。山阴有上定林寺[图二七一、二七二]，东麓有东霞寺、方山大庙[图二七四、二七五]，西为宝积庵，山阳为洞玄观[图二七三]（注六）。山岭为海慧寺，据平旷之胜，四顾苍茫，如在大海孤岛间也。山初入颇平坦，缓缓上升；约至高度达三分之二，因火山喷出岩层关系，忽变陡峻，大小陨石，纵横满地，犹可想像当年火山爆发之情景也。

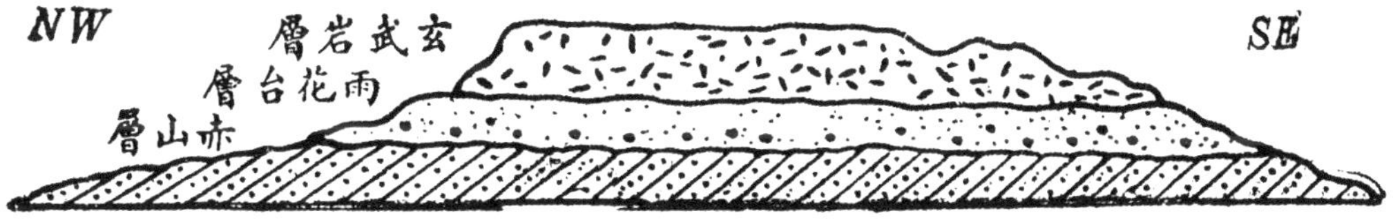


南京方山地形纵剖面图

《建康志》：山周回二十七里，高一百一十六丈。

《丹阳记》：形如方印，故曰方山，亦名天印。

《建康实录》卷二：帝初好道术，有事仙者葛玄，尝与游处，或止石头四望山，或游于列洲，时忽遇风，玄船倾溺，帝悲怨久之；俄见玄曳履从江上行来，衣不濡面有酒色。玄性好酒，尝饮醉卧门前陂水中，竟日醒乃止。帝重之，为方山立洞玄观，后玄白日升天，今方山犹有玄煮药铛及药臼在。

赤山在句容西南，由湖熟而上，十里可达。山下临秦淮，后枕赤山湖，四面峭绝，不与他山相连，亦一息火山也。

### （癸）牛首山　献花岩（祖堂山）　岩山　三山　雨花台

金陵南部诸山，起自江宁、当涂交界处之娘娘山，磅礴而北，耸为吉山（二五六公尺）、祖堂山（二九九·七公尺）、再北为牛首山（二四八公尺）、大山（一九六·七公尺）、马鞍山（一七五·六公尺）、而至雨花台（八〇公尺），入城为凤台山，与冶城山隔淮相望。其间山深景幽，各有异境，然得名最古，厥惟牛首〔图二五三—二六五〕。

牛首山在南京城南二十七里，高二百四十八公尺。山有双峰，正对晋宣阳门，王导指曰：此天阙也，故名天阙山。牛头禅发祥于此，佛书所谓“江表牛头”是也。山阳有普觉寺（古佛窟寺）〔图二五四〕、辟支洞〔图二六〇〕、文殊洞、观音洞诸胜；东南麓有清道人祠、汉罗泉〔图二五五〕；介二山之间，有昭明太子饮马池〔图二六一〕，三吴诸迹，多附之昭明，亦妄也。据同治《上江两县志》所载，山尚有陈宣帝显宁陵、宋王益墓、尚书兵部郎中刁衎墓、明高帝李贤妃墓、仁宗贞静张顺妃墓、驸马梅殷墓、驸马胡观墓、太监郑和墓、知府王铣墓。余为访求陈宣帝显宁陵及郑和墓，尝四至牛首，遍历四周，无片石可证；仅山北四五里有明守备南京司礼太监郑强墓〔图一〇七—一〇九〕，他无所得。于此可见遗籍记载，未可尽凭，非实地调查，无以自信而取信于人也。

《建康志》：山周回四十七里，高一百四十丈。

《建康实录》卷七：时议欲立石阙于宫门未定；后导随驾出宣阳门，乃遥指牛头峰为天阙，中宗从之。

祖堂山在牛首之南，高二九九·七公尺〔图二六五—二六九〕。宋大明三年（四五九），建幽栖寺于山南，因名幽栖山。唐贞观初，法融禅师得道于此，因为南宗第一祖师，始改为祖堂山，一名华岩山。上有美蓉峰，层峦削翠，高矗云表。东为天盘岭，后为拱北峰，右为西风岭，并岨崿崄崎，幽绝人寰。又有伏虎洞、神蛇洞、象鼻洞、息泉、长庚泉、太白泉诸胜，长溪怪石，并为名迹。南有石窟，《寰宇记》法融禅师入定于此，有百鸟献花之异，故名献花岩。山西有小阜曰白山，有明兵部尚书王以旂墓〔图一一四—一一五〕，今存。

《建康志》：山周回四十里，高一百二十七丈。

《大藏经》：华严山高千四百余尺，周四十里余三十步。

岩山在牛首东北，高一〇六·二公尺，冈岭丛礴，溪壑重叠。《寰宇记》云：其山岩险，故曰岩山。宋孝武帝改曰龙山，亦曰南山（见《南史·江智深传》）。俗曰凤凰山；明韩宪王葬此，又谓之韩府山。山西麓有静明寺〔图二五一〕，前有明南宁侯毛元墓〔图一一〇〕；西南麓有龙泉寺〔图二五〇〕、断臂崖；北麓有观音洞，皆大半残废，无胜迹足述。《建康志》引《丹阳记》云：岩山东道有大碣石长一丈，刻勒铭题，赞吴功德，孙皓所建也。今无可考。《上江两县志》卷三，谓尚有宋孝武帝景宁陵、路太后陵、殷淑仪墓、前废帝何皇后陵、梁侍中朱异墓、明阉人罗志远墓，余尝三至岩山访求，皆不可得，殆湮没尽矣。山幽邃深阻，磷磷尽石骨，往往行数里不见一人。

《建康志》：山高三十八丈。

《建康实录》卷四：……改元为天玺元年（二七六），立石刻于岩山纪吴功德。注云：在今县南四十里龙山下，其石折为三段，时人呼为段石冈也。

《宋书·符瑞志》：大明四年（四六〇），甘露降秣陵龙山。

《建康实录》卷十三：大明六年（四六二）冬十月壬申，葬宣淑妃殷氏于龙山。

《建康实录》卷十三：大明八年（四六四）五月，帝〔孝武〕崩于玉烛殿；秋七月丙午，葬景宁陵，在今上元县南四十里岩山之阳。

三山在江宁镇板桥浦，《建康志》：在城西南二十七里，高二十九丈；《舆地志》：三山周回四里，吴时津戍处也〔图二八〇〕。大江从西来，汹涌澎湃，势如建瓴；而此三峰南北相接，横滨大江，诚奇险也。六朝以来，为江上要隘，战伐所必争焉。有三山寺，洪武十三年（一三八〇）敕建，冈峦数重，中隐孤寺，疏钟度云，怒涛舂石，境极幽阒。有矶曰三山矶，横出江上，今为要塞区，不能登览矣。

《建康实录》卷四：孙皓天纪四年（二八〇）二月乙未，晋龙骧将军王濬总蜀兵沿流直指建业；瑯琊王司马伷帅六军济自三山，遣周浚、张乔等破吴军于板桥。……

雨花台在聚宝门（今中华门）外二里，高不过八十公尺，上多石，五彩缤纷，粼粼斑斑，俗呼为聚宝山。蔡宗旦《金陵赋》，“上玛瑙之绝径，雨花翼其飞甍”，又谓之玛瑙冈矣。古曰石子冈，其范围颇不一致。上有雨花台，梁云光法师讲经处也，有雨花之异，因以名台。山远揖江峰，近俯城堞，每当夕阳衔山，峦容树态，金碧晃漾，而江光一线，遥悬木末，最为佳胜。山岭旧有木末亭，今改建方亭，其下山阴为明方孝孺墓。山阳有明方正学（孝孺号）先生祠，稍东为高座寺、永宁寺；山东麓为明镇国将军李杰墓〔图一〇〇〕；北麓为明虢国公俞通海墓〔图一〇一〕；西麓为宋建康府判杨邦乂剖心处，有石碣，题杨忠襄公剖心处，民国二十三年（一九三四），南京市长石瑛重修，砌以水泥，一代古迹，全易旧观矣。其他史籍记载古墓尚多，其著者如晋谢安墓、南唐韩熙载墓、元刘叔向墓、孔平山墓、金陵逸士王寅敬墓、明浡泥国王墓，然遗迹皆渺不可寻矣。

《建康实录》卷三：废帝亮建兴元年（二五三）冬十月，……乃杀恪于殿内，以苇席裹尸蔑束其腰，投于石子冈。……先有童谣云："诸葛恪，何弱弱，芦单衣，蔑钩络，何处求，城子阁。"城子阁，反语石子冈也，谣言果验。

《至正金陵新志》：高座寺在南门外，梁初宝志公主其事，与五百大士俱有，云光师坐山巅说法，天花坠焉。今号雨花台，则故唐给事中名襄字赞元者所命也。……

《宋史》：金人渡江，留守杜充降，建康府判杨邦乂骂贼不屈，金人剖其心于此，实葬焉。

**城南路六朝人丛葬处** 朱 偰

城南路，白杨萧萧天欲暮。
石子冈前冢垒垒，行人叹息为驻步。
闻道六朝多才人，旧家裙屐江南春。
黄土深深埋白骨，千秋万岁同山垠。
寒食何人酹一樽，斜风细柳泣黄昏。
杜宇啼魂猿啸雨，几经沧桑几沉沦。
但见陌上飞纸钱，飘过陇头看不真。

## 第三节 水 系

### （甲）长江天堑〔图二〇七、二四三、三一七〕

大江发源青海，东出三峡，合湘、汉、豫章诸水，西自安徽当涂县流入江宁县界，有东西梁山，锁钥江流，亦称天门山，为金陵西南第一重门户。

**天门山** 曾 极

鲸翻鳌负倚江潭，天险由来客倦谈。

高屋建瓴无计取，二梁刚把当殽函。

其首受水之境，曰慈湖，慈姥港水注焉。又东过烈山港，受铜井镇溪水。又东北径三山矶〔图二八〇〕，江宁浦水注焉。东北径大胜关，受上新河水。上新河明初开，俗曰上河，清初置龙江关于此，一曰上关，市廛辐辏，商船云集，为沿江重镇。又北曰下新河，旧白鹭洲也，今淤为平地。

《丹阳记》引郦道元《水经注》曰：江宁之新林浦，西对白鹭洲。

《丹阳记》：洲在大江中，多聚白鹭，故名。

又北迤东至北河口，淮水支流入焉。自此径江东门外，过下关〔图三一七〕，江流汹涌，急转而东，波涛直冲幕府山足〔图二四三〕，古称天险。又东至观音门北，直渎之水入焉。

《嘉庆江宁府志》：直渎水，今观音门入江水也。自迈皋桥以南，水经三塔寺入后湖，北会钟山东北诸山水，由大水关傅家桥而西注于江，河道萦纡不绝，惟狭不通舟耳。

《建康志》引《伏滔北征记》云：……吴将甘宁墓在此；或言墓有王气，孙皓恶之，乃凿其后为直渎，山因以名。

又东北至摄山，东下为黄天荡，韩世忠与金宗弼相持处也。江水自大胜关以下，中隔大洲。至黄天荡，洲尽江合，势极浩瀚；谚曰“上有六百丈，下有黄天荡”，言其险也（六百丈在安徽桐城县地）。又东径龙潭，入句容界矣。

综观长江天堑，形势至险，曹操败于赤壁，曹丕退自广陵，魏太武还自瓜步，金宗弼败于黄天荡，金主亮死于采石，其于南朝立国，至有关系。然王守仁诗云：“险存道德虚天堑，守在蛮夷岂石城。”此陈后主之所以覆亡也。惟有德者乃可利用天险，而立国于久远。

《建康实录》卷一：黄武三年（二二四）秋九月，魏大军来寇，曹丕自出广陵，临大江，兵十余万，旌旗数百里。王使诸将谋以拒守，安东将军徐盛设计筑围，作薄落，围上设假楼，江中浮船，多张旗帜于山险，而又缚草为人，衣以甲胄，自武昌至于京口，烽烟相望，诸将以为无益，王然之。魏文帝临江不敢渡，久之叹曰：“天固隔我吴魏，彼有人焉！”便退。吴将孙韶……遣将高寿率敢死士五百人夜于径路要之，魏帝惊败，遁走寿春，获辎车羽盖而归。

《建康实录》卷十二：元嘉二十七年（四五〇）十二月，魏太武率大众至瓜步，声欲渡江，都下震惧，咸荷檐而立，……内外戒严，沿江六七百里，舰舳相接。……使使馈百牢于魏。……二十八年（四五一）春正月丁亥，魏太武自瓜步退归。……

《建康实录》卷二十：后主闻隋军临江，曰："王气在此，齐兵三来，周人再至，皆并摧没；今虏虽来，必应自败。"孔范亦言无渡江之理，但奏伎纵酒作诗不辍。……

## （乙）秦淮河〔图二二、一四二、三〇四〕

秦淮有二源。其南源出溧水东庐山北，过石湫坝，入江宁县界，径秣陵关东。关为金陵东南重镇，本秦秣陵县；晋元熙初，省禁防参军，县移治其处，本治遂废，然为军事要道：《三国志》：孙策渡江，破刘繇党薛礼等于秣陵。又《建康实录》卷十七：绍泰二年（五五六），齐军至秣陵故城；霸先遣周文育屯方山，徐庆屯马牧。皆指其处。宋置秣陵关，元置巡司及税务于此；清置巡检，仍曰秣陵关。

淮水又北径方山埭西，东源出句容县西北华山来会。合流过方山埭，旧传秦始皇凿方山断长垄为渎入于江，故曰秦淮，实则方山埭者，乃吴筑也。

《建康实录》卷二：赤乌八年（二四五），使校尉陈勋作屯田，发屯兵三万，凿句容中道至云阳西城，以通吴、会船舰，号破岗渎，上下一十四埭，通会市作邸阁。仍于方山南截淮立埭，号曰方山埭。今在县东南七十里。

按吴凿破岗渎以东通吴、会，于是金陵民殷物阜，兵食无虞，其关系至为重要，详见后六朝水道考一节。考其故道，盖引淮水东北流入曲阿延陵界，故须截淮立埭，以节水流。宋元凶邵之乱，随王诞败邵军于曲阿；邵因缘淮树栅，决破方山埭，以绝东军。而齐梁两代，王公大人赴曲阿（今丹阳）谒陵，都乘舴艋船发自方山埭，亦以此也。杜佑有言：东晋至陈，西有石头津，东有方山埭，兵屯驿路，并属冲要。埭今虽废，然遗迹犹可考见焉。

淮水又西北流过上方门，受小水关水，合流至通济门外〔图三四〕，明城壕水入焉。城壕水者，明初拓北城，引钟山水入壕，南径平桥（中山门外）；又南径夔角桥（光华门外）；又南至九龙桥（通济门外）入于淮。淮水又西流至东水关入城，会杨吴城濠水。东水关旧称上水关，凡三十三券，分三层，每层十一券，惟下十一券通水；康熙十一年（一六七二），以水患闭水关，仅余一孔；自后河流不畅，秦淮尽成浊水；尽开之则又常遭水患，故主开主塞不一。实则水闸之设，原所以调剂水流；平时宜启水闸，以通水利；若遇大水，则障之以避水患，其理至明，毋庸争辩也。

《武志》：宋乾道中，守臣张孝祥言秦淮旧上下水门展阔，自兵变后，砌叠稍狭，虽便于一时防守，实遏水源，流通不快。

陈文述《秣陵集图考》：按明建都城，惟南门、大西、水西三门，尚沿其旧，即杨吴据广陵时徐知诰所建也。知诰久怀篡夺之志，此三门为广陵至金陵要路，筑城最固：水西一门，桥伏城下，水涨舟不能行；增建南出者，自通济始，则通济水关，今所称东水关者。亦杨吴之旧也。此关为淮水入城要路，而伏在水底，非直不能行舟，且于受水不畅。知诰阴怀割据；明初诸臣，亦皆无识，因循其旧，又断青溪之流，使居人既不得畅沾水利，又汾、浍流恶之谓何，惜哉！或曰：二水关之设，以防外侮；天下有道，守在四裔，蚁封鼠穴，岂帝王之度哉！

同治《上江两县志》卷四：自明初建城，改置通济水关为偃月洞三十有六，水至此皆逡巡哽咽而入，其阻遏之弊，又不止于孝祥所云矣。近有言秦淮来自东南，引形家天门宜开之说，谓水关当开令高大，可通舟楫，似亦有见。

《待征录》：金陵之水，以淮为经，汇流方山，其势正如建瓴。城中之地，首昂中洼；又并青溪、潮沟、运渎，而只泄于一下水门。从前之人，明于形势，在东城纡以中和桥，在南城束以大水闸，上水门涵洞，启其二闭其六，砌石留隙，使之洊至。至今桥改直，闸损坏，著书逞妄者，创言天门宜敞，因有拾其唾余之俦，请于大吏，全开八洞，此道光丁亥（一八二七）以后，所由辛卯（一八三一）、庚子（一八四〇）频年大水，街市行舟也。其后设闸障之，木闸土堤，水盛且将崩溃，害恐滋甚耳。

甘熙《白下琐言》卷九：道光己酉（一八四九）七月，有为《江宁水患私说》者，达诸制军陆公，遂复有永塞东关之议。……

近年以来，旧事重提，尤以民国二十四年（一九三五）夏，初则久旱不雨，秦淮一湾浊水，污秽不堪，船户自动开闸，以清水流；继则大水，市府急闭东西水关，设抽水机以排积水。水患既去，闸闭如故；而宜启宜塞，至今迄无定论，实则“水利其常，水害其变”，“固不可泥古而议常开，抑岂可废古而议永塞乎？”要当修理东关，疏浚河身，平时宜启，以通水利，变则闭闸，以免水害；既不可常开，亦不宜永闭，是则东水关之功用，梅伯言已于百余年前言之详矣。

甘熙《白下琐言》卷九：梅伯言闻之，力持不可，为之指陈利弊，作书致陆公，其略云：……秦淮自秦迄今千数百，未之或易。……在昔水患不恒见，道光以前，往往议开议浚，而从无议堵议塞者。康熙间诸生金浚，有《秦淮水利考》，载于旧《江宁县志》，其原委利病，言之最悉。然古今异宜，贵因时为变通；而补救有方，必折衷于至当。当此之时，频年水灾，民不聊生，固不可泥古而议常开，抑岂可废古而议永塞乎？且水利其常也，水害其变也。苟因目前之患而永塞之，则东关之水，点滴不通，内河渐成平壤，设冬令干涸及亢旱之岁，城内人烟稠密，不下数十万家，既无汲取之资，屡致祝融之患。况沿河居民，日倾粪桶，污水荡涤无从，郁积日增，病症日作。前此道光十一年（一八三一）水灾，曾经堵塞者半载，逮十二年（一八三二）春夏之交，满河之水，变成绿色，腥秽四闻，时疫大作，死亡不可胜计，此非明鉴也耶？今平心以处，亦惟以挑浚内河为第一要义，自东关起至西关止，先将秦淮正河，一律兴挑，宽处视河身之广狭以定则，深处统以及丈为率。如有余款，再将青溪、运渎诸河，一并浚之，水由地中行，横决之患，庶可免乎？……

杨吴城壕水自北门桥东流，折而稍北，进香河之水入焉，又东流径浮桥北，珍珠河之水亦入焉。又东绕竹桥而南，至复成桥，明御河自东来注之。又南过大中桥至东水关，与淮水合〔图五二〕。其直南出城外者，亦杨吴城壕水；自明祖截壕筑城，壕分为二，其在城外者，绕城东南角〔图三九〕，径聚宝桥（古长干桥）〔图三〇〕，南合死马涧水，又西绕城西南角，径觅渡桥（即水西门外桥），与城内之淮水复合。

《十国春秋·吴世家》：太和四年（九三二）秋八月，徐知诰广金陵城，周围二十里，濠其所浚也。

同治《上江两县志》：进香河明初开源自后湖，自北而西为浴沂桥〔今考试院前桥〕，其北即昔府学，今武庙也。群峰环拱，幽隐深秀，水声傍宫墙，泠泠如奏琴筑，至今推为胜地。又西为土桥，南流达进香河矣。河上有桥，亦曰进香。益折而南，曰西仓桥〔今中央大学后桥〕，曰北石桥，曰红板桥，曰严家桥，曰莲花桥；自西仓桥至此，其数五，故又曰莲花第五桥矣。昔者上元诸生周易居此，尝于桥畔夹种桃柳，春日花开，雕妍织秀，不减明圣湖，因自号六桥种花翁。

《建康志》：陈后主泛舟遇雨，水生浮沤，宫人指曰：满河珍珠也，因名。

《建康实录》卷十三：元嘉三十年（四五三），柳元景众军大破元凶等于新亭，退至于涧，邵军人马投涧死者，不可胜数，涧水为之不流；至今犹呼为死马涧。

淮水入东水关后，西流至淮青桥，与青溪合。淮青桥，《吕志》古青溪大桥也。桥东为桃叶渡〔图二二〕，晋王献之妾渡处也。淮水又西南径利涉桥，受小运河水，小运河者，明初所开也，今日小心桥一带，犹有遗迹。

《待征录》：古鹿苑寺前，今金陵驿地，明为留守后仓；仓前池塘为运河，受南冈以北水，汇五板、观音、藏金、采蘗、星福、小心六桥之流。有半边营，南岸皆河。

又西南径文德桥、武定桥，至长乐渡，古朱雀航在焉〔图二三〕。

《应天府志》：长乐渡在武定桥西，今救生局口是也。

甘熙《白下琐言》卷一：《金陵世纪》谓朱雀航非今之镇淮桥，乃古桐树湾长乐渡处，在聚宝门东北。《金陵新志》亦云在镇淮桥北左南厢，今信府河救生局，正当古长乐渡处。……有真武庙……正对蟒蛇仓赤石矶。……又聚宝门或以罗镜格之，为丑未向，以取泄火之义；赤石矶乃正当南离，则以长乐渡为朱雀航，当非无据也。

淮水又西南径镇淮桥〔图三〇〕，盖杨吴城升州时（唐哀帝天祐十一年，西九一四）所筑，《上江两县志》谓“乃晋之朱雀航，吴之南津桥”非也。

《景定建康志》表：乾道五年（一一六九），重修镇淮、饮虹二桥。

又西南过新桥至上浮桥。新桥已见《建康实录》，本名万岁桥，后改饮虹桥，宋乾道五年（一一六九），覆以大屋数十楹，开禧四年（一二〇八）重修，宝祐四年（一二五六）又修，明正德中又修之。上浮桥明正德修；同治六年（一八六七）又修。又西至斗门桥，与运渎之水合。其淮水支港通渎处，古谓之禅灵渚，梁都督王僧辩讨侯景之师所从入焉。遥想当年，艨艟巨舰，衔尾而前，奔涛惊浪，骇人心目，以今相况，殊觉不侔，陵谷变迁，匪伊朝夕矣。渚北有禅灵寺，在今范家塘侧，道光中犹存，今废。

《梁书·王僧辩传》：僧辩讨侯景……乘潮入淮，进至禅灵渚。

淮水又西过下浮桥〔康熙丁未（一六六七）修，同治六年（一八六七）又修〕，出西水关，与城外之淮水复合。西北流沿石头城〔图三七〕以达于江。西水关一名云台闸，上旧有太白酒楼，即孙楚楼也。

李白诗：朝沽金陵酒，歌吹孙楚楼。

陈文述《孙楚酒楼诗》：

> 秋色三山雨，江流六代烟。偶谈孙楚事，因过酒楼前。
> 花月唐天宝，风流李谪仙。凭阑同一醉，高咏二千年。

（丙）九曲青溪及运渎

青溪故道，详见后六朝水道考一节，兹之所述，不过其犹存之遗迹而已。青溪发源钟山，潴为前湖，由半山寺后入城，经明故宫之后（当年即引为宫城护城河），西流至竺桥，入濠而绝。

> 《上江两县志》卷四注云：邑人杨大堉云："半山之阴百武，入土门，有水自山腹来，又数武过石彴，陟山颠俯瞰之，渍原直潩，泃迅珠曜，圆文縠演，南流贯半山寺，殊（？）青溪之真源。"

自杨吴筑城，引水为濠，青溪始塞。宋开庆中，马光祖复浚之，建先贤祠及诸亭馆于溪上，然溪流仅余一曲矣。今诸景并废，故道多湮，近年修筑太平路、中山路，尤没湮难考。然《上江两县志》地图，犹画有青溪故道，卷四青溪一则，亦云：

> ……惟自升平桥北流，绕钟山书院故址，又东流而北，至五老、寿星诸桥，相传为青溪遗迹；督署前有青溪里巷，此其证矣。

青溪旧有邀笛步，驰名白下，王徽之邀桓伊奏笛处也。

> 《晋书·桓伊传》：桓伊善吹笛，尽一时之妙。王徽之泊舟青溪；伊素不与识，自岸上过，船中客呼伊小字曰：此桓野王也。徽之令人语之曰：闻君善笛，为我一奏。伊素闻徽之名，便下车踞胡床为作三调，弄毕，便上车去，宾主不交一言。
>
> 《六朝事迹编类》：邀笛步旧名萧家渡，在城东南青溪桥之右。
>
> 《嘉庆江宁府志》：邀笛步今竹桥侧是也。

**润 州** 杜 牧

向吴亭东千里秋，放歌曾作昔年游。
青苔寺里无马迹，绿水桥边多酒楼。
大抵南朝皆旷达，可怜东晋最风流。
月明更想桓伊在，一笛闻吹出塞愁。

青溪之水，复自升平桥东流，径四象桥，至淮青桥，与淮水合。按青溪旧有七桥，历代因革不一，兹列表如下，以便检阅：

（1）最北乐游苑东门桥

（2）次南尹桥《建康志》：潮沟大巷东出度此。

（3）次南鸡鸣桥相传齐武帝游钟山，至此鸡鸣。

（4）次南募士桥吴大帝募勇士于此桥，盖吴建。

（5）次南菰首桥（走马桥）《十洲记》曰：芳林园在青溪菰首桥东，本齐高帝旧宅。齐有天下，为旧宫，宫东筑山凿池号曰芳林。

（6）次南青溪中桥（四象桥）《陈书·后主纪》：晋王广命斩张贵妃，榜于中桥。即此。

（7）次南青溪大桥（淮青桥）齐永元初，始安王遥光举兵反，诏曹虎屯青溪大桥以讨之。

运渎故道，详六朝水道考一节，兹之所述，不过其犹存之遗迹而已。运渎首受秦淮水，北流为支河，有桥跨其上，曰斗门，古禅灵寺桥也。又北流径红土桥，南乾道桥之俗名也；尝有掘地深三尺者，见其下土色皆红，而知见称之由，盖冶麓之余气也。再北过草桥，即北乾道桥；按古有高晔桥，跨运渎上，疑当其地。又北流，青溪之水自内桥来会，是为运渎东源，西流过鸽子桥、笪桥，合草桥北出之水，是谓运渎正河。又西流，径鼎新桥、道济桥、文津桥、望仙桥、张公桥，出铁窗棂以入于淮。

陈作霖《运渎桥道小志》：运渎东源者，导青溪水而西注者也。六代以来，溪流浩渺，引以济运，汩汩其来。前明堑城，断不复续，护龙一曲，细仅如沟。既过内桥，乃始名渎，桥昔在南唐宫城内，故谓之内桥〔按南唐时名曰虹桥，为宫城南界；明以来始称内桥，陈氏误〕，阁道横空，上应星汉，天津之名所由昉也。……

兹将运渎诸桥，正名别名，首由斗门而北，再由内桥而西，列表如下，以明沿革：

（1）斗门桥，古禅灵寺桥，今存。

（2）红土桥（南乾道桥），今存。

（3）草桥（北乾道桥），古高晔桥（？），今存。

（4）内桥，南唐虹桥政和中，蔡嶷建石桥，曰蔡公桥。后曰天津桥，不忘西京旧名也，今存。

（5）鸽子桥以北有鸽子市故名，古鼪子桥（孝义桥），宋闪驾桥一曰景定，马光祖纪其肇建之年也，明清化桥以清化坊得名，今存。

（6）笪桥相传茅山三十六代笪宗师所建，故以其姓氏之，古扬烈桥王僧虔观鸭处，唐太平桥颜真卿为升州刺史，奏临江带郭置放生池八十一所，升州太平桥其一也，明钦化桥以钦化坊得名，成祖使都督谭深沉驸马梅殷处也。殷尝拒燕兵于淮安，及成祖立召至京，阴令谭深挤之于笪桥下，今存。

（7）鼎新桥（本名小新桥）宋马光祖重建，因改今名，今存。

（8）道济桥（本名崇道桥，俗称仓巷桥）同治中以建府学改今名，今存。

（9）文津桥亦同治中因建府学而立者，今因筑马路重建。

（10）望仙桥，古西州桥以西州城得名，宋武卫桥宋马光祖重建，今存。

（11）张公桥（一名周家桥），今存。

（12）铁窗棂，古栅塘《建康实录》注：吴时夹淮立栅号栅塘，宋栅寨门，为运渎之尾闾，城中水利，关系匪轻，今垂塞矣。

（丁）玄武湖〔图二一〇〕

玄武湖在金陵城北，钟山西麓，本名桑泊；因燕雀为前湖，故又称后湖；因在城北，亦曰北湖。宋元嘉中黑龙见，因名玄武湖；孝武帝大阅水军于此，因号昆明池。自吴宝鼎二年（二六七），引水入城，湖名始著。晋大兴二年（三一九），始筑北堤，以壅北山之水。宋元嘉二十二年（四四五），复筑北堤，南抵城东七里之白塘，以肄舟师；又立三神山于湖上；作大窦引水入华林园。在六朝时，湖逼台城，侯景之乱，决湖灌城，盖水通长江，灵潮汹涌，与今日不可同日语也。宋天禧中，改为放生池。熙宁九年（一〇七六）王安石奏废湖为田。至元，复浚为湖。明时贮天下图籍于此，吴伟业诗所谓“百年版籍重山河”是也。中有洲五，西北曰旧州，西南曰麟洲（即今所谓澳洲），上有郭璞墓，世号郭仙墩。又有莲萼、龙引、新、趾诸洲，近所谓五洲公园是也。湖上有新莽大司徒（注七）甄邯墓（见《南史·何承天传》），金陵坟墓，以此为最古矣。

后湖东枕钟阜，南尽覆舟〔图二〇九〕，西则长垣迢递，北则幕府、观音诸山，连障叠翠，方圆凡三十余里。炎夏启节，则红裳翠盖，苕亭矗立，田田荷叶，弥望极天。白帝司时，则枫叶荻花，萧瑟水际，山色映紫，湖光浣翠。盖四时皆饶美景，而以秋色为尤胜。莲萼洲上旧有湖神庙，今废。自玄武湖辟为公园以来，风亭月榭，掩映水滨，仕女翩翩，画舫络绎，无复六朝战伐肃杀之气矣。

**后　湖**　　　　吴伟业

覆舟西望接坡陀，万顷澄潭长绿莎。

六代楼船供士女，百年版籍重山河。
平川岂习昆明战，禁地须通太液波。
烟水不关兴废感，夕阳闻已唱渔歌。

**八月十八日重过后湖有感** 朱 偰

云霞缥缈水连天，阔别名湖又一年。
秋后江山难入画，晚来风物易成妍。
长堤芳草伤心绿，半郭垂杨带雨鲜。
最是金瓯残阙了，年年此日警烽烟。

**五月二十七日奉高堂游后湖** 朱 偰

江山如画一倾杯，湖上青峰翠作堆。
打桨人随波影远，采莲风送暗香来。
浮生何处寻幽境，乱世无由避劫灰。
愿得清风明月夜，岚光水色共徘徊。

（注一）《建康志》引庾阐《杨都赋》注。

（注二）《上江两县志》作十二庙，多祠山广惠庙；陈诒绂《钟南淮北区域志》少真武庙、功臣庙，城隍庙作都城隍文天祥庙，合为十庙。余以为《洪武京城图志》为当代人之作，较为可靠，故据此更正他说。

（注三）参阅第十二章第四节。

（注四）参阅第十二章祠宇。

（注五）参阅后第十二章第八节栖霞寺。

（注六）参阅后第十二章。

（注七）《汉书・王莽传》作大司马。

# 第二章　金陵大事年表

昔陈文述著《秣陵集》，编有金陵历代纪年事表；而《景定建康志》、《江宁府志》、《上江两县志》，亦莫不立有大事表，盖金陵自孙吴以来，九为国都，非立表无以资稽考，非编年无以便检查。惟各家年表，或失之过繁，或眉目不清。且皆注重史实，忽略建筑。今兹所立，分为两栏，第一栏为重要史实，第二栏专为建筑，并系以西历，以便检阅焉。

| 代 | 年 | 西历 | 大事 | 建筑 |
|---|---|---|---|---|
| 周 | 元王四年 | 前四七二 | 越灭吴范蠡筑城于长干以图楚 | 城周二里八十步，今中华门外长干里俗呼越台 |
| | 显王三十六年 | 前三三三 | 楚灭越置金陵邑 | |
| 秦 | 始皇二十六年 | 前二二一 | 并天下分三十六郡以金陵地属鄣郡改金陵邑为秣陵县 | |
| | 始皇三十七年 | 前二一〇 | 凿钟阜断长陇以泄王气 | |
| 汉 | 高祖五年 | 前二〇二 | 灭西楚以其地徙封齐王信为楚王 | |
| | 高祖六年 | 前二〇一 | 执楚王信立刘贾为荆王鄣郡属焉 | |
| | 高祖十一年 | 前一九六 | 淮南王布反贾为布军所杀立兄子濞为吴王王荆故地 | |
| | 武帝元封二年 | 前一〇九 | 更鄣郡为丹阳郡统县十七秣陵胡熟江乘丹阳皆属焉 | |
| | 元封五年 | 前一〇六 | 置十三州刺史以丹阳郡隶扬州 | |
| | 献帝建安三年 | 一九八 | 孙策为讨逆将军封吴侯 | |

| 代 | 年 | 西历 | 大事 | 建筑 |
|---|---|---|---|---|
| 汉 | 建安十六年 | 二一一 | 孙权徙治秣陵 | |
| | 建安十七年 | 二一二 | 改秣陵为建业 | 城石头 |
| | 建安二十五年 | 二二〇 | 孙权徙都武昌魏改黄初 | |
| 孙吴 | 大帝黄龙元年 | 二二九 | 自武昌迁都建业金陵建都自此始 | 就长沙桓王故府为太初宫居之 |
| | 赤乌三年 | 二四〇 | | 凿城西南自秦淮北抵仓城名运渎 |
| | 赤乌四年 | 二四一 | | 凿东渠名青溪通城北堑潮沟 |
| | 赤乌八年 | 二四五 | | 凿破岗渎自句容中道至云阳西城以通吴会筑方山埭 |
| | 赤乌十年 | 二四七 | 江东初有佛法 | 改作太初宫　立建初寺　于方山立洞玄观 |
| | 赤乌十一年 | 二四八 | | 太初宫成周回五百丈正殿曰神龙南面开五门东西北各一门 |
| | 太元二年（神凤元年） | 二五二 | 大帝崩于内殿年七十一 | 葬蒋陵在钟山之阳 |
| | 废帝亮太平三年 | 二五八 | 孙琳废帝为会稽王迎立景帝 | |
| | 景帝永安六年 | 二六三 | 魏灭蜀　建业石头小城火烧西南一百八十丈 | |
| | 永安七年 | 二六四 | 景帝崩于内殿 | 葬定陵 |
| | 后主甘露元年 | 二六五 | 徙都武昌　晋受魏禅改元泰始 | |
| | 宝鼎元年 | 二六六 | 还都建业 | |
| | 宝鼎二年 | 二六七 | | 起新宫于太初之东制度尤广署曰昭明宫正殿曰赤乌殿 |
| | 建衡三年 | 二七一 | 载太后后宫自牛渚西上呼云青盖入洛阳遇雪始返 | |
| | 天纪四年 | 二八〇 | 晋龙骧将军王濬以舟师入石头后主出降吴亡 | |
| 西晋 | 武帝太康元年 | 二八〇 | 平吴改建业为秣陵又分秣陵为临江县 | |
| | 太康二年 | 二八一 | 更临江县为江宁 | |
| | 太康三年 | 二八二 | 分秦淮水北为建邺南为秣陵 | 建邺县在故都城宣阳门内 |
| | 太康十年 | 二八九 | 吴敬王宴受封食丹阳吴兴并吴三郡丹阳设立内史 | |
| | 惠帝太安二年 | 三〇三 | 义阳蛮张昌反遣其将石冰攻破扬州 | 冰修建邺宫居之 |

| 代 | 年 | 西历 | 大事 | 建筑 |
|---|---|---|---|---|
| 西晋 | 永兴元年 | 三〇四 | 广陵相陈敏渡江攻破石冰于建邺 | |
| | 永兴二年 | 三〇五 | 陈敏又据建邺自号扬州刺史顾荣等密图斩之 | |
| | 怀帝永嘉元年 | 三〇七 | 以瑯琊王睿都督扬州江南诸军事用王导计渡江镇建邺 | 因吴旧都城修而居之太初宫为府舍置丹阳内史 |
| | 愍帝建兴元年 | 三一三 | 改建邺为建康 | |
| 东晋 | 元帝建武元年 | 三一七 | 愍帝诏使居摄乃即晋王位初备百官 | 立宗庙社稷 |
| | 太兴元年 | 三一八 | 晋王即皇帝位改丹阳内史为丹阳尹 | |
| | 太兴二年 | 三一九 | | 作南郊在宫城南五里 |
| | 太兴三年 | 三二〇 | 立怀德县以处瑯琊国人 | 是岁创北湖筑长堤 |
| | 永昌元年 | 三二二 | 王敦反于武昌据石头不朝而返 | 帝崩葬建平陵在鸡笼山阳不起坟 |
| | 明帝太宁二年 | 三二四 | 王敦再反温峤等败其军敦愤惋而死 | |
| | 太宁三年 | 三二五 | 帝崩于太极东堂 | 葬武平陵在鸡笼山阳不起坟 |
| | 成帝咸和二年 | 三二七 | 历阳太守苏峻反陷姑熟卞壶等拒战于冶城死之峻入台城逼迁天子于石头城 | |
| | 咸和四年 | 三二九 | 陶侃温峤讨平苏峻贼将匡术以苑城归顺旋平苏峻余党众议迁都司徒王导不可乃止 | 苏峻子硕又攻宫城焚烧堂殿秘阁皆尽帝居止兰台甚卑陋欲营建平园 |
| | 咸和五年 | 三三〇 | | 作新宫始缮苑城修六门（南面宣阳陵阳开阳三门东为建春清明二门西为西明门） |
| | 咸和七年 | 三三二 | | 新宫成署曰建康宫开五门南面二门（大司马门阊阖门）东西北各一门（东掖门西掖门平昌门） |
| | 咸和八年 | 三三三 | | 作北郊于覆舟山之阳制度一如南郊 |
| | 咸康元年 | 三三五 | 石季龙寇历阳 | 帝观兵于广阳门（即陵阳门） |
| | 咸康二年 | 三三六 | | 更作朱雀门新立朱雀浮航亦名朱雀桥 |
| | 咸康三年 | 三三七 | | 立太学于淮水南 |

| 代 | 年 | 西历 | 大事 | 建筑 |
|---|---|---|---|---|
| 东晋 | 咸康四年 | 三三八 | 侨置广川魏郡高阳堂邑诸郡于京邑以处流寓寻省高阳堂邑 | |
| | 咸康七年 | 三四一 | 诏实编户王公以下皆正土断白籍分江乘县西界置临沂县属瑯琊郡 | |
| | 咸康八年 | 三四二 | 帝崩于西堂 | 葬兴平陵在鸡笼山阳不起坟 |
| | 康帝建元二年 | 三四四 | 九月帝崩于式乾殿 | 十月葬崇平陵在钟山之阳不起坟　立延兴寺建福寺 |
| | 穆帝永和十年 | 三五四 | 太尉桓温北伐入关中大破前秦苻健子苌于蓝田后败引还 | |
| | 升平五年 | 三六一 | 帝崩于显阳殿 | 葬永平陵在幕府山之阳周四十步高一丈六尺 |
| | 哀帝兴宁二年 | 三六四 | | 徙陶官于淮水北遂以南岸陶地施僧慧力为寺即后瓦官寺 |
| | 兴宁三年 | 三六五 | 帝崩于西堂 | 葬于安平陵在鸡笼山之阳不起坟 |
| | 海西公太和元年 | 三六六 | | 葬孝皇后于敬平陵　于钟山疏曲水以宴百僚 |
| | 太和六年 | 三七一 | 桓温废帝为东海王立会稽王昱 | |
| | 简文帝咸安二年 | 三七二 | 六月帝崩于东堂 | 葬高平陵在钟山之阳不起坟 |
| | 孝武帝太元三年 | 三七八 | | 谢安作新宫内外殿宇大小三千五百间　又起朱雀门朱雀观 |
| | 太元八年 | 三八三 | 谢元大破秦军于淝水苻坚宵遁谢安劳旋师于金城 | |
| | 太元十年 | 三八五 | 苻坚为姚苌慕容冲所逼遣使求救诏太保谢安率众救秦安病归薨 | 谢尚移太学于太庙南　帝饯安于西池宴群臣赋诗者五十八人 |
| | 太元十一年 | 三八六 | 北魏道武登国元年 | 立宣尼庙于丹阳郡前隔路东南 |
| | 太元十五年 | 三九〇 | | 立治城寺 |
| | 太元十六年 | 三九一 | | 改筑太庙更开墙埤东西四十丈南北九十丈　新作朱雀门 |
| | 太元十七年 | 三九二 | | 新作东宫徙左卫营 |
| | 太元二十年 | 三九五 | | 作简文宣太后庙呼为小庙在太庙道西 |

| 代 | 年 | 西历 | 大事 | 建筑 |
|---|---|---|---|---|
| 东晋 | 太元二十一年 | 三九六 | 帝崩于清暑殿 | 起清暑殿于华林园　新作永安宫葬隆平陵在钟山之阳不起坟 |
| | 安帝隆安二年 | 三九八 | 兖州刺史王恭反其前锋刘牢之袭斩恭以降 | |
| | 隆安四年 | 四〇〇 | | 葬简文太后于修平陵 |
| | 隆安五年 | 四〇一 | 妖贼孙恩犯京师桓不才及刘裕讨平之 | |
| | 元兴元年 | 四〇二 | 荆州刺史桓元反命司马元显西讨桓元王师败绩桓元入京师 | |
| | 元兴二年 | 四〇三 | 桓元篡位国号楚改元永始以帝为平固王蒙尘于寻阳 | 桓元迁帝于永安宫　开东掖平昌广莫及宫殿诸门皆为三道 |
| | 元兴三年 | 四〇四 | 建威将军刘裕讨灭桓元乃镇东府置留台具百官 | 桓元筑别苑于冶城　祔葬穆章皇后于永平陵 |
| | 义熙元年 | 四〇五 | 乘舆反正 | |
| | 义熙五年 | 四〇九 | 刘裕伐南燕大破之于临朐 | |
| | 义熙六年 | 四一〇 | 刘裕克南燕获主慕容超尽平齐地海贼卢循乘虚袭建康 | 筑相浦药园廷尉三垒 |
| | 义熙七年 | 四一一 | | 葬僖皇后于休平陵 |
| | 义熙十年 | 四一四 | | 城东府 |
| | 义熙十三年 | 四一七 | 刘裕西伐克洛阳入长安送姚泓于建康斩之尽收汉魏彝器 | |
| | 义熙十四年 | 四一八 | 帝缢崩于东堂 | 明年葬休平陵在钟山之阳不起坟 |
| | 恭帝元熙二年 | 四二〇 | 刘裕废帝为零陵王居于秣陵宋永初二年弑之晋亡 | 葬冲平陵在钟山之阳不起坟 |
| 宋 | 武帝永初元年 | 四二〇 | 即皇帝位迁神主于太庙 | |
| | 永初三年 | 四二二 | 帝崩于西殿 | 葬蒋山初宁陵周围三十五步高一丈四尺 |
| | 少帝景平元年 | 四二三 | 太皇太后崩 | 祔葬初宁陵　置祈泽寺平陆寺高台寺罽宾寺 |
| | 景平二年 | 四二四 | 徐羡之傅亮等废帝为营阳王又弑帝于金昌亭 | |
| | 文帝元嘉元年 | 四二四 | | 置竹林寺定林寺 |
| | 元嘉二年 | 四二五 | | 置清园寺严林寺 |
| | 元嘉四年 | 四二七 | 齐高帝萧道成生 | 置永丰寺南林寺 |

| 代　　年 | | 西历 | 大　　事 | 建　　筑 |
| --- | --- | --- | --- | --- |
| 宋 | 元嘉十年 | 四三三 | | 置崇福院宋熙寺 |
| | 元嘉十一年 | 四三四 | | 置竹园寺　临川公主造铁索罗寺 |
| | 元嘉十四年 | 四三七 | | 凤凰二见于京师改其地为凤凰里 |
| | 元嘉十五年 | 四三八 | 立儒学玄学史学文学为四学以雷次宗何尚之何承天谢元主之 | 立儒学于北郊　新作东宫 |
| | 元嘉十六年 | 四三九 | | 置上定林寺 |
| | 元嘉二十年 | 四四三 | | 于台城东西开万春千秋二门 |
| | 元嘉二十二年 | 四四五 | 颁元嘉历 | 置延寿寺王国寺 |
| | 元嘉二十三年 | 四四六 | | 堰玄武湖于乐游苑北兴景阳山于华林园 |
| | 元嘉二十五年 | 四四八 | | 新作阊阖广莫二门改先广莫门曰承明开阳门曰津阳 |
| | 元嘉二十七年 | 四五〇 | 魏太武率大众于瓜步声欲渡江都下震惧 | |
| | 元嘉三十年 | 四五三 | 元凶劭弑帝于含章殿　孝武帝起兵讨逆 | 葬长宁陵周围三十五步高一丈八尺改新亭为中兴亭 |
| | 孝武孝建元年 | 四五四 | 南郡王义宣反内外戒严五月义宣等败于梁山 | 新作正光殿　诏建仲尼庙 |
| | 大明元年 | 四五七 | 梁武帝萧衍生于秣陵县同夏里三桥宅 | 改景阳为庆云楼清暑曰嘉禾殿芳香琴堂为连理堂 |
| | 大明三年 | 四五九 | 以扬州六郡为王畿并东扬州治会稽 | 于玄武湖北筑上林苑移南郊坛于牛头山西移北郊坛于钟山北原立皇后蚕宫于西郊建幽栖寺 |
| | 大明五年 | 四六一 | | 起明堂于国学南　初筑驰道自阊阖抵大航北自承明门至玄武湖 |
| | 大明六年 | 四六二 | | 葬宣淑妃殷氏于龙山为妃立寺曰新安　新作大航门 |
| | 大明七年 | 四六三 | 于玄武湖大阅水师祀梁山 | 起药王寺　立双阙于梁山 |
| | 大明八年 | 四六四 | 帝崩于玉烛殿前废帝即位　复王畿为扬州浙江以东为东扬州 | 葬景宁陵在岩山之阳 |
| | 前废帝景和元年 | 四六五 | 湘东王彧使寿寂等弑帝葬秣陵郊坛西 | 以石头城为长乐宫东府城为未央宫北邸为建章宫南第为长杨宫 |

| 代 | 年 | 西历 | 大事 | 建筑 |
|---|---|---|---|---|
| 宋 | 明帝泰始元年 | 四六五 | 即位于太极前殿 | 追尊所生沈婕妤为宣太后名所葬幕府山曰崇宁陵 |
| | 泰始二年 | 四六六 | 失淮南北四州及豫州淮西地 | 葬崇宪太后于修宁陵 |
| | 泰始七年 | 四七一 | | 以故第为湘宫寺 |
| | 泰豫元年 | 四七二 | 帝崩于景福殿 | 葬临沂县幕府山高宁陵 |
| | 后废帝元徽二年 | 四七四 | 桂阳王休范举兵反萧道成出屯新亭讨平之 | 贼由承明门入屯中堂道成遣羽林监陈显达等入卫大破之于杜姥宅 |
| | 元徽五年 | 四七七 | 帝遇弑于仁寿殿萧道成以太后令贬帝为苍梧王 | 葬秣陵郊坛西 |
| | 顺帝升明元年 | 四七七 | 荆州刺史沈攸之举兵司徒袁粲亦举兵于石头谋诛萧道成不果死之 | |
| | 升明三年 | 四七九 | 帝禅位于齐被废为汝阴王建元元年被弑葬遂宁陵宋亡 | 地震建阳门　齐公道成以石头为齐世子宫名听事为崇光殿外斋为宣德殿 |
| 齐 | 高帝建元元年 | 四七九 | 萧道成自立为皇帝 | |
| | 建元二年 | 四八〇 | | 帝幸乐游苑宴会立六门都墙 |
| | 建元四年 | 四八二 | 帝崩于临光殿 | 始立国学　葬武进泰安陵雷震于乐游安昌殿 |
| | 武帝永明元年 | 四八三 | | 筑青溪旧宫　作新娄湖苑移瑯琊城于白下 |
| | 永明五年 | 四八七 | | 九月九日登商飚馆在孙陵岗世呼为九日台　初起新林苑 |
| | 永明七年 | 四八九 | | 帝数幸嶷第宋长宁陵隧道出第前路乃徙其表阙麒麟于东岗上 |
| | 永明十一年 | 四九三 | 皇太子长懋薨于东宫崇明殿　帝崩于延昌殿 | 以东田殿堂为崇虚馆　葬武进景安陵 |
| | 郁林王隆昌元年 | 四九四 | 西昌侯鸾弑帝于寿昌殿西弄追废为郁林王 | 鸾率兵自尚书省入云龙门 |
| | 海陵王延兴元年 | 四九四 | 宣城王鸾废帝为海陵王寻弑之 | |
| | 明帝建武元年 | 四九四 | | 诏省新林苑以地还百姓　立皇考景皇庙于御道西追尊陵曰修安陵避兄讳改凤庄门为望贤门 |
| | 建武二年 | 四九五 | | 诏罢东田毁兴光楼 |
| | 永泰元年 | 四九八 | 帝崩于正福殿 | 葬武进兴安陵 |

| 代　　　　年 | | 西　历 | 大　　　　事 | 建　　　　筑 |
|---|---|---|---|---|
| 齐 | 东昏侯永元元年 | 四九九 | 始安王遥光据东府反　江州刺史陈显达反至宫城 | 都下大水死者甚众 |
| | 永元二年 | 五〇〇 | 杀尚书令萧懿萧颖胄起兵于荆州雍州刺史萧衍起兵于襄阳 | 后宫火烧屋三千余间　大起芳乐玉寿等殿 |
| | 永元三年 | 五〇一 | 萧衍镇石头王珍国张稷入殿废帝被弑含德殿追封东昏侯 | 又于后宫起仙华神仙玉寿诸殿又立紫阁诸楼 |
| | 和帝中兴二年 | 五〇二 | 梁王衍废帝为巴陵王宫于姑熟寻弑之追尊为和帝齐亡 | 葬恭安陵 |
| 梁 | 武帝天监元年 | 五〇二 | 萧衍即皇帝位 | 立长干寺智度寺　追尊父文帝陵曰建陵　盗入南北掖门烧神虎门总章观　以所居里置同夏县 |
| | 天监二年 | 五〇三 | 陈武帝陈霸先生 | 置法王寺永建寺僧明庆造佛窟寺　又置永修观 |
| | 天监四年 | 五〇五 | | 立建兴苑于秣陵　立孔子庙　置敬业寺 |
| | 天监五年 | 五〇六 | | 置净居寺 |
| | 天监六年 | 五〇七 | 京师大水涛入御街七尺 | 帝舍宅为光宅寺　置明庆寺 |
| | 天监七年 | 五〇八 | | 作神龙仁虎阙于端门大司马门外　新作国门于越城南　置涅槃寺翠微寺 |
| | 天监九年 | 五一〇 | 帝幸国子学亲临讲席 | 新作缘淮塘北岸起石头迄东冶南岸起后渚篱门连于三桥置本业寺 |
| | 天监十年 | 五一一 | | 初作宫城门三重及开二道置解脱寺武帝为德皇后造 |
| | 天监十一年 | 五一三 | | 新作太极殿改为十三间　太庙增基九尺 |
| | 天监十三年 | 五一四 | | 置劝善寺 |
| | 天监十六年 | 五一七 | | 起至敬殿景阳台　置七庙座 |
| | 天监十七年 | 五一八 | 雍州刺史安成王秀薨 | 葬栖霞山西甘家巷（旧作花林村） |
| | 天监十八年 | 五一九 | | 置惠日寺 |
| | 普通元年 | 五二〇 | | 置大爱敬寺帝为太祖文皇帝造　又置永明寺果愿尼寺须陀寺 |

| 代年 | | 西历 | 大事 | 建筑 |
|---|---|---|---|---|
| 梁 | 普通二年 | 五二一 | | 诏置孤独园　改作南北郊　琬琰殿火延烧后宫三千余间 |
| | 普通三年 | 五二二 | 抚军将军始兴王憺薨 | 造猛信尼寺　始兴王憺葬甘家巷西花林村 |
| | 普通四年 | 五二三 | 吴平侯萧景薨 | 葬今尧化门东神巷村西 |
| | 普通五年 | 五二四 | | 置善觉尼寺穆贵妃造　又置众造寺 |
| | 普通七年 | 五二六 | 太尉临川王宏薨　荆州刺史鄱阳王恢薨 | 宏葬北城乡（今麒麟门仙鹤门间张库村） |
| | 大通元年 | 五二七 | 帝初幸寺舍身 | 帝创同泰寺寺在宫后别开大通门对寺之南门　置园居尼寺 |
| | 中大通元年 | 五二九 | 帝再幸寺舍身　安右将军南康王绩薨 | 都下疫甚帝于重云殿为百姓设救苦斋　置禅严寺　绩葬句容石狮干 |
| | 中大通五年 | 五三三 | 京师大水御道通船 | 置法苑寺 |
| | 中大通六年 | 五三四 | 魏内乱分为东西魏西魏都长安东魏都邺 | |
| | 大同元年 | 五三五 | | 置头陀寺万福尼寺本愿尼寺岩栖观 |
| | 大同二年 | 五三六 | | 置慈恩普光化成福兴善业尼寺寒林寺等 |
| | 大同三年 | 五三七 | | 置一乘寺（凹凸寺）玉清观 |
| | 大同四年 | 五三八 | | 置洞灵观 |
| | 大同七年 | 五四一 | | 于宫城西立士林馆延集学者 |
| | 大同十一年 | 五四五 | | 置履通渴寒二寺<br>震华林园光严殿 |
| | 中大同元年 | 五四六 | 帝三舍身同泰寺 | 同泰寺为天火所烧略尽 |
| | 太清元年 | 五四七 | 东魏司徒侯景率河南十三州地归降帝又舍身群臣以亿万奉赎百辟诣凤庄门上表 | 置幽岩寺仪香尼寺 |
| | 太清二年 | 五四八 | 侯景自寿阳举兵反至建康石头白下二城皆溃陷东府城 | 侯景引玄武湖水灌城　置灵隐寺 |
| | 太清三年 | 五四九 | 侯景陷宫城帝幽馁而崩于净居殿 | 葬武帝修陵 |
| | 简文帝大宝二年 | 五五一 | 侯景废帝幽于永福省寻弑之　王僧辩陈霸先督师讨侯景 | 盗弑武林侯谘于广莫门 |

| 代 | 年 | 西历 | 大事 | 建筑 |
|---|---|---|---|---|
| 梁 | 元帝承圣元年 | 五五二 | 王僧辩军进姑熟陈霸先攻石头殄平侯景 | 僧辩入台城军士遗火焚太极殿及东西堂　葬简文帝于庄陵 |
| | 承圣三年 | 五五四 | 魏师围江陵城陷帝为魏人所戕　王僧辩陈霸先迎方智入建康即位 | |
| | 敬帝绍泰元年 | 五五五 | 萧詧立于江陵改元泰安称后梁　陈霸先袭杀王僧辩　齐军掩军至据姑熟 | 霸先领精骑出西明门以袭齐军 |
| | 绍泰二年 | 五五六 | 陈霸先大破齐军于覆舟山北追奔至江乘摄山　改元太平 | |
| 陈 | 太平二年　陈武帝永定元年 | 五五七 | 敬帝禅位于陈陈奉为江阴王梁亡陈霸先即帝位 | 武帝舆驾幸钟山祀蒋帝庙诏出佛牙于杜姥宅集四部设无遮大斋 |
| | 永定二年 | 五五八 | 帝幸大庄严寺舍身 | 新作太极殿欠一柱有樟木大十八围长四丈五尺自流泊陶家后渚　帝幸冶城寺送临川王蒨 |
| | 永定三年 | 五五九 | 帝崩于璇玑殿 | 葬万安陵（在今高桥门外上方镇石马冲）周六十步高二丈 |
| | 文帝天嘉元年 | 五六〇 | 败齐军于博望 | 葬梁元帝于江宁旧茔 |
| | 天嘉二年 | 五六一 | | 立始兴王庙于京师 |
| | 天嘉四年 | 五六三 | | 大风坏灵台候楼新作大航 |
| | 天康元年 | 五六六 | 帝崩于有觉殿 | 葬永宁陵在陵山之阳周四十五步高一丈九尺 |
| | 宣帝大建四年 | 五七二 | | 诏自梁乱离东宫灰烬太子居永福省可创筑东宫 |
| | 大建七年 | 五七五 | | 改作云龙神虎二门　诏于乐游苑内覆舟山上立甘露亭 |
| | 大建九年 | 五七七 | 周灭齐 | 大风雨震万安陵华表　修东宫城皇太子移居新宫 |
| | 大建十年 | 五七八 | 司空吴明彻北伐周将梁士彦拒战频破之于吕梁明彻被执卒于长安 | 立方明坛于娄湖临坛誓众以盟誓颁下四方上下相警以备周人 |
| | 大建十一年 | 五七九 | 江北诸州尽没于周 | 帝阅武于大壮观 |
| | 大建十三年 | 五八一 | 隋受周禅改元开皇 | |
| | 大建十四年 | 五八二 | 帝崩于宣福殿 | 葬显宁陵 |

| 代　　　　年 | | 西　历 | 大　　　　事 | 建　　　　筑 |
| --- | --- | --- | --- | --- |
| 陈 | 后主至德二年 | 五八四 | | 于光昭殿前起临春结绮望仙三阁阁高数丈并数十间 |
| | 至德四年 | 五八六 | | 帝幸玄武湖肄舻舰阅武宴群臣赋诗 |
| | 祯明二年 | 五八八 | 大风自西北激涛水入石头城　隋遣晋王广帅师来伐 | 建康城自坏大风拔朱雀门起齐云观 |
| | 祯明三年 | 五八九 | 隋将贺若弼从广陵济京口韩擒虎从横江济采石晋王广入据京城陈亡 | 贺若弼烧宫城北掖门韩擒虎入南掖门帝及张丽华孔贵嫔入景阳楼井中隋军执之斩张贵妃榜于中桥 |
| 隋 | 文帝开皇九年 | 五八九 | 诏建康城邑并荡平耕垦 | 于石头城置蒋州废丹阳郡 |
| | 开皇十年 | 五九〇 | 蒋山李悛举兵反杨素讨平之 | |
| | 仁寿元年 | 六〇一 | | 敕建舍利塔于栖霞寺 |
| | 炀帝大业二年 | 六〇六 | 省建康同夏秣陵三县入江宁 | |
| | 大业十三年 | 六一七 | 帝命起丹阳宫将逊于江左　未及而难作 | |
| 唐 | 高祖武德二年 | 六一九 | 杜伏威请降授东南道行台尚书令 | |
| | 武德三年 | 六二〇 | 以江宁溧水二县置扬州析置丹阳溧阳安业三县更江宁曰归化以句容延陵二县置茅州 | |
| | 武德六年 | 六二三 | 扬州东南道行台仆射辅公祏据丹阳反国号宋　省安业入归化 | 公祏修陈故宫居之 |
| | 武德七年 | 六二四 | 李靖讨平公祏　更扬州为蒋州次年更归化县为金陵 | |
| | 武德九年 | 六二六 | 徙金陵县于白下村曰白下县与延陵句容隶润州以溧水溧阳丹阳隶宣州 | |
| | 太宗贞观九年 | 六三五 | 更白下县曰江宁县移治治城东 | |
| | 肃宗至德元年 | 七五六 | 封颜真卿丹阳县子 | |
| | 至德二年 | 七五七 | 以江宁县置江宁郡以高适镇江东密图永王璘 | |
| | 乾元元年 | 七五八 | 改江宁郡为昇州置浙江西道节度兼江宁军使治昇州后徙治苏州 | |
| | 乾元二年 | 七五九 | 颜真卿拜浙西道节度使徙浙西观察使治宣州罢领昇州 | 夏诏天下临江带郭各置放生池始江州迄昇州凡八十一所金陵乌龙潭放生池即其一也 |

| 代 | 年 | 西历 | 大事 | 建筑 |
| --- | --- | --- | --- | --- |
| 唐 | 上元元年 | 七六〇 | 刘展反陷昇州 | |
| | 上元二年 | 七六一 | 平卢节度使田神功讨平刘展废江宁置上元县 | |
| | 宝应元年 | 七六二 | 废昇州上元复隶润州 | |
| | 德宗建中二年 | 七八一 | 以浙江西道为镇海军治润州 | |
| | 建中四年 | 七八三 | 镇海军节度使韩滉筑石头城 | 缮治馆壁起建康抵京岘以备巡幸 |
| | 宪宗元和二年 | 八〇七 | 镇海节度使李锜反治石头寻为其将张子良所执献江东平 | |
| | 昭宗大顺元年 | 八九〇 | 复置昇州于上元 | |
| | 乾宁二年 | 八九五 | 昇州刺史冯宏铎以州附淮南杨行密 | |
| | 天复二年 | 九〇二 | 封杨行密为吴王 | |
| | 天复三年 | 九〇三 | 宁国节度使田頵袭昇州刺史李神福灭之 | |
| | 哀帝天祐二年 | 九〇五 | | 立晋元帝庙 |
| | 唐哀帝天祐六年　梁太祖开平三年 | 九〇九 | 淮南左右牙都指挥使徐温自领昇州刺史留广陵遣假子知诰为昇州防遏使往治之 | |
| | 天祐九年 | 九一二 | 淮南以徐知诰为昇州刺史知诰选用廉吏修明政教以宋齐邱为谋主 | |
| | 天祐十一年 | 九一四 | | 徐知诰城昇州广金陵旧城二十里 |
| | 天祐十四年 | 九一七 | 镇海军节度使徐温行部至昇州爱其繁富乃移镇海军治所于昇州自居之 | |
| 杨吴 | 惠帝武义元年 | 九一九 | 淮南始建国号曰吴 | |
| | 武义二年 | 九二〇 | 改昇州大都督府为金陵府拜徐温为尹 | 金陵城成建紫极宫于冶城故址 |
| | 睿帝顺义二年 | 九二二 | | 以同泰寺之半置台城千福院 |
| | 顺义四年 | 九二四 | | 建兴教寺于石头 |
| | 太和三年 | 九三一 | 知诰归镇金陵如徐温故事 | |
| | 太和四年 | 九三二 | | 作礼贤院于府舍　广金陵城 |
| | 太和五年 | 九三三 | 宋齐邱劝知诰徙帝都金陵不果 | 知诰缮府治为宫徙都统府于台城 |

| 代 | 年 | 西历 | 大事 | 建筑 |
|---|---|---|---|---|
| 杨吴 | 天祚元年 | 九三五 | 以知诰为天下兵马大元帅封齐王 | |
| | 天祚二年 | 九三六 | 诏以金陵府为西都 | 建大元帅府 |
| | 天祚三年 | 九三七 | 知诰始建齐国改金陵府曰江宁牙城曰宫城厅堂曰殿 | |
| 南唐 | 烈祖昇元元年 | 九三七 | 齐王诰自立为皇帝国号唐 | 改齐明门为乾元门 |
| | 昇元二年 | 九三八 | 广济仓灾焚米三十万石 | 改吴兴阁为升元阁瓦官寺为升元寺 |
| | 昇元三年 | 九三九 | 帝御兴祥殿改国号曰唐复姓李更名昪 | 作南郊行宫　始享太庙祀南郊作北郊于玄武湖　改崇英殿曰延英凝华内殿前曰升元后曰雍和兴祥殿曰昭德积庆殿曰穆清 |
| | 昇元七年 | 九四三 | 帝殂于升元殿齐王璟即皇帝位改元保大 | 葬烈祖于永陵 |
| | 保大七年 | 九四九 | | 齐王景达改长庆寺曰奉先以资烈祖冥福 |
| | 保大十一年 | 九五三 | 夏秋旱淮流可涉 | 金陵大火逾月焚庐舍营署殆尽 |
| | 交泰元年 | 九五八 | 割江北地与周和下令去帝号称江南国主用周显德年号 | |
| | 周世宗显德六年 | 九五九 | 命修城隍治要害为子孙计 | 城金陵增戍兵 |
| 宋 | 太祖建隆元年 | 九六〇 | 周殿前都点检赵匡胤称帝江南遂臣于宋 | |
| | 建隆二年 | 九六一 | 国主迁于南都使太子从嘉监国国主殂从嘉嗣立于金陵改名煜 | |
| | 建隆三年 | 九六二 | | 葬元宗于顺陵 |
| | 乾德三年 | 九六五 | | 葬昭惠后于懿陵　光穆皇后于顺陵 |
| | 乾德五年 | 九六七 | 命两省侍郎谏议给事中中书舍人集贤勤政殿学士更直光政殿 | 置澄心堂于内苑清辉殿后引文士居之中书密旨皆由以出 |
| | 开宝三年 | 九七〇 | 命境内崇修佛寺 | 改宝公院为开善道场又置报慈净德等院 |
| | 开宝五年 | 九七二 | 下令贬仪制去殿阁鸱吻不复用 | |
| | 开宝八年 | 九七五 | 宋遣大将曹彬等率师来伐自采石以浮梁济江陷金陵后主归命以江宁府为昇州南唐亡 | 吴越兵烧升元阁避难其上者焚死殆数百人 |

| 代 | 年 | 西历 | 大事 | 建筑 |
| --- | --- | --- | --- | --- |
| 宋 | 太宗太平兴国元年 | 九七六 | 置江宁府上元县都监寨 | 取蒋山大钟置太平兴国寺 |
| | 淳化五年 | 九九四 | 置上元县淳化镇 | |
| | 真宗景德元年 | 一〇〇四 | 改陶吴铺为金陵镇 | |
| | 景德三年 | 一〇〇六 | 置江宁县秣陵镇 | |
| | 大中祥符四年 | 一〇一一 | | 诏葺太平兴国寺及宝志塔殿 |
| | 天禧元年 | 一〇一七 | 置常宁镇于句容县 | 改长干寺曰天禧塔曰圣感 |
| | 天禧二年 | 一〇一八 | 改昇州为江宁府建康军节度治上元江宁二县以皇子寿春郡王行江宁尹封昇王 | |
| | 仁宗天圣五年 | 一〇二七 | 江水溢坏官民庐舍 | 凿义井于天禧寺侧 |
| | 庆历八年 | 一〇四八 | | 江宁府治火惟南唐玉烛殿仅存 |
| | 嘉祐四年 | 一〇五九 | 以吴宿言升为始封之地进为大国无得封从之　程颢为上元主簿多及民之政 | |
| | 英宗治平四年 | 一〇六七 | 王安石知江宁府旋召入 | |
| | 神宗熙宁五年 | 一〇七二 | 分京东武卫军权驻泊江宁府以备盗贼 | |
| | 熙宁九年 | 一〇七六 | 王安石罢判府事寻为集禧观使 | 春判江宁府王安石请泄玄武湖水使民耕种从之 |
| | 元丰七年 | 一〇八四 | | 王安石请以所居宅舍为寺赐额报宁 |
| | 徽宗大观元年 | 一一〇七 | 诏以江宁险固足守改江宁府为帅府 | |
| | 高宗建炎元年 | 一一二七 | 李纲议以建康为东都备巡幸置沿江帅府以备控扼 | 诏江宁府修建景灵宫 |
| | 建炎三年 | 一一二九 | 帝幸江宁驻跸神霄宫御笔改江宁府为建康府入居行宫寻幸浙西金人渡江陷建康 | 太子薨殡于铁塔寺　建康通判杨邦乂不屈金人剖腹取其心剖之 |
| | 建炎四年 | 一一三〇 | 金人焚掠建康岳飞败之于靖安又败之于牛头山韩世忠以舟师扼黄天荡兀术乃傍冶城西南凿渠以遁 | |
| | 绍兴二年 | 一一三二 | 诏韩世忠措置江南北岸屯田沿江修守备 | |

| 代 | 年 | 西历 | 大事 | 建筑 |
|---|---|---|---|---|
| 宋 | 绍兴六年 | 一一三六 | 张浚会诸将于江上表请帝临幸建康 | |
| | 绍兴七年 | 一一三七 | 岳飞护驾至建康 | 诏内侍于建康府元符万寿宫为道君皇帝修祈福道场　筑太庙于建康 |
| | 绍兴八年 | 一一三八 | 帝复幸浙西以叶梦得为留守 | |
| | 绍兴九年 | 一一三九 | | 修建康府学因旧址面秦淮　重建晋卞壶祠 |
| | 绍兴十一年 | 一一四一 | 兀术窥江张刘诸将败之　命淮西江东军马钱粮总领所移置建康 | |
| | 绍兴十六年 | 一一四六 | 颁御书石经于府学 | |
| | 绍兴二十五年 | 一一五五 | 秦桧封建康郡王 | |
| | 绍兴三十一年 | 一一六一 | 金主亮入犯中书舍人虞允文败金兵于采石江中具捷以闻帝亲征至建康 | 立江神庙于建康赐额佑德 |
| | 绍兴三十二年 | 一一六二 | 帝发建康如临安 | 修筑建康城 |
| | 孝宗隆兴元年 | 一一六三 | | 江东大水张孝祥奏通青溪水口入江汪澈请修筑建康城 |
| | 乾道元年 | 一一六五 | | 开西园河道通栅寨门令水入江先是知府张孝祥创此议而汪澈继成之 |
| | 乾道三年 | 一一六七 | 以知府事史正志总沿江舟师 | |
| | 乾道四年 | 一一六八 | | 史正志以蔡宽夫宅创贡院移放生池于青溪 |
| | 乾道五年 | 一一六九 | | 重修镇淮饮虹二桥 |
| | 淳熙三年 | 一一七六 | | 重修府学立明道先生祠 |
| | 淳熙十三年 | 一一八六 | 移采石水军二千五百人屯靖安镇 | |
| | 光宗绍熙元年 | 一一九〇 | | 知府事章森筑厢禁二军新营易茅庐为瓦屋数千间兵民始不相杂 |
| | 绍熙三年 | 一一九二 | | 知府事余端礼修广贡院 |
| | 宁宗庆元元年 | 一一九五 | | 建府学御书阁议道堂　重修北门亲兵寨千二百八十七楹 |
| | 庆元六年 | 一二〇〇 | 郡人朱舜庸编金陵事迹二十余年始成至是献之遂修为建康续志 | |

| 代 | 年 | 西历 | 大事 | 建筑 |
| --- | --- | --- | --- | --- |
| 宋 | 开禧三年 | 一二〇七 | 叶适措置屯田并沿江堡坞团结淮西山水寨四十七处 | |
| | 嘉定五年 | 一二一二 | | 建冶城忠孝堂于卞墓侧　作晋元帝庙祀王导以下三十六人 |
| | 嘉定八年 | 一二一五 | | 刘榘建明道先生祠　运使真德秀开东门外新河　立范忠宣祠于漕司创漕司贡院于青溪西 |
| | 嘉定十年 | 一二一七 | | 李珏开浚行宫后古珍珠河 |
| | 嘉定十四年 | 一二二一 | | 商硕立郑介公祠于清凉寺 |
| | 理宗绍定二年 | 一二二九 | | 增收后湖田租遂为额 |
| | 端平三年 | 一二三六 | | 立义冢二所于覆舟山龙光寺以收江北战骨 |
| | 淳祐五年 | 一二四五 | 立策胜六军右军中军屯驻建康 | |
| | 淳祐六年 | 一二四六 | | 知府事赵以夫修府学明德堂辟大成殿两廊以妥从祀 |
| | 淳祐七年 | 一二四七 | 招募精锐军 | 广亲兵教场建指授堂铸兵于马鞍山下铁冶沟旁 |
| | 淳祐十一年 | 一二五一 | | 知府事吴渊建锦绣堂于府治左镇青堂于郡圃 |
| | 淳祐十二年 | 一二五二 | | 淮西总领陈绮建翠微亭于石头山 |
| | 宝祐四年 | 一二五六 | 招募御前游击军 | 马光祖创游击军寨三千余间于武定桥东　建东南佳丽楼 |
| | 宝祐五年 | 一二五七 | | 重建府治堂宇御赐忠实不欺之堂额甃御街及镇淮饮虹二桥 |
| | 开庆元年 | 一二五九 | | 创游击新军寨三千余间于西门内置安乐房以疗其疾患 |
| | 景定元年 | 一二六〇 | | 浚城壕四千七百六十五丈创栅寨门甃城浚青溪修内外诸桥创府城内外亭台祠馆数十处 |
| | 景定三年 | 一二六二 | | 姚希德创建蜀三神祠于青溪侧 |
| | 景定四年 | 一二六三 | | 修社坛府学明道书院及诸庙祠官解　建洞神宫于三神祠左 |

| 代 | 年 | 西历 | 大事 | 建筑 |
| --- | --- | --- | --- | --- |
| 宋 | 度宗咸淳三年 | 一二六七 | | 重建贡院于青溪南　修南轩祠 |
| | 恭帝德祐元年 | 一二七五 | 元兵陷建康于府治开省设建康路宣抚司自是建康入于元 | 元兵屯雨花台知府事赵溍弃建康遁都统翁福降元丞相伯颜入城 |
| 元 | 世祖至元二十一年 | 一二八四 | 立江淮行枢密院治建康二月徙江淮行省于杭州 | |
| | 至元二十二年 | 一二八五 | 徙行枢密院于建康 | |
| | 至元二十三年 | 一二八六 | 徙杭州行御史台于建康 | |
| | 至元二十五年 | 一二八七 | | 改天禧寺为元兴天禧慈恩旌忠教寺 |
| | 成宗元贞元年 | 一二九五 | | 诏改天庆观为玄妙观毁所奉宋太祖神主 |
| | 大德二年 | 一二九八 | 罢金银铜冶转运司除建康路金额淘金户并入元籍当差 | |
| | 大德四年 | 一三〇〇 | | 儒学灾惟存尊经及东西二教授厅 |
| | 大德七年 | 一三〇三 | | 建帝师寺于保宁寺北 |
| | 武宗至大二年 | 一三〇九 | 封绰和尔为句容郡王 | |
| | 泰定帝致和元年 | 一三二八 | | 图帖睦尔建大崇禧万寿寺于蒋山兴国寺后 |
| | 文宗天历二年 | 一三二九 | 改潜邸所幸诸路名建康曰集庆 | 命改集庆潜邸建大龙翔集庆寺 |
| | 至顺二年 | 一三三一 | | 诏改玄妙观为大元兴永寿宫亭为飞龙亭 |
| | 顺帝至元四年 | 一三三八 | | 浚台治后沟故道东缘青溪西通栅寨门至清凉寺下会秦淮河 |
| | 至元五年 | 一三三九 | | 上元县挑浚龙光河自算子桥经石头城下至马鞍山 |
| | 至正三年 | 一三四三 | 张铉纂修金陵新志成 | |
| | 至正十五年 | 一三五五 | 滁州豪帅郭子兴遣朱元璋渡江取太平使张天祐攻集庆不克徐达自太平进克溧水 | |
| | 至正十六年 | 一三五六 | 太平兵取集庆路于是建国号曰吴称吴公改集庆路为应天府建康军吴公以御史台为府 | 元行台御史大夫福寿坐凤凰台下督战死难 |

| 代 | 年 | 西历 | 大事 | 建筑 |
|---|---|---|---|---|
| 元 | 至正二十年 | 一三六〇 | 陈友谅自太平犯应天吴公亲总大兵于卢龙山破之 | |
| | 至正二十四年 | 一三六四 | 吴公进位称吴王建百官置十七卫亲军指挥使司 | 绘塑功臣像于蒋子文及卞壶庙 |
| | 至正二十五年 | 一三六五 | | 以集庆路学为国子监 |
| | 至正二十六年 | 一三六七 | 置江南行中书省治应天府 | 改筑应天府城作新宫于钟山之阳建庙社 |
| | 至正二十七年 | 一三六七 | 吴始称元年　杖张士诚于竹桥缢杀之 | 初置翰林院　圜丘方丘社稷坛太庙内三殿成 |
| 明 | 太祖洪武元年 | 一三六八 | 吴王祀天地于南郊即皇帝位初建国号意在大中既而祈天乃定曰明 | 以应天为南京　始享太庙祀圜丘　筑坛鸡笼山祭功臣胡大海等 |
| | 洪武二年 | 一三六九 | 降溧水州为县 | 封京都城隍建群神祀享所于南城外立十庙于鸡鸣山后又增功臣庙　开元史局于天界寺 |
| | 洪武三年 | 一三七〇 | 以克元捷奏至告于南郊太庙 | 建奉先殿 |
| | 洪武四年 | 一三七一 | 始策试贡士于奉天殿　筑浦子口城 | 修南京城垣 |
| | 洪武六年 | 一三七三 | | 造渡淮浮桥修筑京城　建历代帝王庙于南京 |
| | 洪武七年 | 一三七四 | | 拟建阅江楼旋作罢　凿石灰山河 |
| | 洪武八年 | 一三七五 | | 增祀鸡笼山功臣庙共一百八人　改作太庙 |
| | 洪武九年 | 一三七六 | 析置江浦县 | 建太祀殿于南郊　改建社稷坛于午门右 |
| | 洪武十一年 | 一三七八 | | 改南京曰京师 |
| | 洪武十四年 | 一三八一 | | 建国学于鸡鸣山下名国子监以旧国学为应天府学上元江宁二县学省入经始孝陵迁蒋山寺 |
| | 洪武十五年 | 一三八二 | 皇后马氏崩 | 葬孝慈皇后于孝陵 |
| | 洪武十六年 | 一三八三 | | 孝陵殿成命皇太子以牲醴致祭 |
| | 洪武十九年 | 一三八六 | | 造通济聚宝三山洪武等门新筑后湖城并廊房街道 |

| 代 | 年 | 西　历 | 大　　　事 | 建　　　筑 |
|---|---|---|---|---|
| 明 | 洪武二十年 | 一三八七 | | 徙建历代忠臣汉蒋子文晋卞壶南唐刘仁赡宋曹彬元福寿等庙于鸡鸣山阳 |
| | 洪武二十四年 | 一三九一 | | 徙富民实京师 |
| | 洪武二十五年 | 一三九二 | 皇太子标薨 | 祔葬孝陵东谥曰懿文太子 |
| | 洪武二十七年 | 一三九四 | | 建汉寿亭侯庙于鸡鸣山阳　新建酒楼成有醉仙重译等名即后世所谓十四楼也 |
| | 洪武三十年 | 一三九七 | | 重建国子监先师庙成 |
| | 洪武三十一年 | 一三九八 | 帝崩于西宫 | 葬高皇帝于孝陵 |
| | 惠帝建文元年 | 一三九九 | 燕王棣举兵反帝为罢齐泰黄子澄官 | |
| | 建文四年 | 一四〇二 | 燕兵至六合自瓜州渡江犯金川门宫中火起帝不知所终　燕王自立为皇帝 | |
| | 成祖永乐元年 | 一四〇三 | 帝御奉天殿受朝贺 | 享太庙　设溧水广通镇闸 |
| | 永乐七年 | 一四〇九 | 帝北巡发京师皇太子高炽监国 | |
| | 永乐十年 | 一四一二 | | 敕工部建报恩寺 |
| | 永乐十四年 | 一四一六 | | 于卢龙山下建天妃宫为郑和下西洋谢天妃保佑造也 |
| | 永乐十八年 | 一四二〇 | 召皇太子于京师诏自明年改京师为南京六部政悉移而北 | |
| | 永乐二十二年 | 一四二四 | 始设南京守备以襄城伯李隆为之 | |
| | 仁宗洪熙元年 | 一四二五 | 命太监郑和守备南京　命皇太子瞻堪谒孝陵居守南京 | |
| | 宣宗宣德六年 | 一四三一 | | 报恩寺落成 |
| | 英宗正统六年 | 一四四一 | 始定都北京 | |
| | 宪宗成化八年 | 一四七二 | 江溢 | 南京大风雨坏天地坛及孝陵庙宇 |
| | 武宗正德十四年 | 一五一九 | 宁王宸濠反于南昌帝自将至南京不入旧内居南门内之公廨 | |
| | 武宗正德十五年 | 一五二〇 | 受江西俘旋跸 | 帝谒孝陵备诸剧戏　幸牛首驻四峰祠堂中 |
| | 世宗嘉靖三十四年 | 一五五五 | 倭贼自浙历徽宁犯南京戒严 | |
| | 神宗万历十四年 | 一五八六 | | 应天府尹周继重修县学建文德板桥 |

| 代　　　　年 | | 西　历 | 大　　　　事 | 建　　　　筑 |
|---|---|---|---|---|
| 明 | 万历二十八年 | 一六〇〇 | | 修报恩寺塔 |
| | 万历四十年 | 一六一二 | | 应天府尹姚思仁重修都城隍庙 |
| | 万历四十一年 | 一六一三 | | 南京工部尚书丁宾浚秦淮河 |
| | 毅宗崇祯十五年 | 一六四二 | 流寇陷和州南京戒严 | |
| | 崇祯十七年 | 一六四四 | 流贼李自成陷京师南京兵部尚书史可法誓师勤王闻变乃还庐凤总督马士英以兵迎福王于江上 | 福王谒孝陵即皇帝位于武英殿祀高皇帝以下于奉先殿西宫成赐名慈禧殿 |
| | 福王弘光元年 | 一六四五 | 宁南侯左良玉反南京戒严　清兵屠扬州福王出通济门奔太平清豫亲王入南京 | 修奉先殿及午门左右掖门福王选淑女于元晖殿　清设驻防军驻明旧内 |
| | 永明王永历十三年（清顺治十六年） | 一六五九 | 郑成功由崇明入江拔镇江直薄南京移檄远近下太平宁国池州徽州广德无为和州等四府三州二十四县 | 清崇明总兵梁化凤率师入援夜出神策门破郑成功于白土山成功引还 |
| 清 | 宣宗道光二十二年 | 一八四二 | 英海军入长江由燕子矶登陆陷南京订江宁条约 | 英军在卖糕桥设总司令部 |
| | 文宗咸丰三年 | 一八五三 | 太平军自江宁镇板桥攻聚宝门陷南京以为天京　曾国藩始治乡兵于湘乡 | 太平军绕城西南筑垒二十四踞报恩寺浮图俯瞰城中且借以施炮 |
| | 咸丰六年 | 一八五六 | 洪秀全使韦昌辉诛杨秀清及其与党继又诛韦太平天国内哄石达开出走安庆 | |
| | 咸丰七年 | 一八五七 | 湘军收复武汉围九江据金陵上游 | |
| | 咸丰十年 | 一八六〇 | 太平军陷苏杭扰东南 | 张国梁克上关下关太平军退江东门 |
| | 咸丰十一年 | 一八六一 | 曾国荃以地雷克安庆复池州黄州等地 | |
| | 穆宗同治元年 | 一八六二 | 曾国荃克秣陵关江心洲进营雨花台各营合围南京李秀成驰援 | |
| | 同治二年 | 一八六三 | | 江南军毁上方桥江东门中和桥七桥瓮双桥门高桥门土山秣陵关博望各垒 |
| | 同治三年 | 一八六四 | 洪秀全于五月仰药死　湘军克南京生擒李秀成江宁肃清 | 江南军克钟山天保城断太平神策二门遂合城围由太平门发地雷轰城入 |

| 代 | 年 | 西历 | 大事 | 建筑 |
| --- | --- | --- | --- | --- |
| 清 | 同治四年 | 一八六五 | | 江宁既平建钟山书院　建江宁府学于故朝天宫翌年九月成建上江考棚重建下江考棚及江宁府衙署 |
| | 同治八年 | 一八六九 | | 重建燕子矶碑亭　江安粮道衙署工竣 |
| | 同治九年 | 一八七〇 | | 半山寺工竣 |
| | 同治十年 | 一八七一 | | 重建北极阁旷观亭莫愁湖胜棋楼 |
| | 同治十一年 | 一八七二 | | 建将军衙署都统衙署织造衙署总督衙署署前有二坊曰两江保障三省钧衡又修清远楼 |
| | 同治十二年 | 一八七三 | | 万寿宫竣工　三忠祠曾文正公祠（龙蟠里）竣工 |
| | 末帝宣统三年 | 一九一一 | 苏浙沪军政府遣军会攻南京十月二十日民军克复南京 | |
| 民国 | 元年 | 一九一二 | 民国临时政府成立于南京四月临时政府及参议院迁往北京 | |
| | 二年 | 一九一三 | 李烈钧占湖口作二次革命驻南京第一师宣布独立何海鸣任临时总司令寻失败 | |
| | 十六年 | 一九二七 | 国民革命军北伐已克武汉底定长江上游复克南京底定长江下游九月国民政府迁南京 | |

# 第三章　秦汉以前之遗迹

## 第一节　治　城

金陵在春秋时为吴地，未有城邑。考《左传》鲁襄公三年（周灵王二年，楚共王二十一年，吴寿梦十六年，西历纪元前五七〇）楚令尹公子婴齐伐吴，克鸠兹，至于衡山。按鸠兹今芜湖，衡山今江宁南境横山也。夫悬军深入，始及边鄙，则金陵为吴地而非楚地可知；旧说吴头楚尾非也。

金陵附近古城，有固城、陵平二县。固城去金陵东南一百二十里，当溧水、溧阳之间，古称濑渚县，盖吴所筑。陈沂《金陵古今图考》：

> 周景王四年（前五四一），楚灵王败吴军，陷固城。吴移濑渚于溧阳南十里，周回七里，为陵平县。又败于楚，更名平陵县。后阖闾将伍员破楚，烧固城，遂废。

按周景王四年，楚令尹围杀郏敖，自立为灵王，明年始为元年，然则“败吴军，陷固城”，必非是年。按《史记》卷四十《楚世家》：

> 灵王三年（前五三八）……七月，楚以诸侯兵伐吴，围朱方；八月克之，囚庆封，灭其族。……

又《吴世家》卷三十一：

> 吴王馀祭十年（前五三八），楚灵王会诸侯，而以伐吴之朱方，以诛齐庆封；

吴亦攻楚，取三邑而去。十一年（前五三七），楚伐吴，至雩娄。十二年（前五三六），楚复来伐，次于乾溪，楚师败走。

由此观之，楚三次伐吴，当在周景王七年至九年（楚灵王三年至五年，吴余祭十年至十二年），则楚陷固城，吴移濑渚，更名平陵，亦当在此三年间（前五三八—前五三六）。陈氏谓周景王四年，非也。

至于金陵本地，未有城邑，惟石头东有冶城，《传》云："夫差冶铸于此，"即今朝天宫地。《世说》注引《丹阳记》曰："丹阳冶城，去宫三里，吴时鼓铸之所。"以为孙权所筑；或仍夫差之旧，未可知也。

**冶城是吴王夫差铸剑处**　　陈文述

斗间云气望中原，剩有蛟龙剑血斑。
欧冶干将俱寂寞，一痕青认冶城山。

尽有人间百炼锋，好从匣底卧芙蓉。
韬光剑锷英雄事，莫但延津说化龙。

## 第二节　越　城

周元王四年（前四七二），越王勾践用范蠡谋灭吴，将图楚，称伯江淮，乃筑城于金陵长干里，以强威势。城周二里八十步，在今中华门外长干里，俗呼越台即其地。金陵有城邑自此始。

刘渊林《吴都赋》注云：建业南五里有大长干、小长干，大长干在越城东，小长干在越城西。地当战伐要道，六朝交兵在南者，每先据此，故卢循之来，众军修治越台也。宋陈同父有言，曹武惠登长干，兀术上雨花台，城中秋毫不能遁，亦指此也。

**越　城**　　陈文述

一样兴亡更可嗟，长干枯树噪啼鸦。
越台争似苏台好，杨柳年年扫落花。

如何谋楚计全非，战士还家空锦衣。
太息会稽山下路，春来惟有鹧鸪飞。

石室阴谋慨霸才，杜圻山色隐崔巍。
扁舟已泛烟波去，未必当年此筑台。

## 第三节　楚金陵邑

周显王三十六年（楚威王七年，西历前三三三），楚灭越，尽有吴故地，乃擅江海之利，因山立号，置金陵邑于石头后之石头城。金陵之名，实始于此。《康熙江宁府志》云：

金陵邑城，周显王三十六年，楚威王所置；孙吴即其地筑城曰石头城，即今石城门近清凉门处。

旧传楚人埋金于金陵冈，以压王气，陈文述信之，有“吴国当年曾铸剑，楚王何事此埋金”之句。实则埋金之说，未见正史；而东南王气，亦始著于秦，则此说未可深信也。

## 第四节　钟山汉秣陵尉蒋子文祠

蒋子文之庙，始兴于吴，崇于晋，大于南齐，而衰于明。子文功业，虽无足道，然其神话势力之大，直足以风靡六朝甚至追崇帝号；亦犹关羽之于后世也。故言金陵古迹，不可以不一述蒋庙。干宝《搜神记》曰：

蒋子文，广陵人也，嗜酒好色，常自谓青骨，死当为神。汉末为秣陵尉，逐贼至钟山下，贼击伤额，因解绶缚之，有顷遂死。及吴先主之初，其故吏见文于道乘白马执白羽，侍从如生平，于是使使者封子文为中都侯，次弟子绪为长水校尉，皆加印绶，为庙堂，号钟山为蒋山。六朝以来，灵应甚著，洊崇帝号。今父老犹奉为土神。

又《上江两县志》引石迈《古迹编》云：

吴大帝时，蒋帝神乘白马，执白羽扇，见形于此（指雉亭山），跑地成泉。故山又呼曰骑亭，泉亦名白骑也。

可见神话之起，实始于吴。至晋加相国；齐封蒋王，追崇蒋帝。明初建十庙于鸡鸣山麓，蒋子文庙亦于洪武二十年（一三八七）徙建焉。今城内蒋庙久废；城外蒋庙，旧在钟山之阴半山之上（《六朝事迹编类》，谓永初三年（四二二）初宁陵石柱在蒋庙侧），清中叶迁至太平门外四里路东（李文忠墓对面）。今其地犹有蒋王庙，有碑二，纪其沿革，惟庙已改为小学，神龛及像，封闭不启，一代赫奕之神灵，其遗迹仅此而已。

## 第五节　青溪小姑祠

青溪小姑，亦金陵神话之一，或附之为蒋侯第三妹；或以为青溪神女；或者更附会为张丽华祠，其为神话则一也。兹分述之如下：

（一）为蒋侯第三妹说。《异苑》曰：

青溪小姑蒋侯第三妹也。《乐府神弦》第六《青溪小姑曲》曰：开门白水，侧近桥梁；小姑所居，独处无郎。

（二）为青溪神女说。吴均《续齐谐记》曰：

会稽赵文韶，宋元嘉中为东扶侍廨在青溪中桥〔今四象桥〕，秋夜步月，怅然思归，乃倚门唱《乌飞曲》。忽有青衣，年可十五六许，诣门曰："女郎闻歌声，有悦人者，逐月游戏，故遣相同。"文韶都不之疑，遂邀暂过。须臾，女郎至，年可十八九许，容色绝妙，谓文韶曰："闻君善歌，能为作一曲否？"文韶即为歌《草生磐石下》，声甚清美。女郎顾青衣，取箜篌鼓之，泠泠似楚曲；又令侍婢歌《繁霜》，自脱金簪，扣箜篌和之。婢乃歌曰：

歌繁霜，
繁霜侵晓幕。
何意空相守，
坐待繁霜落！

流连宴寝，将旦别去，以金簪赠文韶；文韶亦赠以银碗及琉璃匕，明日于青溪庙中得之，乃知所见青溪神女也。

（三）为青溪小姑祠即张丽华祠说。王渔洋《诗话》云：

秦淮青溪上有张丽华小祠，不知何代所建，《金陵图经》不载。余少时客秦淮赋杂诗二十余首，而独遗此，因补作二绝句纪之，以存古迹云：

璧月依然琼树枯，玉容犹似忆黄奴。
过江青盖无消息，寂寞青溪伴小姑。
临春结绮已消沉，遗庙荒凉碧藓侵。
惟有青溪呜咽水，千年犹似怨韩擒。
唐修《隋史》谓韩擒虎曰韩擒，避庙讳也。

又陈渚南《渚山词话》云：

丽华死于青溪，后人哀之，为立小祠；像乃二女郎，其一即孔贵嫔。

又甘熙《白下琐言》（卷三）：

淮青桥之东青溪祠，旧祠青溪小姑，南朝甚著灵验。《舆地志》：青溪岸侧有神祠是也。隋平陈，斩张丽华、孔贵嫔（？）于栅下，南宋时并祀之。《六朝事迹编类》，已称祠有三妇。然今则祠额犹旧，仅小屋一楹，塑男子像，优伶祀之，名曰老郎神。谬妄愈失其真。按王渔洋《分甘余话》，秦淮青溪上有张丽华祠，作二诗以纪之，盖国初犹存也。

《上江两县志》卷四亦云：

淮水又西南径利涉桥受小运河水。……运河水又北流至金陵闸，有青溪姑祠。《舆地志》：在青溪埭口，不知何年移建于此。祠祀子文妹，旁列二偶，或云叔宝宫人张丽华、孔贵嫔也。后为郡守毁之。

又《上江两县志》卷二十七上二县城内图下段，犹绘小姑祠于淮青桥侧，可见同治乱后，犹有遗迹可寻，今则祠宇荡然矣。

由上各种记载，综合观之，可得下列结论：（一）青溪小姑为神话中人物，此神话传说，起于汉末，盛于南朝，《舆地志》已有记载，谓在青溪埭口，或云在青溪中桥〔今四象桥〕。（二）陈亡以后，又附祀张丽华、孔贵嫔，不知何年，祠移建于淮青桥东。（三）据王渔洋《诗话》，该祠清初犹存；据甘熙《白下琐言》，则至道光时已废，改祀老郎神，已非本来面目矣。

按青溪小姑，传说极为绮丽，故浸成诗歌乐府中人，《乐府神弦》第六，即已歌咏之。及陈亡后，又加以张丽华之传说，遂流播更广。对于丽华之见解，人各不同：史家立场，以为“张妃孔嫔，陈之褒妲，尤祠之无义者也，不复可也”（注一）；而文学家立场，则有异于是，以为“丽华虽擅宠后宫，实后主耽于声色有以致之；隋师南伐，黄奴既不肯以身殉社稷，一时文武，如江总、孔范、鲁广达、萧摩诃、樊毅、任忠诸人，曾未死国；而贵妃身蹈智井，与绿珠坠楼何异。继死青溪，并无乞怜免死之语，不谓之为国捐躯不可也。为国捐躯，庙食可也”。故青溪小姑祠，歌咏独多，择其尤者，录之如下：

**青溪小姑祠** 汪　端

碧水潺湲绕户流，中宵疑奏钿箜篌。
桂旗时拂三山雨，蝉鬓犹笼六代愁。
凉月梦回人似玉，繁霜歌罢夜如秋。
更怜烟树钟山北，寂寞无人祀蒋侯。

**青溪小姑祠** 陈丽娵

门开白水近桥梁，乐府神弦第六章。
曾否脱簪叩磐石，可因侵幕感繁霜。
家临玉涧秋阴重，梦断青溪夜月凉。
莫信箜篌银碗事，小姑居处本无郎。

**青溪小姑祠** 陈文述

雉亭龙尾久荒芜，尚有丛祠祀小姑。
碧水未窥双照影，青山曾写十眉图。
云衣花落春惆怅，翠幔香销梦有无。
灵雀箜篌俱寂寞，六朝明月夜来孤。

**青溪小姑祠** 朱　僎

九曲青溪夜未央，中宵凄绝赋繁霜。
箜篌歌罢秋阴重，环佩归来晓月凉。
古宇烟霞原是梦，小姑居处本无郎。
只今碧水潺湲去，乐府犹传第六章。

### 张丽华祠

汪　端

琼树新声玉树词，擘笺风度忆当时。
红粱尚幻他生梦，璧月空悬异代祠。
绮阁歌残春似水，秣陵花落雨如丝。
婵娟甘为黄奴殉，终古青溪绕曲墀。

### 张丽华祠

管　筠

古来国破蛾眉殉，只有南齐潘玉儿。
琼树空怜结绮阁，青溪谁吊丽华祠。
明妆翠羽他生梦，璧月红绡往事悲。
留得景阳眢井在，年年春雨洒燕支。

### 张丽华祠

陈文述

结绮临春总寂寥，秣陵烟雨亦潇潇。
有人艳曲题三阁，似尔仙姿冠六朝。
旧谱犹能翻玉树，新词曾记报红绡。
故宫最是伤心地，井上燕支涴不消。
景阳钟断夜乌啼，一曲金钗旧梦迷。
碎玉只今怜碧血，埋香何处筑春泥。
小姑祠近清江北，神女楼空夕照西。
自古蛾眉谁殉国，不须惆怅怨青溪。
灵旗缥缈碧天霞，古木萧条送晚鸦。
一样芳魂招贵嫔，六宫遗恨说宣华。
可怜桃渡曾军垒，又见芜城作帝家。
问到迷楼好颜色，红心满地玉钩斜。

### 青溪吊张丽华

朱谒先

结绮才歌琼树词，青溪俄吊丽华祠。
红粱惊破他生梦，碧血长埋绝代姿。
璧月凄凉怀玉貌，悲风惨淡闪灵旗。
蛾眉殉国传佳话，并驾南齐潘玉儿。

**青溪吊张丽华祠**　　朱　偰

景阳钟断子规啼，六代荒墟古径迷。
顾影有情怜璧月，埋香何处吊青溪。
苍茫祠宇清淮北，缥缈灵旗夕照西。
最是故宫寥落甚，空余眢井草凄凄。

## 第六节　诸葛武侯驻马坡

诸葛武侯驻马坡，旧有二说。一说在乌龙潭西，一说在石头城。《上江两县志》卷三云：

> 乌龙潭西为驻马坡，《建康志》：诸葛亮尝驻此以观形势。

陈文述《秣陵集》卷一则云：

> 诸葛武侯驻马坡，在石头城，相传武侯至吴，驻此以观形胜，谓钟山龙蟠，石城虎踞即此，在今龙蟠里北收兵桥东。

二说各有所本，而乌龙潭西与收兵桥东相差亦不甚远，惟谓为石头城，则相去颇远。今乌龙潭东南有灵应观，中有诸葛武侯祠，则驻马坡当在左近一带，惟不能确定其处耳。

又镇淮桥东北军师巷，亦有武侯祠，甘熙《白下琐言》卷二：

> 诸葛祠在信府河军师巷，相传和吴破魏时，武侯驻节于此。近归生生堂救生局，高楼三楹，南窗夜启，塔灯在望，颇称僻静。辛巳春，予读书其中，每漏下三鼓，青灯荧荧，后邻机杼之声，悠扬相答，大有幽趣。胡兰川先生题额曰“丞相祠堂”，自然真切。后有人于庭中栽树，掘地六尺，见石版二，下有穴深不可测，遂亟掩之，盖古井也。

**诸葛武侯驻马坡**　　陈文述

石头城上翠屏颜，虎踞龙蟠在此间。
形胜旧传三国志，风云长护六朝山。
登高感慨谁知己，揽辔澄清亦等闲。
天遣艰难定西蜀，峨嵋万里隔秦关。

## 第七节　六朝以前金石

金陵建都，始自孙吴，六朝以前金石，存者盖鲜。据史籍所载，其最早者，为西汉永光五年（三九）茅君别院碑，在朱门镇牛脊山，有顾起元、陈沂题识，见《存征续录》。清康熙间，郑簠曾访得之，今已失传。甘熙《白下琐言》卷一，亦尝记之云：

> 茅君别院，在朱门乡之牛脊山，一作牛迹，有西汉永光五年碑，石虽损折，可磨拓者，尚有数十字。江宁金石，此为最古，在溧水校官碑之前。康熙间郑汝器先生簠，曾亲见其迹。明顾遴初、陈横崖皆有题识；距先祖妣墓仅十里，尝搜访而终不可得。或云：石如墨玉，晶光照人；守院道士恐人聒噪，已毁而埋之矣。何物野道，恶俗至此，真一恨事！

此碑今尚存否，以余未至其地，不可得知；甘氏访而未得，未必竟已失传也。司保存文物之责者，宜亲往调查之。

溧水校官之碑，汉灵帝光和四年（一八一）为溧阳长潘乾立也。碑今存溧水学宫，高一·四公尺，凡十六行，行二十七字，原文见《江宁金石记》卷一，兹不俱录。

此外两汉金石，见于史籍者尚有新莽大司徒甄邯墓志，在后湖侧，刘宋时出土，见《南史·何承天传》（见前第一章第三节后湖一则，兹不复赘）。他若明杨时乔重摹之《南岳碑》（篆书，今存，在栖霞山幽居庵后），及元摹刻之秦峄山刻石，并非真迹，不足跻于金石之林也。

（注一）《上江两县志》卷十。

# 第四章　六朝城郭宫阙遗址

## 第一节　吴都建邺及太初宫

吴黄龙元年（二二九），大帝自武昌迁都建邺，因长沙桓王故府为太初宫居之。金陵建都自吴大帝始。

《建康实录》卷二：黄龙元年秋九月，帝迁都于建业。……冬十月至自武昌，城建业太初宫居之，宫即长沙桓王故府也，因以不改。今在县东北三里晋建康宫城西南。……其建业都城周二十里一十九步。

赤乌十年（二四七），改作太初宫；十一年（二四八）三月，太初宫成，周围五百丈（一曰方三百丈）。正殿曰神龙；南面开五门：正中曰公车门，东曰升贤门、左掖门，西曰明扬门、右掖门；正东曰苍龙门；正西曰白虎门；正北曰玄武门。

《建康实录》卷二：赤乌十一年三月，太初宫成，周回五百丈。正殿曰神龙。南面开五门：正中曰公车门，东门曰升贤门、左掖门，西曰明扬门、右掖门。正东曰苍龙门；正西曰白虎门；正北曰玄武门。起临海等殿。

《建康宫殿簿》：太初宫中有神龙殿，去县三里。

孙皓宝鼎二年（二六七），起昭明宫于太初之东，制度尤广，穷极伎巧，功费万倍。

《建康实录》卷四：宝鼎二年夏六月，起新宫于太初之东，制度尤广。二千石以下，皆自入山督摄伐木；又攘诸营地，大开苑囿，起土山作楼观，加饰珠玉，制以奇石：左弯崎，右临硎。又开城北渠，引后湖水激流入宫内，巡绕堂殿。穷极伎巧，功费万倍。

同上：十二月新宫成，周五百丈，署曰昭明宫，开临硎、弯碕之门。正殿曰赤乌殿，后主移居之。

《太康地记》：吴有太初宫，方三百丈，权所起也；昭明宫方五百丈，皓所作也，避晋讳故曰显明。

《吴历》：显明在太初之东。

太初宫及昭明宫确定地址，今不可考；惟据《建康实录》，太初宫在县（按即升州，近石头）东北三里，而昭明宫又在太初之东，则太初当在今焦状元巷一带，而昭明则在严家桥一枝园间矣。

都城正门曰宣阳门，又南五里至淮水有大航门，即朱雀门。时自宫门而南，夹苑路至朱雀门七八里，廨署栉比，府寺相属。

《建康实录》卷四注引《宫城记》：吴时自宫门南出，夹苑路至朱雀门七八里，府寺相属。

左太冲《吴都赋》：高闱有闶，洞门方轨；朱阙双立，驰道如砥。树以青槐，亘以渌水，玄荫耽耽，清流亹亹。列寺七里，侠栋阳路，屯营栉比，解署棊布。横塘查下，邑屋隆夸，长干延属，飞甍舛互。……

都城皆设篱，曰古篱门。至齐高帝建元二年（四八〇），立六门都墙，规模始备。

《至正金陵新志》卷十二：（古都城一则）……宫门外六门，城设竹篱；至齐高帝建元二年，有发白虎樽言："白门三重门，竹篱穿不全。"上□其言，改立都墙。本纪"建元二年，立六门都墙"是也；其后增立为十二门云。

宫后有苑城，仓城所在，名曰苑仓。赤乌三年，凿运渎自秦淮经城西南，北抵仓城，以利漕运。

《建康实录》卷二：赤乌三年（二四〇）十二月，使左台侍御史郗俭，监凿城西南自秦淮北抵仓城，名运渎。吴时于石头城〔图三七、三八〕置重镇，于淮南置丹阳郡，以为觭角之势焉。

**西塞山怀古**　　刘禹锡

王濬楼船下益州，金陵王气黯然收。
千寻铁锁沉江底，一片降幡出石头。
人世几回伤往事，山形依旧枕寒流。
从今四海为家日，故垒萧萧芦荻秋。

## 第二节　六朝水道考

吴都宫苑既明，今当更进考其水道。盖吴据江左，领袖六朝，仲谋雄才伟略，眼光远大，其广作屯田，凿句容中道至云阳、西城运河，号破冈渎，上下一十四埭，沟通吴、会与金陵，与东南财富之发达，极有关系。谓东吴奠六朝之基础，开江左之局面，亦无不可也。

《建康实录》卷二：赤乌八年（二四五）八月，使校尉陈勋作屯田：发屯兵三万，凿句容中道至云阳西城，以通吴、会船舰，号破岗渎，上下一十四埭，通会市，作邸阁。仍于方山南截淮立埭，号曰方山埭，今在县东南七十里。

注云：案其渎在句容东南二十五里，上七埭入延陵界，下七埭入江宁界。初东郡船不得行京行江也。晋宋齐因之；梁避太子讳，改为破墩渎，遂废之而开上容渎，在句容县东南五里顶上分流：一源东南流三十里十六埭，入延陵界；一源西南流二十五里五埭，注句容界上容渎，西流入江宁秦淮。后至陈高祖即位，又堙上容而更修破岗。至隋平陈，乃诏并废此渎。

此段记载，至为重要：（一）金陵因与吴、会通漕，故能雄据江左，民殷物阜，兵食无虞。试观仲谋去武昌都建邺，孙皓反其道而行，终因漕运不给，不得不还建邺，可知其关系之重要。（二）六朝之时，既可由破岗渎直达吴、会，故方山以上，遂成交通要道：谢灵运欲南至瓯、越，邻里相送至方山赋诗；齐梁二代，凡至曲阿（今丹阳）谒陵，王公大人，辄乘舟发自方山。然自方山东上，岗岭相属，故有一十四埭以节水流。余尝自句容而东，循公路至丹阳，见所经皆山陵之地，然则破岗渎之工程，亦伟矣哉！

吴于开破岗渎以外，又尝凿运渎、东渠及潮沟，又开城北渠，引后湖水入宫内，影响于后世水利，至深且巨。今遂一考之：

（1）运渎　《建康实录》卷二：

吴赤乌三年（二四〇）十二月，使左台侍御史郗俭，监凿城西南自秦淮北抵仓城，名运渎。

注云：

案建康宫城即吴苑城，城内有仓，名曰苑仓，故开此渎，通转运于仓所。

同治《上江两县志》卷四，考运渎云：

运渎水在城西北隅，自笪桥西流径望仙桥至铁窗棂出城；又自笪桥东流，至内桥与青溪合，又自笪桥西南流，过南北乾道桥，至斗门桥入于淮。

（2）东渠即青溪 《建康实录》卷二：

吴赤乌四年（二四一）冬十一月，诏凿东渠，名青溪，通城北堑、潮沟。

（3）潮沟 《建康实录》卷二注云：

潮沟亦帝所开，以引江潮。其旧迹在天宝寺后，长寿寺前。东发青溪，西行经古都承明、广莫、大夏等三门外；西极都城墙，对今归善寺西南角；南出经阊阖、西明等二门，接运渎，在西州之东南，流入秦淮。又开一渎，在归善寺东，经栖元寺门。北至后湖，以引湖水，至今俗为运渎。其实古城西南行者是运渎，自归善寺门前东出至青溪者，名曰潮沟。其沟东头今已湮塞，才有处所；西头则见通运渎，北转至后湖。……

（4）开城北渠，引后湖水入宫内 《建康实录》卷四：

吴宝鼎二年（二六七），……又开城北渠，引后湖水激流入宫内，巡绕堂殿，穷极伎巧，功费万倍。

因诸水往往源流相承，上下相关，故合并考之如下：

运渎上游所承，当系潮沟水。陈文述《秣陵集图考》云：

……盖潮沟之水分两派：一由城外入青溪，《志》所谓凿东渠通北堑者是也；一由宫中通运渎，《实录》所云开城北渠引后湖水流入新宫，《齐书》所云后湖水头经过宫内是也。今其道久湮，计在唐时此水犹在，故《实录》以为现通运渎，则上游了然矣。

其言当近乎实际。盖今日所存之运渎，一自笪桥西流至铁窗棂出城，一自笪桥东流，至内桥与青溪合，一自笪桥西南流，至斗门桥入秦淮，皆有下游而无上流，故淤泥壅塞，水道垂绝。据同治《上江两县志》（县城内图）考之，则当日运渎犹通北门桥干河沿之水，由管家桥东南流经塘坊桥至等驾桥，折西南至样米桥；再折东南流过大香炉经羊市桥合运渎水。惟屈折过多，必非吴时所凿运渎故道。《上江两县志》卷四注云："邑人孙文川云：自破布营以东，上乘庵马家桥之南，陂池相接，多至数十；疑即青溪古迹。"以余观之，青溪故道，别有可考，破布营、上乘庵一带之数十陂池偏西，决非青溪所径，以运渎故道当之，则北接大石桥、莲花桥南来之水，南连运渎而通秦淮，与吴时凿运渎通转运之本意，正相契合。且后南唐护龙河之西段，正借运渎之水（《白下琐言》：羊市桥畔上踞屋舍，下穿沟渠，后为张府园、裕民坊，其地有河身一段，长十余丈，宽二三丈，两旁石岸犹存，乃西护龙旧址也）。由此考之：吴所凿运渎，盖发源后湖，由北水关入城，循北极阁前水道（今犹有遗迹可寻），绕今中央大学之西，过大石、莲花等五桥，径廊后街、相府营、香铺营、破布营、金銮巷（今日犹有遗迹）等陂池而至笪桥，西流出城，南流入淮，来源去道，彰彰可考者也。

至于潮沟，陈文述考谓"当即陈之珍珠河"，《上江两县志》卷二十七（县城内图），则于太平门西注曰："此城内一带水沟，乃古潮沟正支也。"实则以地势高低考之，后湖之水入城，当自北水关（今水闸），太平门地势过高，决难引水入城。然则今珍珠河一带，并中央大学后之水道，其古潮沟之旧迹乎！

青溪故道，自杨吴引为城濠，九曲溪流，仅余一曲。同治《上江两县志》考云：

青溪水发源钟山，南流入驻防城，又西出竹桥入濠而绝。又自内桥东流，与南唐宫壕合。又东南径四象桥至淮青桥，与淮水合。

注云：

自杨吴筑城，青溪始塞。……今诸景并废，故道多湮，惟自升平桥北流，绕钟山书院址故，又东流而北至五老寿星诸桥，相传为青溪遗迹；督署前有青溪里巷，此其证矣。

陈文述《秣陵集》卷四，考青溪故道亦云：

> 盖古青溪本自浮桥折而南下，经今沐府东门、红花地、吉祥街一带，绕钟山书院之前，南出升平桥而下，为四象桥、淮清桥之水，故今大阳沟一带，往往有桥有水，而书院钱厂桥，其水与护龙河别为两派，此正青溪之旧迹也。

由此考之，古青溪当发源钟山西南，潴为燕雀湖，西流经竺桥，由太平桥西而南，经青溪里巷、五老桥、寿星桥、常府桥及今南京中学之后，下为升平、四象、淮清诸桥，而入于淮，屈折最多，故曰九曲青溪也（参看《上江两县志》县城内图）。自杨吴筑城掘濠，青溪南流之水绝；明填前湖，源流亦断，今日仅余升平桥至淮清桥一段，亦成无源之水矣。

兹将考证所得，绘图如下，以资参考。盖水道不明，无以论六朝史迹也。案六朝时江水直达后湖，想像当年江潮怒涨，洪波荡漾，楼船甲第，掩映青溪、秦淮间，其光景盖迥非今比也。

抑又有进者，六朝时之水道，与当年战迹，更有深切关系。宋元嘉中，尝于后湖肄舟师；侯景之乱，决湖灌城，而陈宣帝亦尝于大壮观阅武，命都督任忠，领步骑十万，阵于真武湖；都督陈景，领楼舰五百，出于瓜步江，帝亲登玄武门宴群臣以观，仍幸大壮观集众军振旅而还。至于秦淮，旧有二十四浮航，有事撤航为备，想见当年怒涛澎湃，楼船飞滚之势，秦淮而外，尤以青溪为六朝要隘：晋大宁二年（三二四）王敦将沈充犯建康，刘遐败之于青溪。成帝咸和元年（三二六），苏峻败卞壸于西陵，进攻青溪栅。齐永元初，始安王遥光举兵，诏曹虎屯青溪大桥（今淮青桥）以讨之。梁太清三年（五四九），萧嗣等将兵渡淮，讨侯景军于青溪之东是也。又齐高祖在东府亦有我以青溪为鸿沟之语。此外南朝鼎族，多夹青溪（诸葛恪、孙玚、豫章王嶷、郄鉴、檀道济、江总等），胜景名迹（邀笛步、青溪小姑祠等），尤不可胜计也。

**泊秦淮**　　杜　牧

烟笼寒水月笼沙，夜泊秦淮近酒家。
商女不知亡国恨，隔江犹唱后庭花。

**秦淮泛月宿青溪有寄二首**　　王士祯

移船就明月，鼓楫溯淮流。明月云中出，流光水上浮。
三更吹玉笛，银汉泻凉秋。长板桥头柳，谁家尚倚楼。
一宿青溪栅，还悲张丽华。黑头江令宅，亦作段侯家。

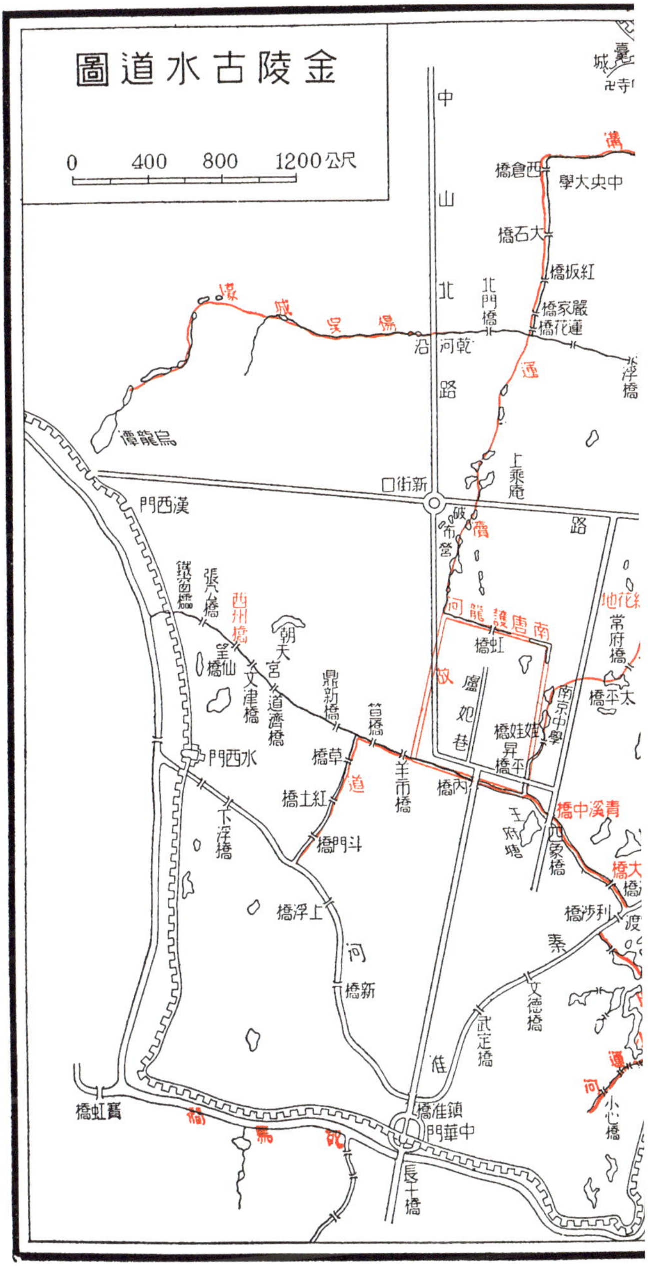

金陵古水道圖
0 400 800 1200公尺
中山北路
西倉橋
中央大學
大石橋
紅板橋
北門橋
嚴家橋
蓮花橋
乾河沿
楊吳城濠
烏龍潭
新街口
上乘庵
漢西門
破布營
浮橋
西州橋
朝天宮
望仙橋
文津橋
道濟橋
鼎新橋
笪橋
草橋
紅土橋
斗門橋
水西門
下浮橋
上浮橋
新橋
羊市橋
內橋
南唐護龍河
虹橋
盧妃巷
娃娃橋
昇平橋
南京中學
常府橋
太平橋
青溪中橋
王府塘
四象橋
利涉橋
秦淮河
文德橋
武定橋
鎮淮橋
中華門
長干橋
賽虹橋
小心橋

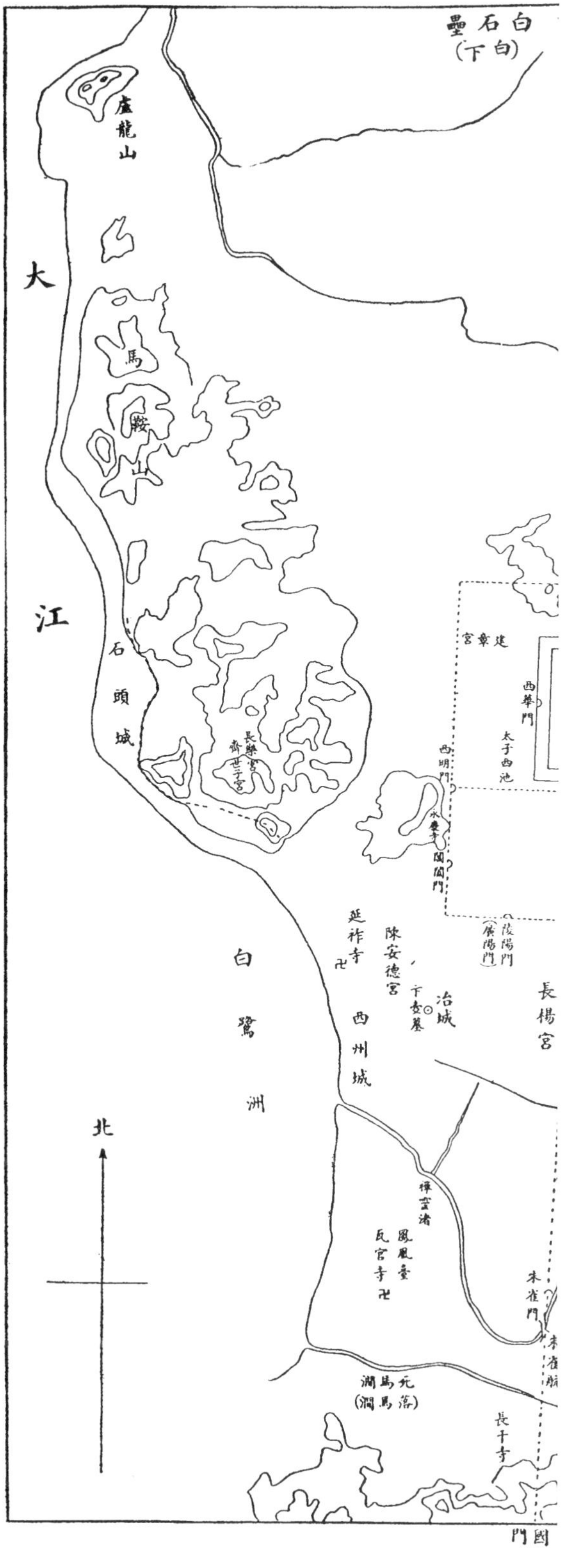

白石壘
(白下)
盧龍山
大江
馬鞍山
石頭城
長樂宮
齊世子宮
建章宮
西華門
太子西池
西明門
永慶寺
閶闔門
陵陽門
(廣陽門)
延祚寺
陳安德宮
卞壼墓
冶城
長楊宮
白鷺洲
西州城
北
禪靈渚
鳳凰臺
瓦官寺
朱雀門
朱雀航
死馬澗
(落馬澗)
長干寺
國門

垒号韩擒虎，商歌玉树花。都将东郭笔，写恨寄天涯。

**秦淮杂诗** 前　人

年来肠断秣陵舟，梦绕秦淮水上楼。
十日雨丝风片里，浓春烟景似残秋。
结绮临春尽已墟，琼枝璧月怨何如。
惟余一片青溪水，犹傍南朝江令居。
桃叶桃根最有情，琅琊风调旧知名。
即看渡口花空发，更有何人打桨迎。
三月秦淮新涨迟，千株杨柳尽垂丝。
可怜一样西川种，不似灵和殿里时。
潮落秦淮春复秋，莫愁好作石城游。
年来愁与春潮满，不信湖名尚莫愁。
青溪水木最清华，王谢乌衣六代夸。
不奈更寻江总宅，寒烟已失段侯家。

**朱雀桥** 陈文述

野草溪花媚晚凉，残基犹说晋咸康。
镇淮桥北无遗址，何处当时廿四航。

**青溪怀古** 前　人

淮水清流玉，钟山翠拂烟。几时开九曲，记取赤乌年。
卞公扶弱晋，韦粲殉衰梁。战血消磨尽，山河半夕阳。
剑血燕支染，春风吊丽华。美人能殉国，不怨后庭花。
微雨消芳屧，香泥葬玉钗。伤心无限柳，不独为秦淮。

## 第三节　建　康

西晋孝武太康元年（二八〇）平吴，乃废建邺，复为秣陵。太康三年（二八二），分秦淮水北为建邺，水南为秣陵县，仍在秦邑地；而建邺县在故都城宣阳门内。及五胡乱华，中原云扰，琅琊王睿用王导计，渡江镇建邺，因吴旧都城修而居之，于太初宫故基，置为府舍（注一）。怀帝既没，愍帝即位，以建兴元年（三一三），诏改建邺为建康。

# 吳都建業圖

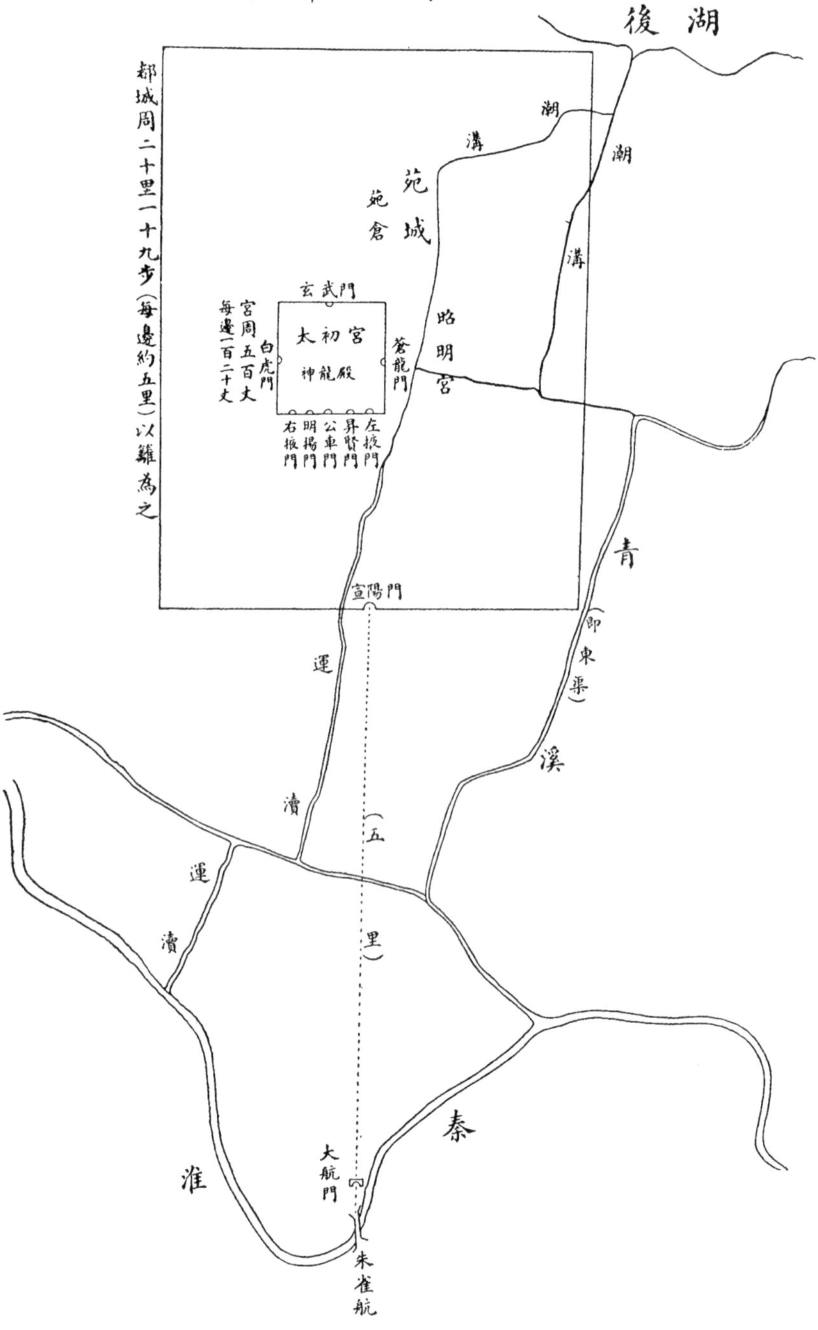

後湖
湖溝
湖
溝
苑城
苑倉
都城周二十里一十九步（每邊約五里）以籬為之
玄武門
太初宮
神龍殿
宮周五百丈
每邊一百二十丈
白虎門
蒼龍門
昭明宮
右掖門
明揚門
公車門
昇賢門
左掖門
宣陽門
青溪
（即東渠）
運瀆
運瀆
（五里）
秦
淮
大航門
朱雀航

# 東晉都建康圖

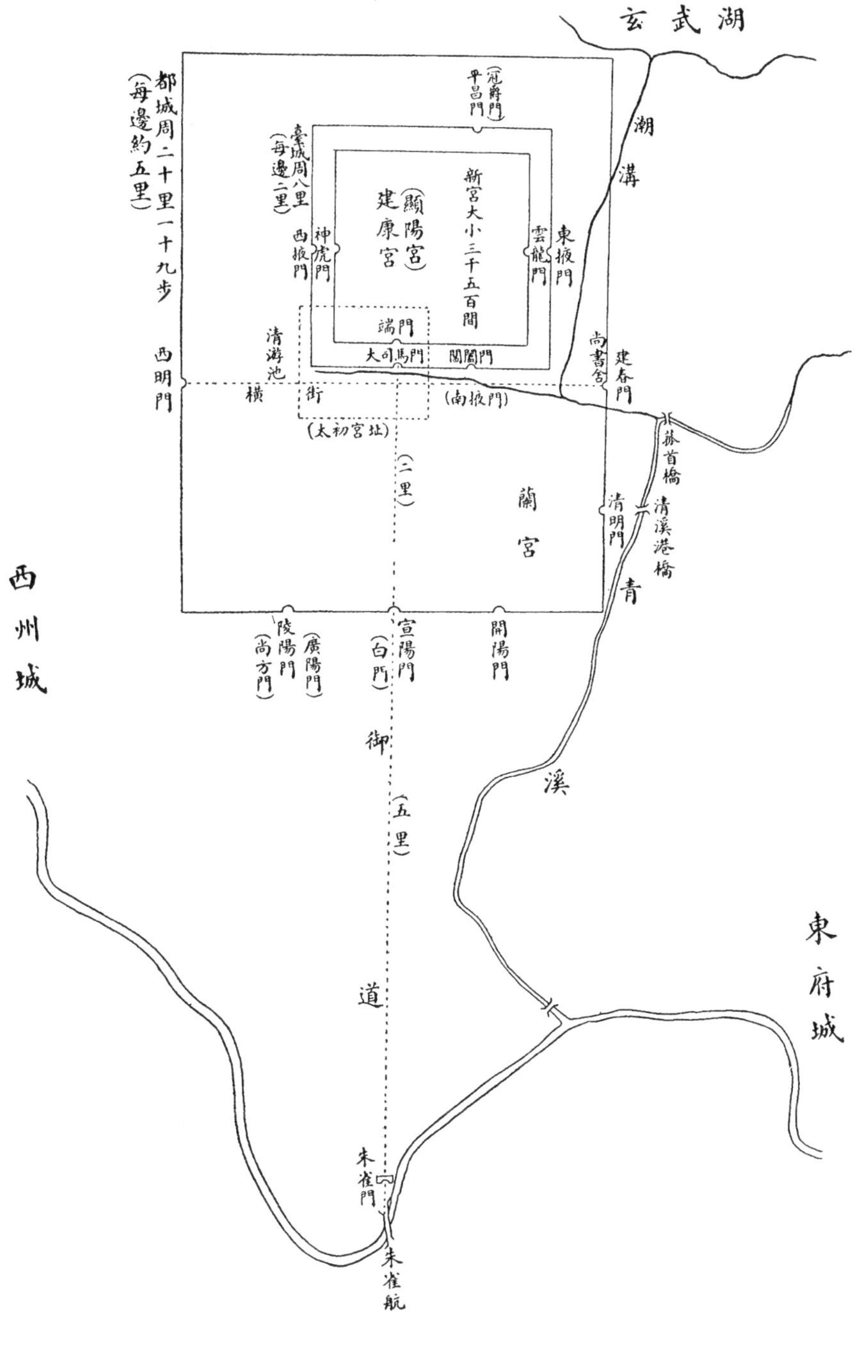
玄武湖
湖溝
都城周二十里一十九步（每邊約五里）
平昌門（冠爵門）
臺城周八里（每邊二里）
新宮大小三千五百間
建康宮（顯陽宮）
西掖門
神虎門
雲龍門
東掖門
端門
清游池
大司馬門
閶闔門
尚書舍
建春門
西明門
橫街
（南掖門）
（太初宮址）
（二里）
菰首橋
清明門
清溪港橋
蘭宮
青溪
西州城
陵陽門（尚方門）
（廣陽門）
宣陽門（白門）
開陽門
御道
（五里）
東府城
朱雀門
朱雀航

# 宋都建康圖

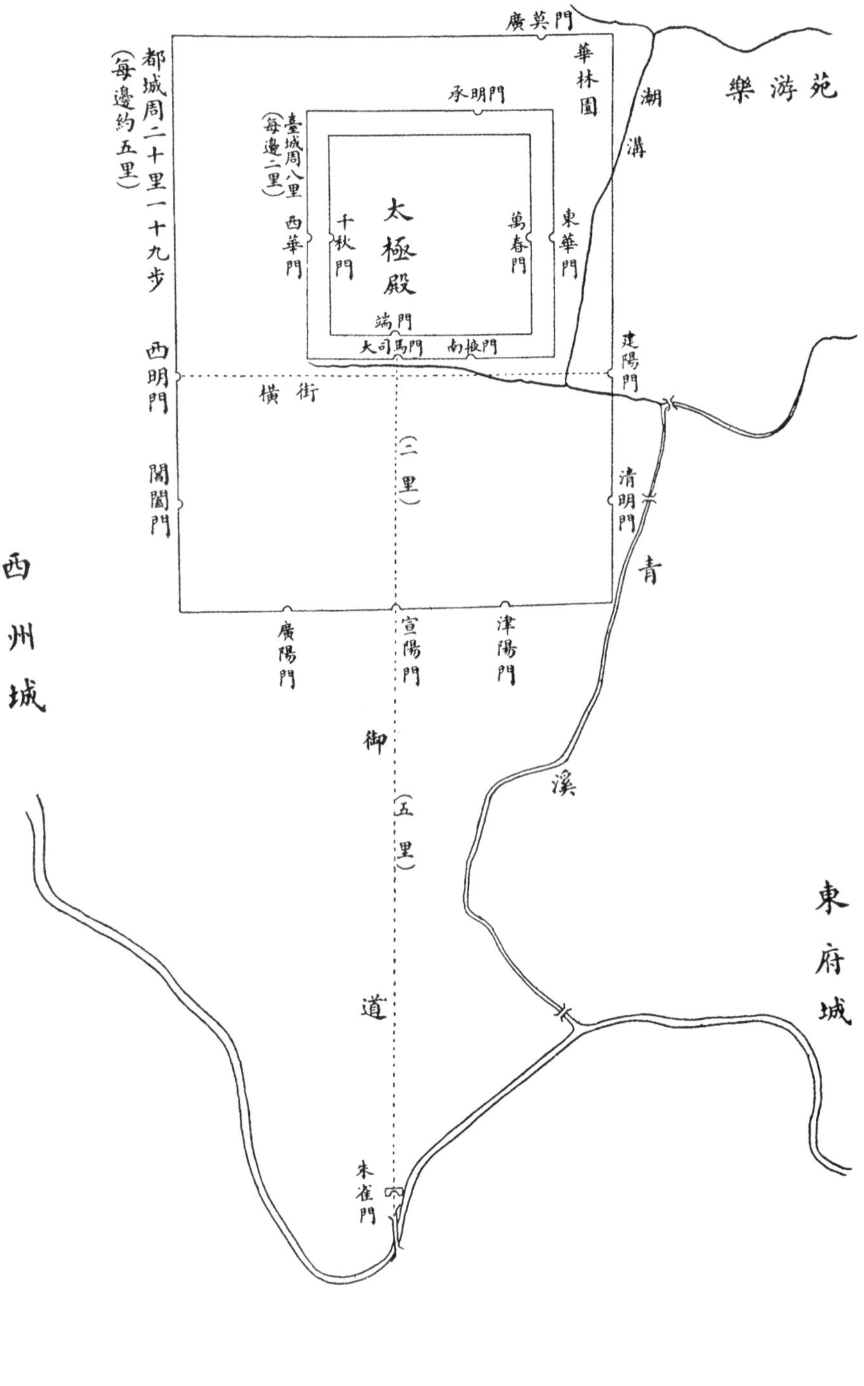

廣莫門
華林園
承明門
樂游苑
潮溝
都城周二十里一十九步
(每邊約五里)
臺城周八里
(每邊二里)
西華門
千秋門
太極殿
萬春門
東華門
端門
大司馬門
南掖門
建陽門
西明門
橫街
(二里)
閶闔門
清明門
青
西州城
廣陽門
宣陽門
津陽門
御
(五里)
溪
道
東府城
朱雀門

# 齊都建康圖

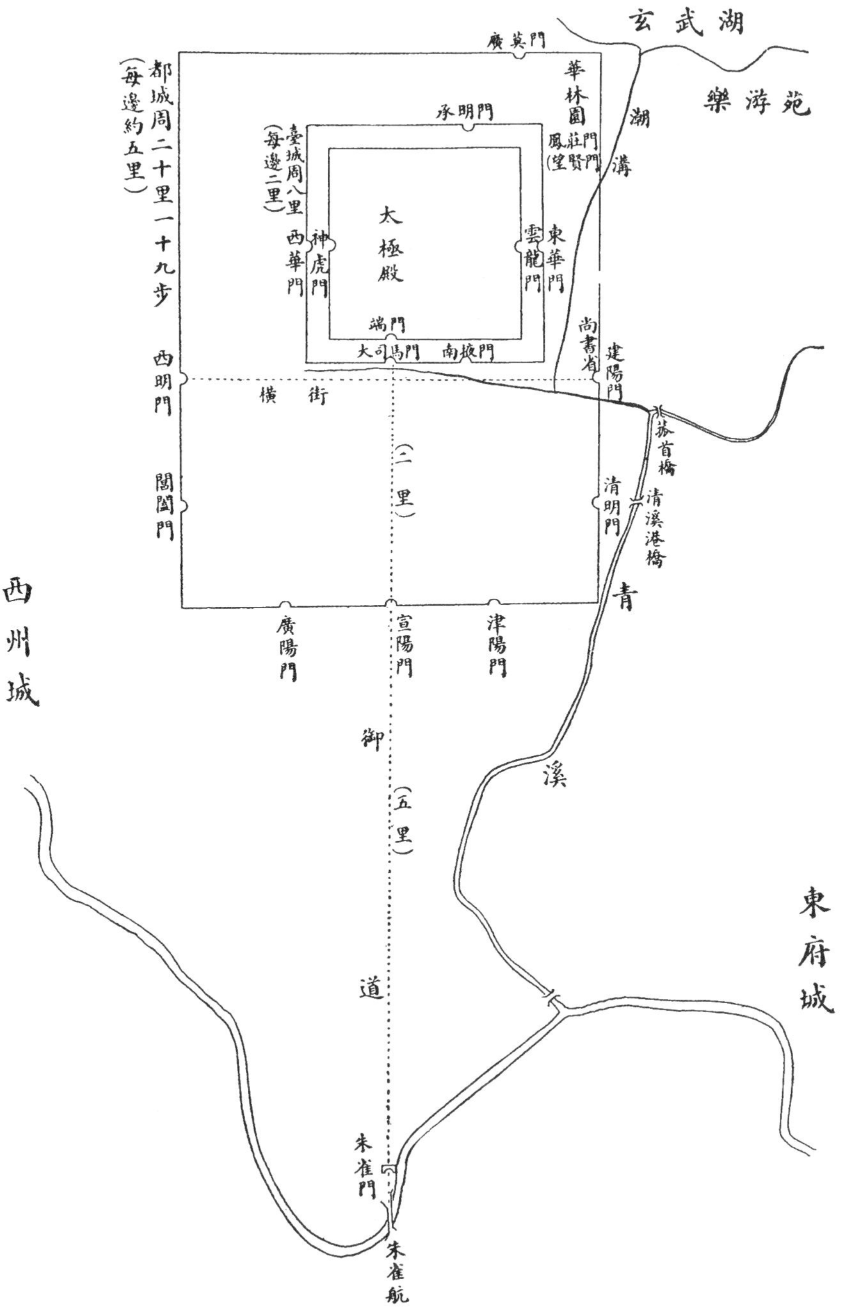
玄武湖
樂游苑
廣莫門
華林園
湖溝
承明門
鳳莊門
(望賢門)
都城周二十里一十九步
(每邊約五里)
臺城周八里
(每邊二里)
太極殿
西華門
神虎門
雲龍門
東華門
端門
大司馬門
南掖門
尚書省
建陽門
西明門
橫街
菰首橋
(二里)
閶闔門
清明門
清溪港橋
青溪
西州城
廣陽門
宣陽門
津陽門
御道
(五里)
東府城
朱雀門
朱雀航

# 梁都建康圖

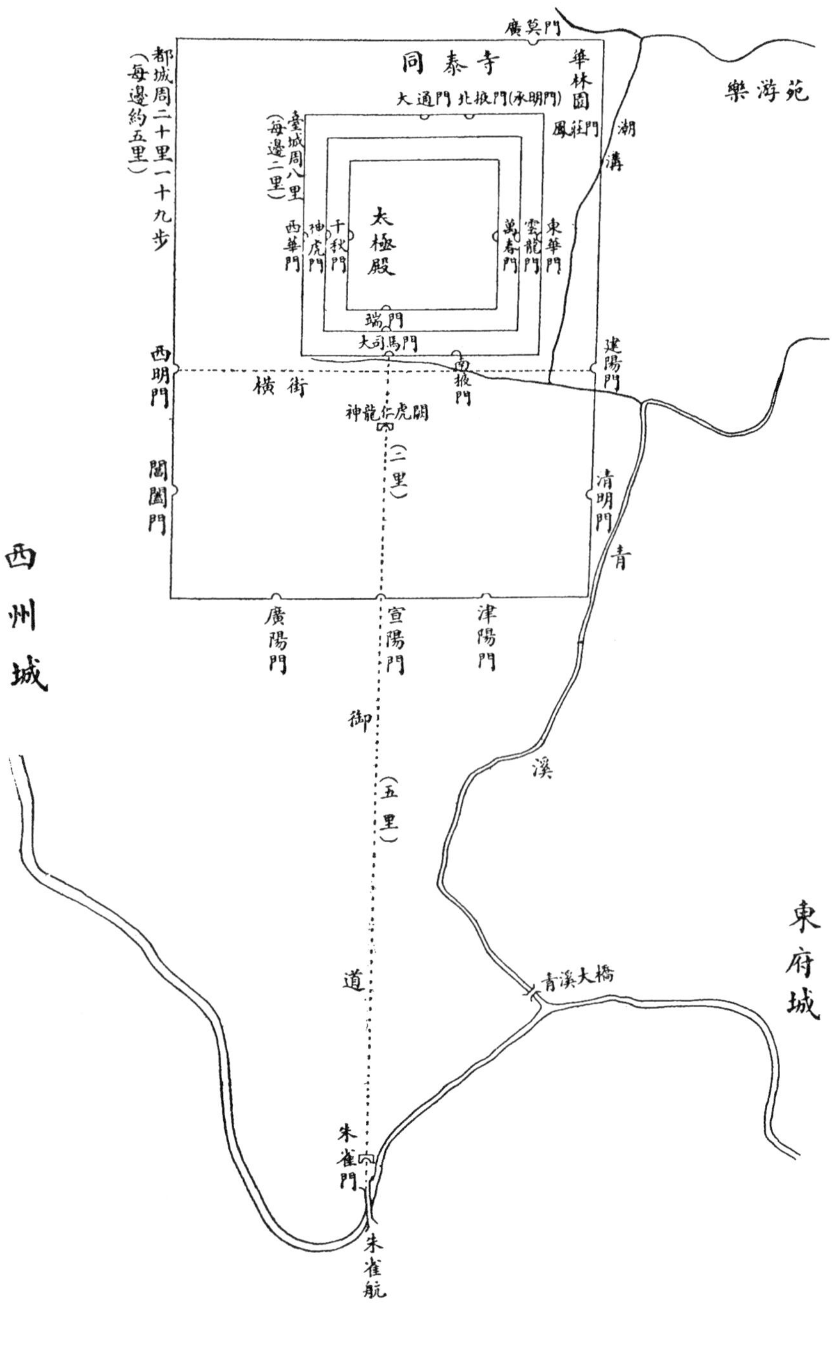
廣莫門
同泰寺
華林園
樂游苑
都城周二十里一十九步
(每邊約五里)
大通門
北掖門(承明門)
鳳莊門
潮溝
臺城周八里
(每邊二里)
太極殿
西華門
神虎門
千秋門
萬春門
雲龍門
東華門
端門
大司馬門
南掖門
建陽門
西明門
橫街
神龍仁虎闕
(二里)
閶闔門
清明門
青
西州城
廣陽門
宣陽門
津陽門
御
溪
(五里)
道
東府城
青溪大橋
朱雀門
朱雀航

# 陳都建康圖

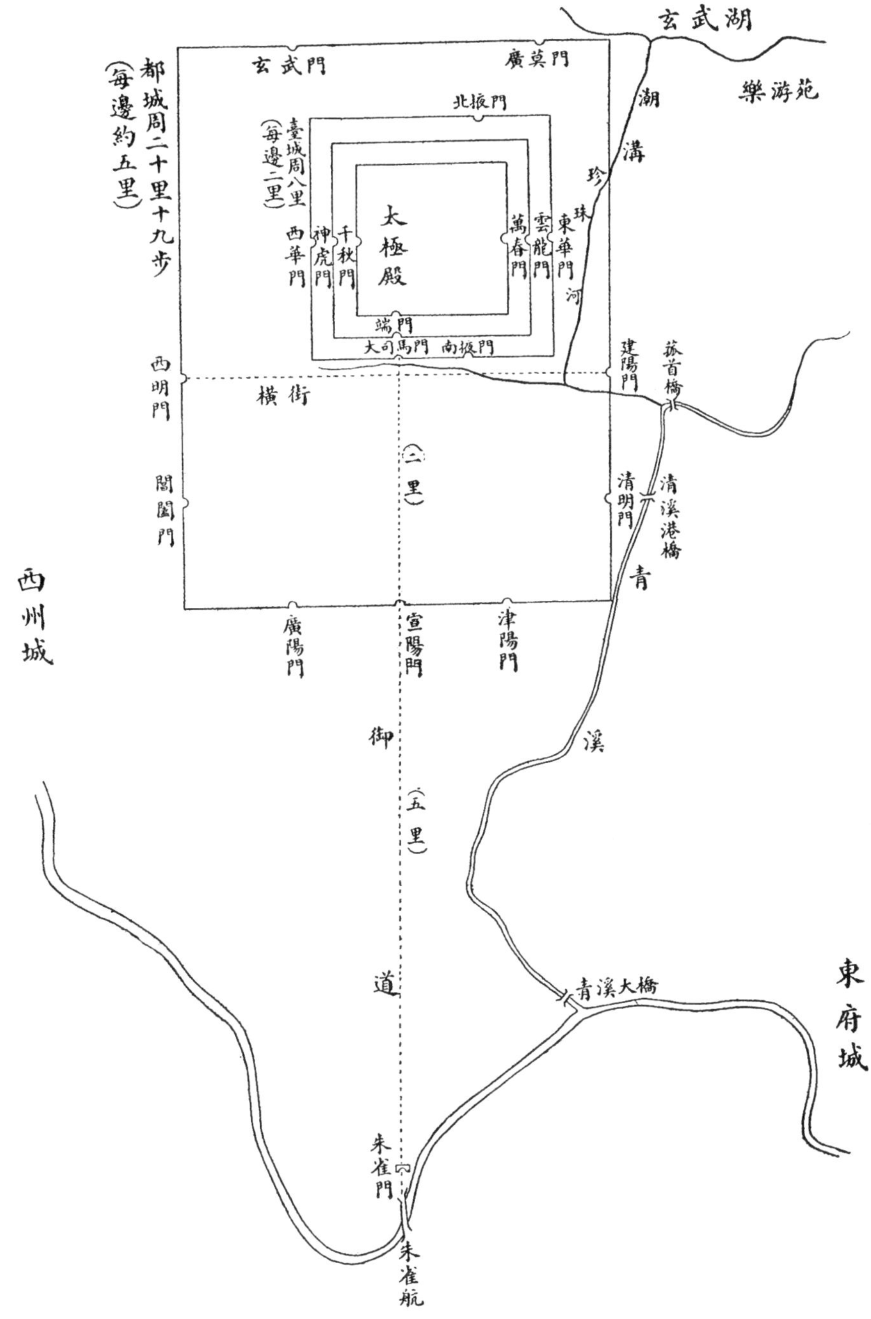

玄武湖
樂游苑
玄武門
廣莫門
都城周二十里十九步
(每邊約五里)
北掖門
臺城周八里
(每邊二里)
潮溝
珍珠河
西華門
神虎門
千秋門
太極殿
萬春門
雲龍門
東華門
端門
大司馬門
南掖門
建陽門
菰首橋
西明門
橫街
(二里)
閶闔門
清明門
清溪港橋
青溪
西州城
廣陽門
宣陽門
津陽門
御道
(五里)
青溪大橋
東府城
朱雀門
朱雀航

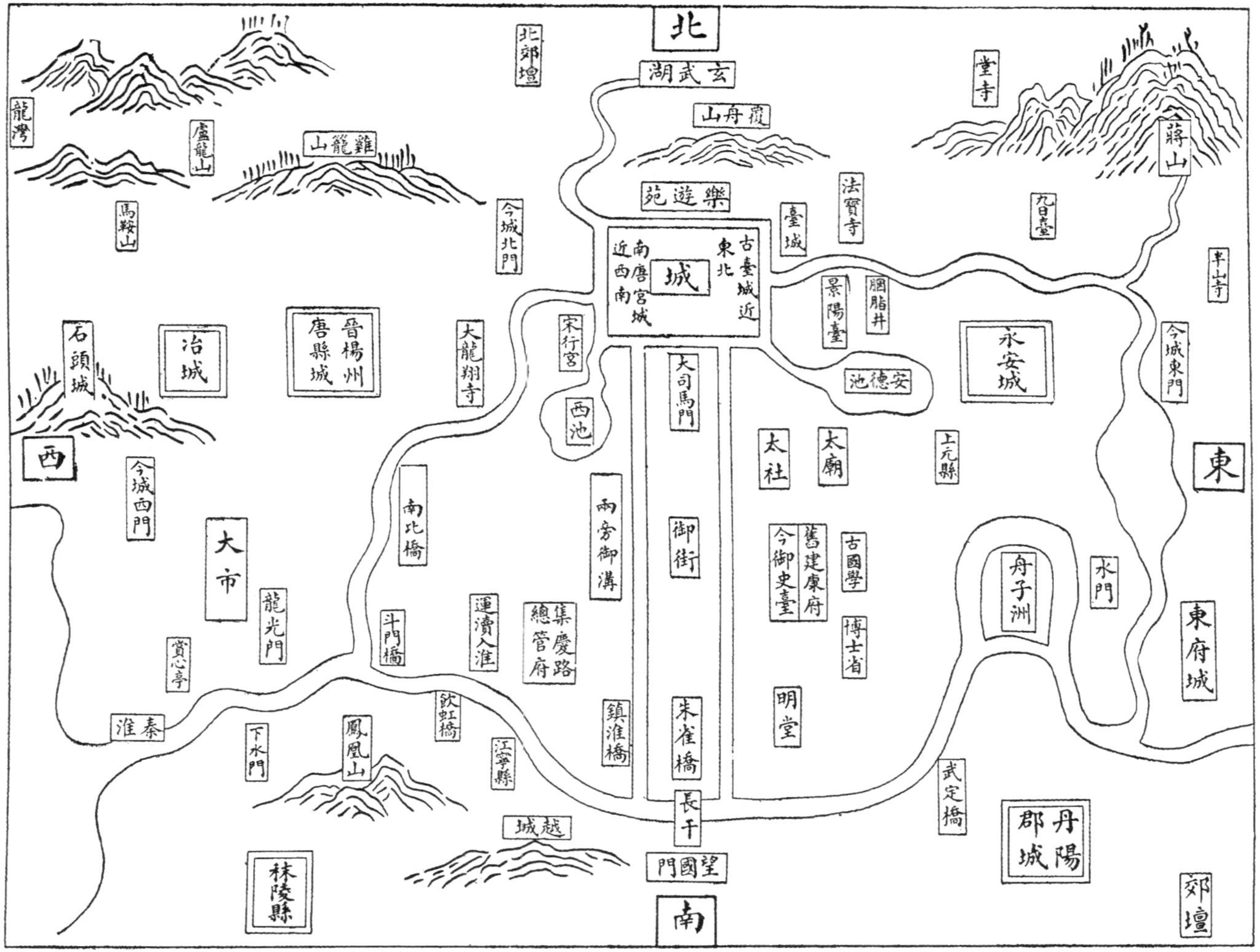


舊建康府城形勢圖

（據至正金陵新志）

及愍帝蒙尘，西京不守，瑯琊王躬擐甲胄，移檄天下征兵；建兴五年（三一七）二月，平东将军宋哲至，宣愍帝密诏，令王摄万机，修复陵庙，将雪大耻，又以群臣劝进，遂于建武二年（三一八），即皇帝位于建康，是谓东晋。东晋以宰相领扬州牧，筑城于青溪东南，临淮水上，名东府城。别旧治为西州城，以丹阳守为尹。于江乘南置瑯琊郡;领临沂、即丘、阳都、怀德四县，以处从帝之渡江者。宫城仍吴之旧，成帝作新宫，缮苑城，始更规模，详见后考。都城通说凡十二门，南北各四，东西各二，宋齐梁陈，略有改变，兹依据《至正金陵新志》，立表如下：

| | 东晋 | 宋 | 齐 | 梁 | 陈 |
|---|---|---|---|---|---|
| 南面四门 | 清明门 | —— | —— | —— | —— |
| | 开阳门 | 津阳 | —— | —— | —— |
| | 宣阳门（白门） | —— | —— | —— | —— |
| | 陵阳门（尚方门） | 广阳 | —— | —— | —— |
| 北面四门 | 延熹门 | —— | —— | —— | —— |
| | —— | 广莫门[注] | —— | —— | 北捷 |
| | 玄武门 | —— | 宣平 | —— | 玄武 |
| | 大夏门 | —— | —— | —— | —— |
| 东面二门 | 建春门 | —— | —— | —— | 建阳 |
| | 东阳门 | —— | —— | —— | —— |
| 西面二门 | 西明门 | —— | —— | —— | —— |
| | —— | 阊阖门[注] | —— | —— | —— |

（注）《宋书·文帝本纪》曰：元嘉二十五年（四四八）夏四月，新作阊阖、广莫二门，改先广莫门曰承明，开阳门曰津阳。按前之阊阖、广莫门系指都城，后之广莫门则指宫城而言，因都城新作广莫门，故改宫城之广莫门为承明门也。

关于建康都城城门，各家记载不一，上表所载，暂以《至正金陵新志》“台城古迹图”及史若川《六朝故城考》为准。然诸家异说，不可不详，今择要列举如下：

（1）谓都城六门而正北面用宫城无别门者 《舆地志》:“都城周二十里一十九步，本吴旧址，晋江左所筑，但有宣阳门。至成帝作新宫始修城，开陵阳等五门，与宣阳为六，今谓六门也。南面三门：最西曰陵阳门，后改名为广阳门，门内有右尚方，世谓之尚方门。次正中宣阳门，本吴所开，对苑城，世谓之白门，晋为宣阳门，门三道，上起重楼，悬楣上刻木为龙虎相对，皆绣栭藻井；南对朱雀门，相去五里余，名为御道，开御沟，植槐柳。次最东开阳门。东面最南清明门，门三道，对今湘宫巷门，东出清溪港桥。正东面建春门，后改为建阳门，门三道，尚书下舍在此门内，直东今兴业寺后，东度清溪菰首桥。……正西面西明门，门三道,东对建春门,即宫城大司马门前横街也。正北面用宫城无别门。……”又《齐书·高帝纪》，亦云“建元二年（四八〇）夏五月，立六门都墙。”然则自晋历宋迄齐，皆仅六门而已。

（2）谓都城不止六门而正北面与宫城北面为二者：《建康实录》卷十二：“宋文帝元嘉二十五年（四四八）……新作阊阖、广莫等门，改先广莫门曰承明，开阳曰津阳。”按新作之阊阖、广莫等门，盖指都城；改先广莫门为承明，则指宫城。建康制度，多仿洛阳，都城既有广莫门，而先广莫门后改承明门，为宫城北门无疑。且梁宫城北面有大通门，陈都城北面有玄武门，是宫城与都城为二重矣。

然十二城门之说，亦非根据直接史料，尤以北面四门之说，颇为可疑。兹一一根据直接史料，以考察十二城门之信否：

（1）宣阳门 《建康实录》卷七：“时议欲立石阙于宫门未定，后导随驾出宣阳门，乃遥指牛头峰为天阙，中宗从之。”

（2）开阳门 《建康实录》卷十二：“……改开阳曰津阳。”

（3）陵阳门见 《舆地志》。又《建康实录》卷七，咸康元年，帝亲观兵于广阳门（即陵阳门）。

（4）清明门见 《舆地志》。

（5）延熹门 （不见正史）

（6）广莫门 《建康实录》卷十二：“……新作阊阖、广莫等门，改先广莫门曰承明，……”

（7）玄武门 《陈书·南康愍王子方泰传》：“大建十一年（五七九）八月，高宗幸大壮观，因大阅武。……高宗登玄武门，亲宴群臣以观之。……”

（8）大夏门 （不见正史）

（9）建春门见 《舆地志》。又《建康实录》卷十四：“宋顺帝升平三年（四七九），地震建阳门。”盖即指此。

（10）东阳门 （不见正史）

（11）西明门见 《舆地志》。又《建康实录》卷十七：“……霸先自领精骑，出西明门以袭齐军。”

（12）阊阖门 《建康实录》卷十二：“……新作阊阖、广莫等门。”

由此可见十二城门中，至少有三门不可考，盖以讹传讹，考证者不加深辨耳。

都城周围二十里十九步，其南面正门曰宣阳门，又南五里出至淮水上，置朱雀门，即吴之大航门也。梁于朱雀门之南，渡淮五里，又立国门，在长干东南，以示观望，陈因而不改。又于淮水上设浮航二十有四，朱雀航即朱雀门处，在今镇淮桥东北，古长乐渡〔图二三〕（近武定桥），盖据淮为阻，有事撤航为备，即吴栅塘之意也。

建康遗址，今已不可考，惟鸡鸣寺后所余古城一段，犹为六朝遗迹〔图一、二、三、四〕。故除北界而外，东西南三面所至，已不可确定。惟依据古籍，宣阳门距淮五里，假定都城为正方形，则周围二十里十九步，每边当为五里。然则自古长乐渡（今镇淮桥东北，古朱雀航所在）而北，五里当为建康南界，十里当为建康北界，宣阳门当在今土街口一带，其四至亦不难依此推得矣。

**天　阙**　　陈文述

即牛首山，双峰秀起。晋太兴中，议立双阙，王导弗欲，陪乘出宣阳门，望牛头山两峰，曰此天阙也，岂烦改作。《建康实录》注：天宝初改名天阙山。

双阙横天起，苍茫接石头。飞扬龙虎气，拱翊帝王州。
形势齐中夏，烽烟息上游。大风云起处，犹作晋时秋。

**石头城**　　刘禹锡

山围故国周遭在，潮打空城寂寞回。
淮水东边旧时月，夜深犹过女墙来。

## 第四节　台　城

南朝都城最难考证者，厥为台城。自来说台城者，言人人殊，列举如下，以资参证：

（1）谓在钟山者。宋岳珂《桯史》卷一“石城堡寨”一则，引陈亮上书云：

六朝建国江左，台城为天阙，复筑石头于右，宿师以守，盖如古人连营之制。然古今议攻守者，多疑以为分兵力而无用。东阳陈同父亮尝上书乞移都建康，谓古台城当在今钟山，而大司马门在马军新营之侧；今城乃江南李氏所筑耳。使六朝因今城以守，则不费侯景辈数日力，何以历年如彼其久乎？因言曹武惠登长干，兀术上雨花台，城中秋毫不能遁。余尝亲历其地，其说皆是；第指古台城所在，要未有明据，亦出臆度。自清凉寺而上，皆古石头，颓墉犹可识，其址皆依山而高。然则六朝非不知备也。

（2）谓台城即孙吴之苑城，在宫城或都城之后者。陈沂《金陵古今图考》：

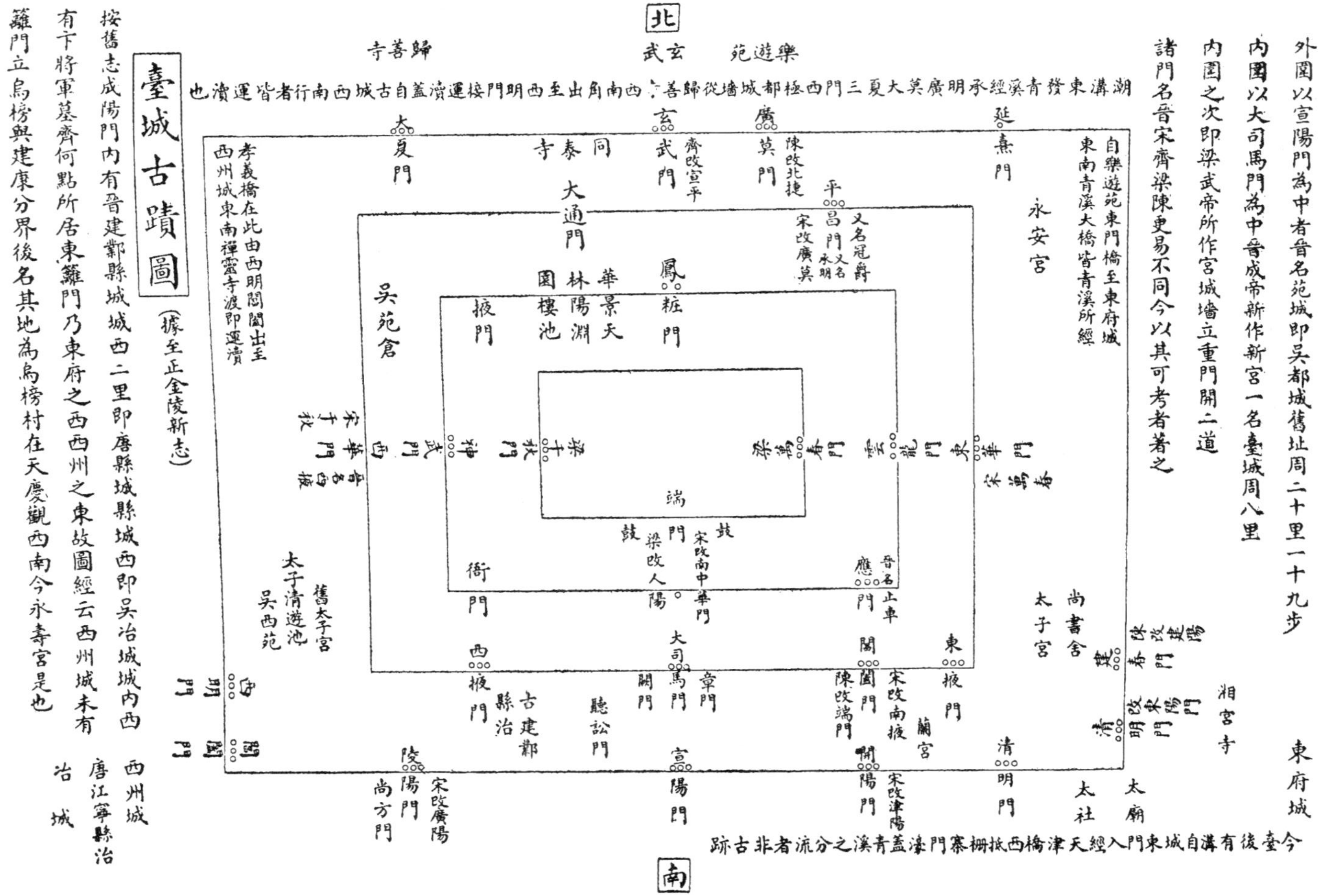

臺城古蹟圖
(據至正金陵新志)
外圍以宣陽門為中者晉名苑城即吳都城舊址周二十里一十九步
內圍以大司馬門為中晉成帝新作新宮一名臺城周八里
內圍之次即梁武帝所作宮城墻立重門開二道
諸門名晉宋齊梁陳更易不同今以其可考者著之
湖溝東發青溪經承明廣莫大夏三門西極都城墻從歸善寺西南角出至西明門接運瀆自蓋古城西南行者皆運瀆也
今臺後有溝自城東門入經天津橋西抵柵寨門滙青溪之分流者非古跡
按舊志成陽門內有晉建鄴縣城城西二里即唐縣城縣城西即吳治城城內西有下將軍墓齊何點所居東籬門乃東府之西西州之東故圖經云西州城未有籬門立烏榜與建康分界後名其地為烏榜村在天慶觀西南今永壽宮是也
北
南
歸善寺
玄武
樂遊苑
同泰寺
太夏門
玄武門
齊改宣平
廣莫門
陳改北捷
延熹門
平昌門
又名冠爵
宋改廣莫
大通門
華林園
景陽樓
天淵池
鳳莊門
掖門
吳苑倉
孝義橋在此由西明閶闔出至西州城東南禪靈寺渡即運瀆
自樂遊苑東門橋至東府城東南青溪大橋皆青溪所經
永安宮
端門
應門
大司馬門
閶闔門
東掖門
西掖門
宣陽門
陵陽門
清明門
尚書舍
太子宮
太子清遊池
吳西苑
古建鄴縣治
聽訟門
太社
太廟
湘宮寺
東府城
西州城
唐江寧縣治
治城

宫之后有苑城，晋所谓台城即此，今西十八卫以南，玄津桥大街以北皆是。

甘熙《白下琐言》亦云：

台城一段，犹建业遗址，俯临后湖，登眺最胜。城下向东有门堵塞，俗呼为台城门，或谓即古北掖门，为广莫门旧迹〔图四〕。按台城即吴苑城，晋成帝咸和中修缮为宫，周八里，乃在都城之后，别为一城。刘宋于台城东西，开万春、千秋二门；而所谓广莫门者，为都城北门，在十二门之内，非台城也。今台城向东之门，盖万春门之故迹（按如是台城北半当在今后湖水中），明初开拓城基。因旧址而成之，安得指为北掖，而以广莫当之乎！……

（3）谓台城即宫城，今鸡鸣寺东所存台城即古北掖门者〔图一一四〕。陈文述《秣陵集》卷四：

台城本吴秣陵、晋建业故城址，……魏晋谓天子所居禁省为台，故遂名为台城。当时草创，不备都城之制，所立门阙，用西京宫掖之旧名；远指牛首，不立双阙，其意犹以台城之居为暂托也。及谢太傅于孝武时改建宫室，制度明备；宋齐以后，遂为都城。〔先是〕晋成帝时，苏峻之乱，宫阙灰烬；咸和五年（三三〇），始缮苑城，作新宫，一曰建康宫，即吴太初宫址（按苑城在宫后，非吴之太初宫）。孝武太元三年（三七八），因敝坏更作，梁承宋齐之旧，宫殿皆在台城。以形势度之，台城当北倚山岗，岗外为苑，苑外为湖。今北极阁、鸡鸣寺，正其北城所届，故鸡鸣寺东犹存一段古城，城下有门，俗曰台城门，意此即古北掖门矣。……〔图四〕

（4）谓台城即建康宫，“今胭脂井南至高阳楼基二里，即古台城之地”。元《至正金陵新志》卷一，《台城古迹图考》云：

台城一曰苑城，本吴后苑城。晋成帝咸和中，新宫成，名建康宫，即世所谓台城也。在上元县东北五里，周八里，濠阔五丈，深七尺。今胭脂井南至高阳楼基二里，即古台城之地，尽为军营及居民蔬圃。

又注中引《建康实录》注云：

台城南正中大司马门，南对宣阳门，相去二里。宣阳即苑城门，则台城在苑城内明矣。

又引《宫苑记》云：

古台城即建康宫城，本吴后苑城，晋咸和中，修缮为宫。

又引《舆地志》云：

同泰寺与台城隔路，今法宝寺及圆寂寺，即古同泰寺基，故法宝亦名台城院。以此考之，法宝、圆寂寺之南，盖古台城也。……此城唐末尚存，至杨吴时改筑，而城遂废矣。

又卷十二考建康宫旧址，引《旧志》云：

新宫即台城也，在江宁县治北五里，周八里，有墙两重。晋成帝时，苏峻作乱，尽焚宫室；温峤以下，咸议迁都，唯王导固争不许。咸和六年（三三一），使卞彬营治，七年新宫成，开五门：南面二门，东西北各一门。……孝武太元三年（三七八），谢安以宫室朽坏，启作新宫，仰模元象，合体辰极。……不日而成，新宫内外殿宇，大小凡三千五百间。

欲解答此问题，须先分清下列各问题：

（1）台城是否即为都城？

（2）台城是否即为宫城？

（3）如台城既非都城，又非宫城，是否别为一城？

（4）台城究在何处！其四至若何？城门有几？

关于第一问题，较易于解答。《宋书·文帝本纪》曰："元嘉二十五年（四四八）春正月，于台东西开万春、千秋二门。"按建康都城，据一般通说，凡十二门：南面次西曰宣阳，次东曰津阳，最东曰清明，最西曰广阳；北面次西曰玄武，次东曰广莫，最西曰大夏，最东曰延熹；正东面曰建春，次南曰东阳；正西面曰西明，次南曰阊阖。此万春、千秋二门，并不在十二门之列。且侯景既破台城，裁抑御膳；梁武帝以馁终于文德殿，则所谓台城，明指宫城，非建康都城明矣。又据《舆地志》及元《至正金陵新志》卷十二，都城周回二十里十九步，而台城周回不过八里，大小既悬殊，而台城之非都城愈明。

关于第二问题，亦不难解答。魏晋谓天子所居禁省曰台，故天子所居宫城，名曰台城。后世所谓台城，都指晋成帝咸和六年（三三一）所造新宫，实则在晋成帝以前，吴之太初宫，晋之旧宫，亦莫不称为台城。《至正金陵新志》卷十二引《宫室记》云：

> 吴帝迁都建邺，……有曰台城，盖宫省之所在寓也；有曰东府，盖宰相之所居也；有曰西州，盖诸王之所宅也；有曰仓城，盖储蓄之所在也。皆不出都城之内。

《晋书·成帝本纪》亦云：

> 咸和四年（三二九）春正月，苏硕攻台城，焚太极，东堂秘阁皆尽。二月，以建平园为宫。

及成帝咸和五年（三三〇），造新宫，始缮苑城，此新宫（建康宫）后世亦称台城。试举证据以明之：

（1）侯景攻台城，烧大司马门：按大司马门为宫城正门，则台城即宫城无疑。

（2）《梁书·王僧辩传》：僧辩入据台城，其夜军人采梠，失火烧太极殿、东西堂等。由此可见台城即宫殿所在。

（3）元以前之史乘，皆言古台城即建康宫城：《建康实录》卷七：咸和七年（三三二）冬十一月，新宫城，……即今之所谓台城也。《宫苑记》云：古台城即建康宫城，本吴后苑城；晋咸和中，修缮为宫。元《正至金陵新志》云：台城一曰苑城，本吴后苑城；晋成帝咸和中，新宫成，名建康宫，即世所谓台城也。

参考各方面史乘所得，可知所谓台城，实指天子所居之宫城，即建康宫城，其正门为大司马门者是也。

台城之本质既明，则第三问题，自可迎刃而解。陈沂谓“宫之后有苑城，晋所谓台城即此”。其所谓“宫”者，系指太初宫而言。惟晋成帝咸和四年（三二九），旧宫被焚，始作新宫，旧宫既不复存在，则台城即指新宫（建康宫），固无所谓在宫后矣。《白下琐言》谓“台城在都城之后，别为一城”，殊少根据，自来考南都史迹者，除甘氏外，亦从无作此说者。且以情理度之，宫殿反在都城之外，亦不合事理之常。再证上文所引元代以前各书，皆云台城即古建康宫城，正门为大司马门，南对宣阳门，相去二里，足见台城在都城之内。则甘氏之说，不攻自破，而今鸡鸣寺东所存一段古城为万春门遗址之说，亦不能成立矣。〔图一一四〕

今欲进一步考证台城，解答第四问题，又须分三步考察：先论台城之地点，即台

城究在何处之问题。元《至正金陵新志》卷一,《台城古迹图考》云:

> 在上元县东北五里,周八里,濠阔五丈,深七尺。今胭脂井南至高阳楼基二桥,即古台城之地。

又卷二十八《摭佚》云:

> 大司马门今西华门西大街;平昌门在成贤街南口;六朝宫城在汉府、珍珠河之间〔按此说误,大司马门既南对宣阳门,相去二里;而宣阳门又南五里,为朱雀航(今之长乐渡,在镇淮桥稍西偏北)则大司马门当在朱雀航正北七里。若谓大司马门在西华门西大街,一则过于偏东,方向不合;二则去淮过近,距离不合。依余所考,大司马门当在今北门桥,而宣阳门则在土街口一带,方与古籍记载相合〕。……

陈沂《金陵古今图考》亦云:

> ……今西十八卫以南,玄津桥大街以北皆是。

按胭脂井今犹在鸡鸣寺下,高阳楼已不可考;西十八卫在今鸡鸣寺前蓝家庄一带,玄津桥即西华门前之桥〔图五三〕(疑台城南界不及此),以是考之,则今胭脂井、鸡鸣寺以南二里,中央大学及成贤街西一带,皆当时宫禁所在矣。

次论台城之四至。台城南北所届,今犹可考;惟东西所至,已难确定。《建康实录》谓台城南正中大司马门,南对宣阳门,相去二里,而宣阳门又南五里,为朱雀航(今之长乐渡),则大司马门去淮水凡七里,犹可以六朝时之尺度推得之。又《舆地志》云,同泰寺与台城隔路;今鸡鸣寺及迤西北极阁一带,即古同泰寺址,则台城北界,亦可推得,当在今中央大学北墙及铁路所经一带。至于东西所至,虽已不可考,然亦不难间接推得。建康都城,周二十里一十九步,南面西门为广阳门,《建康实录》卷七注云:"在今县城东一里半",唐升州治近石头,则广阳门当在今双石鼓一带。又《建康实录》卷七引《舆地志》都城正东为建春门,后改为建阳门,东度清溪菰首桥;东面最南为清明门,东出清溪港桥,皆不过青溪。则台城东西所届,亦决不能出此范围。再以大司马门正南直对朱雀航,相去七里,当在今北门桥衡之,则台城当南至干河沿,北至北极阁下鸡鸣寺前,西至今中山路西,东尽成贤街,可无疑矣。

复次再考台城之城门。按《建康实录》卷七引《图经》云:"台城周八里,有两重墙。"

又仝上卷十七:“天监十年（五一一）,初作宫城门三重及开二道。”可见台城初不过二重，梁改为三重。兹根据直接史料（参考下节），立表如下：

| | | | 晋 | 宋 | 齐 | 梁 | 陈 |
|---|---|---|---|---|---|---|---|
| 台城 | 第一重宫墙 | 南面 | 大司马门 | 大司马门 | 大司马门 | 大司马门 | 大司马门 |
| | | | 阊阖门（南掖门） | 南掖门 | 南掖门 | 南掖门 | 南掖门 |
| | | 东面 | 东掖门 | 东华门 | 东华门 | 东华门 | 东华门 |
| | | 西面 | 西掖门 | 西华门 | 西华门 | 西华门 | 西华门 |
| | | 北面 | 平昌门（冠爵门） | 承明门 | 承明门 | 北掖门（承明门）<br>大通门 | 北掖门 |
| | 第二重宫墙 | 东面 | 云龙门 | 万春门 | 云龙门 | 云龙门 | 云龙门 |
| | | 西面 | 神虎门 | 千秋门 | 神虎门 | 神虎门 | 神虎门 |
| | 第三重宫墙 | 东面 | —— | —— | —— | 万春门 | 万春门 |
| | | 西面 | —— | —— | —— | 千秋门 | 千秋门 |

结论：由上所考，可见台城即建康宫城，周围八里，南距宣阳门二里，距淮朱雀航七里，北与同泰寺隔路相望。其四至当南至干河沿，北至北极阁下鸡鸣寺前，西至今中山路稍西，东尽成贤街。然则今鸡鸣寺后所存一段古城，盖系建康都城旧迹，而非台城明矣。

**金陵怀古** 许 浑

玉树歌残王气终，景阳兵合戍楼空。
楸梧远近千官冢，禾黍高低六代宫。
石燕拂云晴亦雨，江豚吹浪夜还风。
英雄一去豪华尽，惟有青山似洛中。

**金陵图** 韦 庄

江雨霏霏江草齐，六朝如梦鸟空啼。
无情最是台城柳，依旧烟笼十里堤。

**台城怀古** 王士祯

覆舟山畔古台城，故垒参差触目惊。
蔓草萦烟野萧瑟，寒禽将子水纵横。
紫云黄鹄符终验，白马青丝谶又成。
千载华林宫馆路，清明时节野棠生。
传檄风生南雍州，萧郎三十冠诸侯。
兰陵家国偏多故，荆楚干戈且未休。
遗老空闻龙渎语，荒原都作雉媒秋。
可怜代景行师日，水到青塘咽不流。

## 第五节　六朝都城宫城分考

一般言六朝都城者，多以为建康效法西京，十二城门之制，一同洛阳，故以为建康亦有都门十二，而门名且多暗合焉。此说上自《至正金陵新志》(台城古迹图)，下至陈沂《金陵古今图考》、史若川《六朝故城考》，莫不宗之。然十二门之说，窃以为与《建康实录》,《晋》、《宋》、《齐》、《梁》、《陈》诸书及《南史》、《舆地志》、《宫苑记》不合，吾侪治考证之学，当根据原始史料，不可因讹传讹，抄袭陈说。故依据直接史料，复为六朝都城宫城分考如下,凡不见于直接史料者,则抱“宁阙毋滥”之旨,一概略焉(吴已见前)。

(一)东晋

元帝渡江，立宗庙社稷于建业，所居为吴之太初宫旧址。

《建康实录》卷五：怀帝永嘉元年(三〇七)……以瑯琊王睿为安东将军都督扬州江南诸军事，用王导计渡江镇建业，讨陈敏余党，廓清江表。因吴旧都修而居之，太初宫为府舍。

注云:按太初宫本吴之宫，晋平吴后，石冰作乱，焚烧荡尽。陈敏平石冰，据扬州，因太初故基，创造府舍；中宗初渡江，因居此地也。

太初宫即长沙桓王孙策故府，在晋建康宫城西南。

《建康实录》卷二:太初宫即长沙桓王故府也，因以不改，今在县东北三里，晋建康宫城西南。……

苏峻之乱，宫阙荡尽，成帝咸和五年（三三〇），乃作新宫，始缮苑城，修六门。六门者，宣阳、陵阳、开阳、清明、建春、西明是也。

《建康实录》卷七：咸和五年（三三〇）九月，作新宫，始缮苑城，修六门。

《舆地志》：都城周二十里一十九步，本吴旧址；晋江左所筑，但有宣阳门。至成帝筑新宫，始修城开陵阳等五门，与宣阳为六，今谓六门也。南面三门，最西曰陵阳门，后改名为广阳门，门内有右尚方，世谓之尚方门。次正中宣阳门，本吴所开，对苑城门，世谓之白门，晋为宣阳门。门三道，上起重楼悬楣，上刻木为龙虎相对，皆绣栭藻井；南对朱雀门，相去五里余，名为御道，开御沟植槐柳。次最东开阳门。东面最南清明门，门三道，对今湘宫巷，门东出清溪港桥。正东面建春门，后改为建阳门，门三道，尚书下舍在此门内，直东今兴业寺后，东度青溪菰首桥。……正西南〔面〕西明门，门三道，东对建春门，即宫城大司马门前横街也。正北面用宫城，无别门。

由此观之，都城初仅六门，建春门、西明门相对为横街，宫城在横街之北。建春门、清明门东临青溪，则建康城未越青溪一步也。

成帝咸和七年（三三二），新宫落成，署曰建康宫，开五门：南面二门，正中大司马门，近东阊阖门，东为东掖门，西为西掖门，北为平昌门。

《建康实录》卷七：咸和七年（三三二）冬十一月，新宫成，署曰建康宫，亦名显阳宫，开五门，南面二门，东西北各一门。……

《图经》：即今之所谓台城也，今在县城东北五里，周八里，有两重墙。

《宫苑记》：建康宫五门，南面正中大司马门，世所谓章门，拜章者伏于此门待报；南对宣阳门，相去二里，夹道开御沟，植槐柳，世或名为阙门。南面近东阊阖门，后改为南掖门，门三道，世谓之天门；南直兰宫西大路，出都城开阳门。正东面东掖门。正南〔当作北〕平昌门，门上有爵络，世谓之冠爵门，南对南掖门。第三重宫墙南面端门，夹门两大鼓，在两塾之南，并三丈八尺围，用开闭城门；日中晡时及晓，并击以为节，夜又击之持更。……其东西门不见名。其宫城西南角外，本有池，名清游池，通城中，有乐贤堂，并肃宗为太子时所作；苏峻之乱，宫室皆焚毁，惟此堂独存。其西掖门外南偏突出一丈许，长数十丈地，时百度多阙，但用茆苫，议以除官身各出钱二千充修宫城用。……

孝武帝太元三年（三七八），谢安大修宫室，新宫内外殿宇，大小三千五百间。又起朱雀门，上筑重楼，名朱雀观。江左以来，百端草创，宫室规模，至是始宏。

《建康实录》卷九：太元三年（三七八）春正月，尚书仆射谢安石以宫室朽坏，启作新宫；帝权出居会稽王第。二月始工，内外日役六千人，安与大匠毛安人决意修定，皆仰模元象，体合辰极；并新制置省阁堂宇，名署时政。……又起朱雀门重楼，皆绣栭藻井，门开三道，上重名朱雀观，观上门上有两铜雀，悬楣上刻木为龙虎左右对。……七月，新宫成，内外殿宇，大小三千五百间。……

《苑城记》：城外堑内，并种橘树；其宫墙内，则种石榴；其殿庭及三台三省，悉列种槐树；其宫南夹路出朱雀门，悉垂杨与槐也。

桓玄篡位，拟修殿宇，开东掖、平昌、广莫及宫殿诸门，皆为三道。按东掖、平昌，已见于前，今不过开为三道；广莫系都门抑宫门，已不可考。

《晋书》卷九十九（《桓玄传》）：……将修殿宇，乃移入东宫；又开东掖、平昌、广莫及宫殿诸门，皆为三道。

桓玄既败，率亲信数千人出南掖门，具船南奔，则宫城阊阖门，晋末已改为南掖门，又苏峻之乱，羊曼率文武守云龙门，则晋时宫城已有云龙、神虎门矣。

《建康实录》卷十：谦等军败，玄率亲信数千人声言赴战，遂将其子升兄子浚出南掖门，西至石头，具船南奔。

同上卷七：羊曼字祖延，太傅祜兄孙也。……苏峻作乱，加前将军，率文武守云龙门。……

同上卷九：宁康三年（三七五）十二月甲申，神虎门灾。

又成帝咸康元年（三三五），石季龙寇历阳帝亲观兵于广阳门，则都城陵阳门成帝时已改为广阳门矣。

《建康实录》卷七：咸康元年（三三五）夏四月，石季龙寇历阳，诏加司徒王导大司马假黄钺都督征讨诸军事以御之。癸丑，帝亲观兵于广阳门，令诸将分戍。

注云：案《晋书·成帝纪》，观兵于广莫门。按《宫苑记》，晋时未有广莫门，据此成帝观兵是广阳门，本史误耳。至宋永初中，始改宫城北平昌门为广莫门。广阳门在今县东一里半，都城南面西门也。其时石季龙既寇历阳，兵亦不历北门出也。

江东草创，都城仍吴之旧，皆设竹篱，即宫城亦有用茆苫者。故都城不足守，或守淮，或守台城（即宫城）耳。

（二）宋

宋初都建康，一仍晋旧。文帝元嘉二十年（四四三），始于台城东西开万春千秋二门。

《宋书·文帝纪》：二十年春正月，于台城东西开万春千秋二门。

元嘉二十三年（四四六），兴景阳山，置华林园。

《建康实录》卷十二：二十三年，北兴景阳山于华林园，役及居民，民有怨者。是岁置华林园东五里。

元嘉二十五年（四四八），新作都城阊阖、广莫等门，改先广莫门曰承明门，开阳门曰津阳门。

《建康实录》卷十二：二十五年四月，新作阊阖、广莫等门，改先广莫门曰承明，开阳曰津阳。

又都城正东建春门，宋已改为建阳门。

《建康实录》卷十四：顺帝昇明三年（四七九）二月，地震建阳门。

而宫城西掖门亦改为西华门；至东掖门是否改为东华，史无明文，然可以推得之。

《建康实录》卷二十注引《宫殿簿》云：神虎门是第二重宫墙西面门，晋本名中华门（？）。西出西华门，晋本西掖门，宋改名西华门。东入对第三重宫墙千秋门。

孝武帝大明五年(四六一),初筑驰道,自阊阖抵大航,北自承天门〔疑为承明门之误〕抵玄武湖。七年，立双阙于梁山。

《建康实录》卷十三：大明五年九月丙申，初筑驰道，自阊阖抵大航，北自承天门抵玄武湖。……七年（四六三）十二月，立双阙于梁山。

（三）齐

齐高帝建元二年（四八〇），始立六门都墙，一改晋宋旧观。

《南齐书·高帝纪》:建元二年夏五月，立六门都墙。

齐台城承宋旧，惟另有云龙神虎二门。

《建康实录》卷十五：废帝郁林王隆昌元年（四九四）西昌侯鸾率兵自尚书省入云龙门，戎服加朱衣于上，比入门，三失履。……

明帝建武元年（四九四），因避兄讳，改华林凤庄门为望贤门。

《南齐书》卷四十五《宗室传》:(始安贞王道生）建武元年，赠侍中骠骑将军开府仪同三司始安靖王，改华林凤庄门为望贤门，……

由此观之，凤庄系华林园门，而非台城门也。

齐国祚不永，仅二十四年，于城阙宫殿，亦少改制焉。

（四）梁

梁武帝天监七年（五〇八），作神龙仁虎阙于端门、大司马门外。

《梁书》卷二：天监七年正月，作神龙仁虎阙于端门、大司马门外。

又作国门于越城南，以壮观瞻。

《梁书》卷二：天监七年二月，新作国门于越城南。

天监十年（五一一），初作宫城门三重，及开二道。宫城三重自梁始。

《建康实录》卷十七：天监十年，初作宫城门三重及开二道。

《梁书》卷二:天监十年,初作宫城门三重楼〔楼系衍字,否则当作三层楼〕及开二道。

大通元年（五二七），造同泰寺，在宫后开大通门，与寺南门相对，以通往还。

《建康实录》卷十七：大通元年，帝创同泰寺，寺在宫后，别开一门，名大通门，对寺之南门，取返语以协同泰为名。

注云:案《舆地志》在北掖门外路西,寺南与台隔,抵广莫门内路西。……

梁文物最盛，规制亦宏，宫阙庄丽，城池坚固，故侯景攻台城，至年余不能拔。兹再总叙其制度如下：

都城九门,南曰宣阳（正中）、广阳（西）、津阳（东）、东曰建阳（正东）、清明（南），西曰西明（正西）、阊阖（南），北曰广莫。

《建康实录》卷十七：敬帝绍泰元年（五五五）十一月，……霸先自领精骑出西明门以袭齐军。

《梁书》卷五十六（《侯景传》）：简文帝大宝元年（五五〇）十月，盗杀武林侯谘于广莫门，谘常出入太宗卧内，景党不能平，故害之。

台城（即宫城）第一重墙六门，南面正中曰大司马门，近东为南掖门;东为东华门;西为西华门；北面与同泰寺对为大通门（见前），东为北掖门，亦称承明门。此六门皆见正史。

《南史》卷八十（《侯景传》）：景遣百道攻城，从火焚大司马、东西华诸门。……又斫东掖门(梁已改“东掖”为东华门,见《宫殿簿》,此东掖门不可考)将入，……

《南史》卷五十六（《张弘策传》）：时东昏余党孙文明等初逢赦令，多未自安;文明又尝梦乘马至云龙门，心惑其梦，遂作乱，帅数百人因运荻炬束仗，得入南北掖门，至夜烧神兽〔当作虎〕门、总章观，入卫尉府；……又烧尚书省及阁道云龙门。……

《南史》卷七:武帝太清三年（五四九）二月,侯景遣使求和,皇太子固请,帝乃许之，盟于西华门下。

《南史》卷六十四（《江子一传》）：子一乃退还南洲。……及城被围，开承明门出战，子一及弟尚书左丞子四东宫直殿主帅子五并力战直前。……

台城第二重宫墙，东为云龙门，西为神虎门。云龙、神虎并见《南史》卷五十六。至第三重宫墙，南为端门，东为万春门，西为千秋门，亦并见前。此外又有凤庄门者，则华林园门而非宫门也。

《建康实录》卷十七：太清元年（五四七），帝又舍身；群臣以亿万奉赎，僧众默许。百辟诣凤庄门上表请帝，帝三答皆称顿首。

（五）陈

陈宣帝太建七年（五七五），改作云龙、神虎二门。

《建康实录》卷二十：太建七年六月乙酉，改作云龙、神虎二门。

注云：按《宫殿簿》，云龙是二重宫墙东面门，晋本名东华门。东出东掖门，梁改之。西对第三重墙万春门。神虎门是第二重宫墙西面门，晋本名中〔当作西〕华门。西出西华门，晋本西掖门，宋改名西华门。东入对第三重宫墙千秋门。

陈都城九门承梁制，惟于北面广莫门西增开玄武门。

《建康实录》卷二十：陈后主祯明二年（五八八），建康城自坏；又青龙出建阳门井中。

《陈书》卷十四（南康愍王子方泰传）：大建十一年（五七九）八月，高宗幸大壮观，因大阅武。……高宗登玄武门，亲宴群臣以观之……

至于台城诸门，一承梁旧。

《建康实录》卷二十：陈后主祯明三年（五八九），……贺若弼乘胜破鲁广达、萧摩诃等于乐游苑，游骑次宫城，烧北掖门。……擒虎径至朱雀航，趋宫城，自南掖门入。……

陈后主至德二年（五八四），于光昭殿前起临春、结绮、望仙等三阁，阁高数丈，飞檐复道，穹窿相属，然不旋踵，陈已亡矣。

《建康实录》卷二十：至德二年，于光昭殿前起临春、结绮、望仙等三阁，阁高数丈，并数十间；窗牖户壁栏槛，皆以沉檀香木为之。又饰以金玉珠翠，外施珠帘，内有宝帐；其服玩之属，瑰宝珍丽，皆近古所未有。每微风一至，香闻数里；朝日初照，光映后庭。其下积石为山，引水为池，植以奇树，杂以花果。后主自居临春阁，张贵妃居结绮阁，龚、孔二贵嫔居望仙阁，并复道交相往来。……

## 第六节　萧梁一代之文物

萧梁一代，于六朝为最盛；梁武帝制造礼乐，敦崇儒雅，自江左以来，年逾二百，文物之盛，独美于兹。以言文学，则昭明《文选》、徐陵《玉台新咏》、刘勰《文心雕

梁五铢钱范出土处

梁五铢钱范

新近发现之梁五铢钱范出土处，在光华门外中和桥南草声圩，近因建筑江南铁路，偶得红色陶制钱范多种。正面作五铢，背面四出；亦有正面作大富五铢，大吉五铢，及大通五铢者，后世未见，不知系铸而失传，或竟未铸。上图示发现之地点，乡氏犹在继续发掘钱范；后面之铁桥，即江南铁路秦淮河桥也。下图系钱范碎片，其横断面一种，分七八层，中有一孔，以注金属，二层相叠，一正一反；钱成，即碎其陶范。颇可示古代铸钱之方法，关系货币史非浅鲜也。

龙》，并支配中国文学千余年；而王褒、庾信，则又奇才秀出，独步千古。及庾信北上，王侯将相，周旋款至，群公碑志，多相请托，北朝文人，莫有逮者。以言宗教，则齐梁递嬗之际，正佛学昌明之时，三论宗、禅宗皆于是时建立，梁武帝且舍身三宝，臣下化之；南朝四百八十寺，强半成立于此时〔图五〕。以言艺术，则宫阙巍峨，梵刹连云，二百四十尺之瓦官阁，同泰寺之九层浮图“盘承云表露，铃摇天上风”，并载之史籍，称耀千古〔图六、七〕。至于帝王陵寝，将相墓道，由其丛残者而考之，犹可想见当年之气

概也。以言礼仪则乘舆衣冠，文质彬彬，梁武帝威仪棣棣，秉性方正，虽居小殿暗室，恒理衣冠，小坐暑月，未尝褰袒;北齐所谓萧衍衣冠，为泰山北斗者，可见其所被之广。以言经济则萧梁一代,商业鼎盛,“淮水以北,有大市百余,小市十余”(《隋书·食货志》)。又乐史《太平寰宇记》引《金陵记》云：

> 梁都之时城中二十八万余户,西至石头,东至倪塘,南至石子冈,北过蒋山,东西南北,各四十里。自侯景反,元帝都于江陵,冠盖人物,多南〔疑西字之误〕徙。洎陈高祖复王于此，中外人物，不追宋齐之半。……

加以五十年中,江表无事,民殷物阜,典章炳焕,诚南朝极盛之时期也。及侯景盗国，金陵瓦解，宫阙灰烬，文物荡然，此百济国使臣，见城寺荒芜，所以哭于阙下也。南朝士大夫流离关塞，惓怀宗国，死生契阔，悲不自胜，此庾子山之所以有哀江南之作也。兹录如下，匪特以其文辞华美，亦取其叙事婉约，千余年前一代兴亡之史迹，读之又跃然于纸上焉。

**哀江南赋** 庾　信

粤以戊辰之年,建亥之月,大盗移国,金陵瓦解。余乃窜身荒谷,公私涂炭。华阳奔命，有去无归。中兴道消，穷于甲戌，三日哭于都亭，三年囚于别馆，天道周星,物极不反。傅燮之但悲身世,无所求生;袁安之每念王室,自然流涕。昔桓君山之志事，杜元凯之生平，并有著书，咸能自序；潘岳之文采，始述家风;陆机之词赋，多陈世德。信年始二毛，即逢丧乱，藐是流离，至于暮齿;燕歌远别，悲不自胜；楚老相逢，泣将何及?畏南山之雨，忽践秦庭；让东海之滨，遂餐周粟。下亭漂泊，皋桥羁旅，楚歌非取乐之方，鲁酒无忘忧之用。追惟此赋，聊以记言，不无危苦之辞，唯以悲哀为主。日暮途远，人间何世?将军一去，大树飘零；壮士不还，寒风萧瑟。荆璧睨柱，受连城而见欺；载书横阶，捧珠盘而不定;钟仪君子，入就南冠之囚;季孙行人，留守西河之馆。申包胥之顿地,碎之以首;蔡威公之泪尽,加之以血。钓台移柳,非玉关之可望;华亭唳鹤，岂河桥之可闻?

孙策以天下为三分，众裁一旅；项羽用江东之子弟，人唯八千，遂乃分裂山河，宰割天下。岂有百万义师，一朝卷甲，芟夷斩伐，如草木焉?江淮无涯岸之阻，亭壁无藩篱之固，头会箕敛者，合从缔交；锄耰棘矜者，因利乘便。将非江表王气，应终三百年乎?是知并吞六合，不免轵道之灾；混一车书，无救平阳之祸。呜呼，山岳崩颓，既履危亡之运；春秋迭代，必有去故之悲。天意人事，可以凄怆伤心者矣！况复舟楫路穷，星汉非乘槎可上；风飚道阻，蓬莱无可到之期；穷者欲达其言，劳者须歌其事。陆士衡闻而抚掌，是所甘心；张平子见而陋之，固其宜矣。

我之掌庾承周，以世功而为族；经邦佐汉，用论道而当官。禀嵩华之玉石，润河洛之波澜；居负洛而重世，邑临河而晏安。逮永嘉之艰虞，始中原之乏主；民枕倚于墙壁，路交横于豺虎。值五马之南奔，逢三星之东聚；彼临江而建国，此播迁于吾祖。分南阳而赐田，裂东岳而胙土；诛茅宋玉之宅，穿径临江之府。水木交运，山川崩竭；家有直道，人多全节；训子见于纯深，事君彰于义烈。新野有生祠之庙，河南有胡书之碣。况乃少微真人，天山逸民，阶庭空谷，门巷蒲轮；移谈讲树，就简书筠；降生世德，载诞贞臣，文词高于甲观，模楷盛于漳滨；嗟有道而无凤，叹非时而有麟。既奸回之奰匿，终不悦于仁人。

王子洛滨之岁，兰成射策之年，始含香于建礼，仍矫翼于崇贤；游洊雷之讲肆，齿明离之胄筵；既倾蠡而酌海，遂侧管以窥天。方塘水白，钓渚池圆；侍戎韬于武帐，听雅曲于文弦。乃解悬而通籍，遂崇文而会武；居笠毂而掌兵，出兰池而典午；论兵于江汉之君，拭圭于西河之主。于时朝野欢娱，池台钟鼓；里为冠盖，门成邹鲁。连茂苑于海陵，跨横塘于江浦；东门则鞭石成桥，南极则铸铜为柱；树则园植万株，竹则家封千户。西赆浮玉，南琛没羽；吴歈越吟，荆艳楚舞。草木之借春阳，鱼龙之得风雨。五十年中，江表无事：王歙为和亲之侯，班超为定远之使；马武无预于兵甲，冯唐不论于将帅。岂知山狱暗然，江湖潜沸，渔阳有闾左戍卒，离石有将兵都尉。天子方删诗书，定礼乐，设重云之讲，开士林之学；谈劫烬之灰飞，辩常星之夜落。地平鱼齿，城危兽角；卧刁斗于荥阳，绊龙媒于平乐。宰衡以干戈为儿戏，缙绅以清谈为庙略；乘渍水而胶船，驭奔驹以朽索。小人则将及水火，君子则方成猿鹤。弊箄不能救盐池之咸，阿胶不能止黄河之浊。

既而鲂鱼赪尾，四郊多垒；殿狎江鸥，宫鸣野雉；湛卢去国，艅艎失水；见被发于伊川，知其时为戎矣。彼奸逆之炽盛，久游魂而放命；大则有鲸有鲵，小则为枭为獍；负其牛羊之力，凶其水草之性；非玉烛之能调，岂璿玑之可正？值天下之无为，尚有欲于羁縻；饮其琉璃之酒，赏其虎豹之皮；见胡桐于大夏，识鸟卵于条支。豺牙密厉，虺毒潜吹；轻九鼎而欲问，闻三川而遂窥。始则王子召戎，奸臣介胄；既官政而离逖，遂师言而泄漏。望廷尉之逋囚，反淮南之穷寇；飞狄泉之苍鸟，起横江之困兽。地则石鼓鸣山，天则金精动宿；北阙龙吟，东陵麟斗。尔乃桀黠构扇，凭陵畿甸；拥狼望于黄图，填卢山于赤县。青袍如草，白马如练；天子履端废朝，单于长围高宴。两观当戟，千门受箭；白虹贯日，苍鹰击殿；竟遭夏台之祸，遂视尧城之变。官守无奔问之人，干戚非平戎之战，陶侃则空装米船，顾荣则虚摇羽扇。将军死绥，路绝重围；烽随星落，书逐鸢飞。遂乃韩分赵裂，鼓卧旗折；失群班马，迷轮乱辙；猛士婴城，谋臣卷舌；昆阳之战象走林，常山之阵蛇奔穴。五郡则兄弟相悲，三州则父子离别；护军慷慨，忠能死节；三世为将，终于此灭。济阳忠壮，身参末将；兄弟三人，义声俱唱；主辱臣死，名存身丧；狄人归元，三军凄怆。尚书多算，守备是长，云梯可拒，地道能防；有齐将之闭壁，无燕帅之卧墙。大事去矣，人之云亡！申子奋发，勇气咆勃；实总元戎，身先士卒；胄落鱼门，兵填马窟；屡犯通中，频遭刮骨；功业夭枉，身名埋没。或以隼翼鷃披，虎威狐假；沾渍锋镝，脂膏原野；兵弱虏强，城孤气寡；闻鹤唳而虚惊，听胡笳而泪下；据神亭而亡戟，临横江而弃马；崩于巨鹿之沙，碎于长平之瓦。于是桂林颠覆，长洲麋鹿；溃溃沸腾，茫茫惨黩；天地离阻，人神怨酷；晋郑靡依，鲁卫不睦；竞动天关，争回地轴；探雀鷇而未饱，待熊蹯而讵熟，乃有车侧郭门，筋悬庙屋；鬼同曹社之谋，人有秦庭之哭。

余乃假刻玺于关塞，称使者之酬对；逢鄂阪之讥嫌，值彤门之征税；乘白马而不前，策青骡而转碍。吹落叶之扁舟，飘长帆于上游；彼锯牙而勾爪，又巡江而习流；排青龙之战舰，斗飞燕之船楼；张辽临于赤壁，王濬下于巴丘。乍风惊而射火，或箭重而回舟，未辨声于黄盖，已先沉于杜侯。落帆黄鹤之浦，藏船鹦鹉之洲；路已分于湘汉，星犹看于斗牛。若乃阴陵失路，钓台斜趣；望赤岸而沾衣，舣乌江而不度；雷池栅浦，鹊陵焚戍；旅舍无烟，巢禽失树。谓荆衡之杞梓，庶江汉之可恃；淮海维扬，三千余里；过漂泊而寄食，托芦中而度水；届于七泽，滨于十死。嗟天保之未定，见殷忧之方始；本不达于危行，又无情于禄仕；谬掌卫于中军，滥尸丞于御史。信生世等于龙门，辞亲同于河洛；奉立身之遗训，受成书之顾托；昔三世而无惭，今七叶而始落；泣风雨于梁山，惟枯鱼之衔索。入欹斜之小径，掩蓬藋之荒扉，就汀洲之杜若，待芦苇之单衣。

于时西楚霸王，剑及繁阳；鏖兵金匮，校战玉堂；苍鹰赤雀，铁舳牙樯；沉白马而誓众，负黄龙而度湘。海潮迎舰，江萍送王；戎车屯于石城，戈船掩乎淮泗。诸侯则郑伯前驱，盟主则荀罃暮至；剖巢熏穴，奔魑走魅；埋长狄于驹门，斩蚩尤于中冀；然腹为灯，饮头为器；直虹贯垒，长星属地。昔之虎踞龙盘，加以黄旗紫气；莫不随狐兔而窟穴，与风尘而殄瘁。

西瞻博望，北临玄圃；月榭风台，池平树古；倚弓于玉女窗扉，击马于凤凰楼柱；仁寿之镜徒悬，茂陵之书空聚。若夫立德立言，谟明赍亮；声超于系表，道高于河上；既不遇于浮丘，遂无言于师旷；指爱子而托人，知西陵而谁望。非无北阙之兵，犹有云台之仗；司徒之表里经纶，狐偃之惟王实勤：横雕戈而对霸主，执金鼓而问贼臣；平吴之功壮于杜元凯，王室是赖深于温太真。始则地名全节，终以山称枉人；南阳校书，去之已远；上蔡逐猎，知之何晚。镇北之负誉矜前，风飙懔然。水神遭箭，山灵见鞭。是以蛰熊伤马，浮蛟没船，才子并命，俱非百年。中宗之夷凶静乱，大雪冤耻；去代邸而承基，迁唐郊而纂祀；反旧章于司隶，归余风于正始；沉猜则方逞其欲，藏疾则自矜于己。天下之事没焉，诸侯之心摇矣。既而齐交北绝，秦患西起；况背关而怀楚，异端委而开吴，驱绿林之散卒，拒骊山之叛徒。营军梁溠，搜乘巴渝；问诸淫昏之鬼，求诸厌劾之巫；荆门遭廪延之戮，夏首滥逵泉之诛；蔑因亲于教爱，忍和乐于弯弧；慨无谋于肉食，非所望于论都。未深思于五难，先自擅于二端；登阳城而避险，卧底柱而求安；既言多于忌刻，实志勇于刑残；但坐观于时变，本无情于急难。地为黑子，城犹弹丸；其怨则黩，其盟则寒；岂冤禽之能塞海，非愚叟之可移山。

况以沴气朝浮，妖精夜殒；赤乌则三朝夹日，苍云则七重围轸；亡吴之岁既穷，入郢之年斯尽。周含郑怒，楚结秦冤；有南风之不竞，值西邻之责言。俄而梯冲乱舞，冀马云屯；栈秦车于畅毂，沓汉鼓于雷门；下陈仓而连弩，度临晋而横船。虽复楚有七泽，人称三户；箭不丽于六麋，雷无惊于九虎。辞洞庭兮落木，去涔阳兮极浦；炽火兮焚旗，贞风兮害蛊。乃使玉轴扬灰，龙文斫柱；下江余城，长林故营；徒思箝马之秣，未见烧牛之兵；章曼支以毂走，宫之奇以族行；河无冰而马度，关未晓而鸡鸣。忠臣解骨，君子吞声；章华望祭之所，云梦伪游之地；荒谷缢于莫敖，冶父囚乎群帅。硎穽折拉，鹰鹯批攒：冤霜夏零，愤泉秋沸；城崩杞妇之哭，竹染湘妃之泪。水毒秦泾，山高赵陉；十里五里，长亭短亭；饥随蛰燕，暗逐流萤；秦中水黑，关上泥青。于时瓦解冰泮，风飞电散；浑然千里，淄渑一乱；雪暗如沙，冰横似岸。逢赴洛之陆机，见离家之王粲；莫不闻陇水而掩泣，向关山而长欢。况复君在交河，妾在清波；石望夫而逾远，山望子而逾多；才人之忆代郡，公主之去清河；栩阳亭有离别之赋，临江王有愁思之歌。别有飘飘武威，羁旅金微；班超生而望反，温序死而思归；李陵之双凫永去，苏武之一雁空飞。昔江陵之中否，乃金陵之祸始；虽借人之外力，实萧墙之内起，拨乱之主忽焉，中兴之宗不祀。伯兮叔兮，同见戮于犹子；荆山鹊飞而玉碎，随岸蛇生而珠死；鬼火乱于平林，殇魂惊于新市。梁故丰徙，楚实秦亡；不有所废，其何以昌?有妫之后，遂育于姜；输我神器，居为让王。天地之大德曰生，圣人之大宝曰位；

用无赖之子孙，举江东而全弃；惜天下之一家，遭东南之反气；以鹑首而赐秦，天何为而此醉？

且夫天道回旋，民生预焉。余烈祖于西晋，始流播于东川；洎余身而七叶，又遭时而北迁。提挈老幼，关河累年；死生契阔，不可问天；况复零落将尽，灵光巍然。日穷于纪，岁复将始；逼切危虑，端忧暮齿；践长乐之神皋，望宣平之贵里；渭水贯于天门，骊山回于地市；幕府大将军之爱客，丞相平津侯之待士；见钟鼎于金张，闻弦歌于许史。岂知灞陵夜猎，犹是故时将军；咸阳布衣，非独思归王子！

（注一）太初宫本吴之宫，晋平吴后，石冰作乱，焚烧荡尽；陈敏平石冰，据扬州，因太初故基，创造府舍；元帝初渡江，因而居之。

# 第五章　六朝陵墓

## 第一节　总　说

六朝陵墓，散布江东，而尤以江宁、句容、丹阳三处，遗迹最多。故本书调查所及，亦以江宁、句容、丹阳三地为其范围。计已发现而尚有遗迹可凭，可断为何人之墓者，有下列各处。

| 朝　代 | 陵墓名称 | 地　点 |
| --- | --- | --- |
| 晋 | 领军将军卞壶墓 | 冶城朝天宫西 |
| 宋 | 武帝刘裕初宁陵 | 麒麟门外麒麟铺〔图八〕 |
| 齐 | 宣帝萧承之永安陵 | 丹阳东北狮子湾 |
| | 高帝萧道成泰安陵 | 丹阳东北赵家湾 |
| | 武帝萧赜景安陵 | 丹阳正东前艾庙三姑庙 |
| | 景帝萧道生修安陵 | 丹阳经山鹤仙坳 |
| | 明帝萧鸾兴安陵 | 丹阳正东东城村 |
| 梁 | 文帝萧顺之建陵 | 丹阳东城村齐明帝兴安陵北 |
| | 武帝萧衍修陵 | 丹阳东城村梁文帝建陵北 |
| | 简文帝萧纲庄陵（？） | 丹阳陵口萧梁河口 |
| | 临川靖惠王萧宏墓 | 麒麟门外张家库〔图一六〕 |

| 朝　代 | 陵墓名称 | 地　点 |
|---|---|---|
| 梁 | 安成康王萧秀墓 | 栖霞山甘家巷〔图一〇、一七〕 |
| | 鄱阳忠烈王萧恢墓 | 栖霞山甘家巷西南 |
| | 始兴忠武王萧憺墓 | 栖霞山甘家巷西南 |
| | 吴平忠侯萧景墓 | 栖霞山西神巷村西〔图一二〕 |
| | 南康简王萧绩墓 | 句容石狮干〔图一一、一四、一五〕 |
| | 建安敏侯萧正立墓 | 淳化镇 |
| | 新渝宽侯萧暎墓 | 栖霞山西北董家边 |
| 陈 | 武帝陈霸先万安陵 | 上方镇石马冲〔图一九〕 |
| | 文帝陈蒨永宁陵（注一） | 栖霞山甘家巷南狮子冲〔图九〕 |

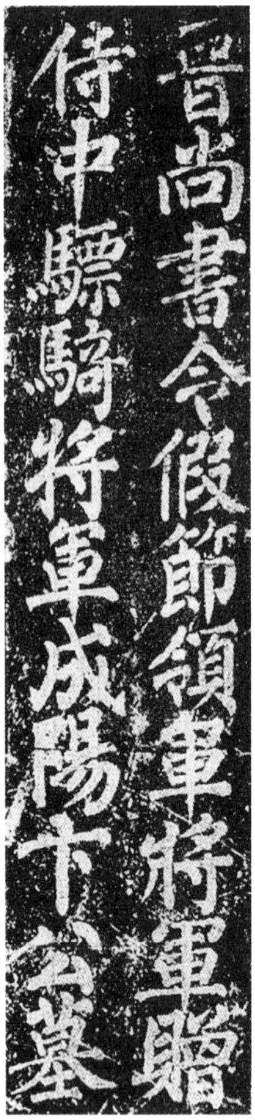


（注一）栖霞山甘家巷南狮子冲，余在《建康兰陵六朝陵墓图考》书中，本以为宋文帝长宁陵。继读《齐书·豫章文献王嶷传》云："永明七年（四八九），启求还第，上令世子廉代镇东府。上数幸嶷第〔按即青溪宅，即所谓北第，南第在东府〕，宋长宁陵隧道出第前路，上曰：我便是入他家墓内寻人。乃徙其表阙麒麟于东岗上。麒麟及阙，形势甚巧，宋孝武于襄阳致之，后诸帝王陵，皆模范而莫及也。"据此，则宋文帝长宁陵当在青溪北部，后徙其麒麟墓阙于东岗。栖霞山甘家巷南狮子冲之陵，合于《建康实录》所载"县东北四十里陵山之阳"。姑断为陈文帝永宁陵。

其已发现，有遗迹而不可考者，有下列各墓：

| 地　名 | 备　考 |
|---|---|
| 南京栖霞山张家库 | 二辟邪〔图一八〕 |
| 南京笆斗山徐家村 | 一华表〔或墓阙〕 |
| 南京淳化镇宋墅后村北 | 一华表及圆盖〔图一三〕 |
| 南京淳化镇侯村 | 一墓阙及二辟邪 |
| 南京淳化镇官塘 | 墓阙已全陷塘中仅有遗迹可辨 |
| 南京江宁镇方旗庙 | 二辟邪（一已毁其后部） |
| 丹阳水经山下偏西 | 二辟邪 |
| 丹阳水经山下偏东 | 二辟邪 |

此外史乘记载，确有地名可考，或因年久失传，或遭风霜剥蚀，陵谷变迁，已湮没不可考者，根据（一）唐许嵩《建康实录》；（二）宋张敦颐《六朝事迹编类》；（三）宋王象之《舆地纪胜》；（四）清朱孔阳《历代陵寝备考》；及（五）碑铭墓志等，列表如下（必要时并参考（六）府县志）：

| 朝　代 | 陵墓名称 | 地　点 |
|---|---|---|
| 吴 | 武烈帝孙坚高陵 | 丹阳孙陵港（《丹阳县志》） |
| | 大帝孙权蒋陵 | 县东北十五里钟山之阳（《建康实录》） |
| | 敬怀王皇后敬陵 | 初葬公安孙休即位改葬敬陵（《历代陵寝备考》） |
| | 会稽王孙亮墓 | 丹阳顿乡（《历代陵寝备考》） |
| | 景帝孙休定陵 | 江南太平府东（同上） |
| | 诸葛瑾墓 | 武进 |
| | 韦昭墓 | 丹阳延陵镇（《丹阳县志》） |
| | 甘宁墓 | 上元直渎山（《上江两县志》） |
| | 陶基及诸陶氏墓 | 横山麓陶墓冈（《舆地纪胜》） |
| 东晋 | 元帝司马睿建平陵 | 县北九里鸡笼山阳不起坟（《建康实录》） |
| | 明帝司马绍武平陵 | 县城北九里鸡笼山阳与元帝同（《建康实录》） |

| 朝　代 | 陵墓名称 | 地　点 |
| --- | --- | --- |
| 东晋 | 成帝司马衍兴平陵 | 县北七里鸡笼山阳与元帝同处（《建康实录》） |
| | 康帝司马岳崇平陵 | 县北钟山之阳（同上） |
| | 穆帝司马聃永平陵 | 县城北十九里幕府山之阳周四十步高一丈六尺（同上） |
| | 哀帝司马丕安平陵 | 县北九里鸡笼山之阳元帝同处（同上） |
| | 废帝海西公司马弈墓 | 吴县（同上） |
| | 简文帝司马昱高平陵 | 县城东北十五里钟山之阳不起坟（同上） |
| | 孝武帝司马曜隆平陵 | 县城东北十五里钟山之阳不起坟（同上） |
| | 安帝司马德宗休平陵 | 钟山之阳今县城东北十五里不起坟（同上） |
| | 恭帝司马德文冲平陵 | 在蒋山之阳安帝同处（同上） |
| | 王导墓 | 上元幕府山（《上江两县志》） |
| | 桓温墓 | 当涂（《舆地纪胜》） |
| | 桓彝墓 | 宣城县北八十里焦村（同上） |
| | 温峤墓〔图二〇〕 | 幕府山之阳（《建康实录》）（按峤实葬豫章） |
| | 谢安墓 | 在石子冈北（《元和郡县志》） |
| | 颜含墓 | 幕府山（《上江两县志》） |
| | 谢灵运墓 | 在上元县东与本业寺相近（《景定建康志》）（按在麒麟门外去南京四十余里） |
| | 毕卓墓 | 当涂县东南龙山（《舆地纪胜》） |
| | 蔡谟墓 | 丹阳县南四十里石城乡（《丹阳县志》） |
| | 甘卓墓　旧有碑云梁州刺史甘府君墓 | 江宁东南一百二十里横山（《至正金陵新志》） |
| 宋 | 武帝章胡皇后熙宁陵 | 丹徒（《历代陵寝备考》） |
| | 文帝刘义隆长宁陵 | 县东北二十里周围二十五步高一丈八尺（《建康实录》）青溪北部萧嶷第前（《齐书·豫章文献王嶷传》） |
| | 文帝昭路皇后修宁陵 | 丹阳秣陵县岩山景宁陵东南（《历代陵寝备考》） |
| | 文帝宣沈皇后崇宁陵 | 建康幕府山（同上） |
| | 孝武帝刘骏景宁陵 | 上元县南四十里岩山之阳（《建康实录》） |
| | 孝武殷淑妃墓 | 龙山未详处所（《历代陵寝备考》） |
| | 前废帝刘子业墓 | 丹阳秣陵县南郊坛西龙山（同上） |
| | 明帝刘彧高宁陵 | 临沂县幕府山（《建康实录》） |

| 朝 代 | 陵墓名称 | 地 点 |
|---|---|---|
| 宋 | 后废帝苍梧王刘昱墓 | 丹阳秣陵县郊坛西（《历代陵寝备考》） |
| | 顺帝刘准遂宁陵 | 失载 |
| | 长沙景王刘道邻墓 | 临沂幕府山（宋刘袭墓志） |
| | 临澧侯刘袭墓 | 瑯邪乘武冈（同上） |
| | 散骑常侍谢涛墓 | 上元城南崇礼乡土山东山寺前（《上江两县志》） |
| 齐 | 废帝郁林王萧昭业墓 | 失载 |
| | 废帝海陵王萧昭文墓 | 失载 |
| | 废帝东昏侯萧宝卷墓 | 镇江府丹阳县东二十一里（《历代陵寝备考》） |
| | 和帝萧宝融恭安陵 | 姑孰（？） |
| | 文惠太子萧长懋墓<br>豫章王萧嶷墓<br>竟陵王萧子良墓 | 夹石<br>金牛山（江宁东南铜山）<br>祖硎山<br>}《南齐书·竟陵王子良传》 |
| | 巴东献武公萧颖胄墓 | 上元摄山（《上江两县志》） |
| 梁 | 武帝穆丁皇后宁陵 | 失载 |
| | 昭明太子萧统安宁陵 | 建康县北三十五里（《建康实录》）南京燕雀湖（《穷神秘苑》） |
| | 元帝萧绎墓 | 始葬江陵津阳门外后改葬江宁（《历代陵寝备考》） |
| | 永阳昭王萧敷墓 | 临沂县长干里黄鹄山（梁故永阳敬太妃墓志铭） |
| | 王僧辩墓 | 方山（《上江两县志》） |
| | 柳世隆墓 | 方山五城渡（同上） |
| | 蔡大宝墓 | 丹阳县修陵北（《丹阳县志》） |
| 陈 | 武帝昭钱皇后嘉陵 | 失载 |
| | 废帝临海王陈伯宗墓 | 失载 |
| | 宣帝陈顼显宁陵 | 县南四十里牛头山西北（《元和郡县志》） |

## 第二节 陵墓体制

六朝陵墓，虽丛残不全，然根据史籍记载，及实地调查所得，亦可考见其制度大概。兹先述帝王陵寝，再论王侯坟墓。

（一）帝王陵寝

（1）起坟与不起坟　东晋南渡，规模草创，帝王陵寝，类不起坟。《建康实录》卷八注云："按晋十一帝有十陵，元、明、成、哀四陵在鸡笼山之阳，阴葬不起坟；康、简文、武、安、恭五陵，在钟山之阳，亦不起坟；惟孝宗一陵在幕府山起坟也。"嗣后宋齐梁陈诸陵，皆以起坟为常。

（2）陵之大小　陵之起坟者，史或记其周围及高度，兹据《建康实录》，列表如下：

| 陵　名 | 周　围 | 高　度 |
| --- | --- | --- |
| 晋穆帝永平陵 | 四十步 | 一丈六尺 |
| 宋武帝初宁陵 | 三十五步 | 一丈四尺 |
| 宋文帝长宁陵 | 三十五步 | 一丈八尺 |
| 陈武帝万安陵 | 六十步 | 二丈 |
| 陈文帝永宁陵 | 四十五步 | 一丈九尺 |

又《北史·孝行传》：王颁为报父仇，拟发陈武帝陵，密召父在时士卒，得千余人，对之涕泣。其间壮士或问曰："郎君仇耻已雪，而悲哀不止，将不为霸先早死，不得手刃之耶？请发其丘陇，斫榇焚骨，亦可申孝心矣。"颁顿颡陈谢，额尽流血，答曰："其为坟茔甚大，恐一宵发掘，不及其尸，更至明朝，事乃彰露。"诸人请具锹锸，于是夜发其陵。……"读此亦可见当时陵寝之伟大。

（3）石兽　帝王陵寝其前左右皆列石兽，左者双角，盖为天禄，右者独角，或为麒麟（注一），如宋武帝初宁陵右兽角已剥落，但视其痕迹，显系独角〔图八〕（注二）；陈文帝永宁陵右兽尚完好，为独角〔图九〕；齐宣帝永安陵东北向经山，其右亦为独角；齐景帝修安陵左兽双角，右兽独角；梁武帝修陵仅余左兽，双角；齐明帝兴安陵仅余右兽，独角是也。石兽皆有翼，肘鬃膊焰，腾骧欲飞。

（4）墓阙或华表　石兽之后，往往即为墓阙，一称华表。墓阙之基，作二蜥蜴环绕相向之形，或曰虾蟆（亦具翼）。墓阙之上为神道碑，左右相向，如梁文帝建陵，大书"太祖文皇帝之神道"，一作正书，一作反文。神道碑上为圆盖，盖上有小石兽一。其史迹尚可考见，而今日已亡者，则有宋武帝初宁陵之墓阙（注三）、陈武帝万安陵之华表（注四）及宋孝武帝殷淑仪墓之石柱（注五）。以此推之，可见每陵皆有华表。

（5）碑及赑屃　华表之后，为碑及赑屃二，左右相向。例如梁文帝建陵华表之后，尚有赑屃一对，惟碑已亡；然据《丹阳县志》记载，则已坠落田野中，雷火焚击无文字，或今日不可考耳。又袁枚《梁武帝疑陵诗》（实指陈武帝万安陵），亦云"旁有穹碑无文字，万万蝇书记某吏"，然则帝王陵寝，皆有碑文，今湮没莫考耳。

（6）隧道　自石兽至陵，行左右华表碑碣之间，是谓隧道。谢庄《孝武宣贵妃殷氏诔》

所谓“山庭寝日，隧路抽阴，重扃闷兮灯已黯，中泉寂兮此夜深”是也。《建康实录》卷十七：“中大同元年（五四六）曲阿县建陵隧口石辟邪起舞，有大虵斗隧中，其一被伤奔走；又青虫食陵叶俱尽。”所谓隧盖即指此。

（二）王侯将相墓

王侯将相墓，与陵寝大同小异：前列辟邪，左右相向，无角有翼。辟邪之后为墓阙（多为二十四棱，惟萧宏墓阙独二十八棱，雕刻亦佳）。神道碑皆前向（萧宏、萧秀、萧景、萧绩、萧正立墓皆然，惟梁文帝建陵之神道碑，左右相向耳）〔图一二、一四、一五、一六、一七〕。墓阙之后为碑，东西相向；独梁安成康王萧秀墓，有碑凡四〔前为辟邪一对，次为碑一对（左右皆仅余赑屃），次为墓阙一对（左仅余柱础），最后又为碑一对〕〔图一七〕。其墓规模大者，如萧宏、萧正立墓，前后历百步，不亚于帝王陵寝也。

六朝陵墓，皆在低隰之地，却依岗阜，前临原野，与后世之因山筑墓者，迥异其趣。又梁南康简王萧绩墓，双阙之间，正对赤山，宛若屏障，足见风鉴之术，在六朝时已开其端矣〔图一五〕。

总之此二十八处六朝陵墓，实为金陵史迹之瑰宝：论其艺术，则梁安成康王西碑、始兴忠武王东碑，皆吴兴贝义渊书，莫友芝谓较北魏诸刻，格韵相等，而稍朗润，盖南北大同小异处，上承钟、王，下开欧、薛，其论甚是。盖南朝楷书，存于今者甚鲜，惟有梁一代，瘗鹤之铭，不亚于陈文公碑也。至于梁吴平忠侯之神道、太祖文皇帝之双阙，虽北朝亦逊其宏丽；义渊之书，皆穹碑巨制，文累数千，尤足见其造诣。世人南帖北碑之论，未见南朝诸巨制也。他若建陵以及萧秀、萧绩诸墓之石础，萧宏、萧景诸墓之石柱，搜粹以观，粲然美备；而萧宏碑侧之浮雕八方〔图一六〕，颇与汉武梁石室同其精美。至若希腊式之石柱（即隐陷之直刳棱纹）、Assyrian 式之有翼石兽，示东西艺术之交互影响，其艺术史上之意义尤为重大焉。

## 晋元帝庙

李商隐

冯浩编订玉溪生诗，不录此诗，谓其意浅语弱，必非本集轶篇。

青山遗庙与僧邻，断簇残碑锁暗尘。
紫盖适符江左运，翠华空忆洛中春。
夜台无月照珠户，秋殿有风闻玉宸。

梁临川靖惠王墓碑侧浮雕拓本

弓剑神灵定何处，年年春绿上麒麟。

**石麒麟**地名　　曾　极

短樊长堑起寒烟，知是何人古墓田。
千载石麟相对立，肘鬃膊焰故依然。

**石步道中有石麒麟数十**　　前　人

地悴天荒丘陇平，难从野老问衰兴。
苍烟落日低迷处，折足麒麟记坏陵。

**金陵杂兴**　　苏　泂

龙光寺里只孤僧，玄武湖如掌样平。
更上鸡笼山上望，一间茅屋晋诸陵。

**晋元帝庙**　　陈文述

夕阳回首旧金墉，双阙天开作九重。
一帝此间曾渡马，诸臣当日定从龙。
江山形胜思京洛，将相功名誓鼎钟。
同是偏安更衰弱，临安谁祀宋高宗。

**晋　陵**　　前　人

西风吹上最高层，落日青山吊晋陵。
出地双鹅终丧乱，渡江五马竟飞腾。
金墉故国悲多难，玉玺新符卜中兴。
今日鸡笼山畔过，更无窆石照鱼镫。
朱雀宫门旧迹湮，金凫何处问重泉。
一杯自劝长星酒，七宝空留帝子鞭。
六代江山都似梦，四朝陵寝总如烟。
只余王谢风流在，墓草荒凉石兽眠。
天光分曜史填胸，遗恨南朝百感重。
割据三分吴大帝，湖山一角宋高宗。
秋生牛首山头月，梦醒鸡鸣寺里钟。
争似孝陵无恙在，掖门云拥万株松。

## 梁武帝陵

前　人

早年八友数雄才，暮齿如君亦可哀。
玉辇屡求同泰去，青丝终见寿阳来。
英雄成败关天数，书籍销沉有劫灰。
老向空山留片石，夜深翁仲话梁台。

## 陈武帝万安陵

前　人

当年僧辩平侯景，太室铭功定不祧。
立长有心图却敌，背盟何意出同僚。
未容方智生南国，终遣萧庄死北朝。
无复万安陵寝在，空余石马势腾骁。

## 梁武帝疑陵按系陈武帝万安陵

袁　枚

古来万事风轮走，除出虚空无不朽。
忽逢拦路两麒麟，欲诉前朝尚张口。
一麟腹陷泥沙深，一麟偃蹲山角阴。
牙须剥落麟爪尽，风雨千年石不禁。
旁有穹碑无文字，万万蝇书记某吏。
葵首有穴当胸穿，分明隧入辒辌器。
得鼎不识仲山甫，读诗不辨岐阳鼓。
争怪当年索幼安，三宿碑前手摹抚。
有叟为言梁武陵，语虽未确心怦怦。
尔时羯磨难赎身，谁将八竛礼台城。
又闻地名石马冲，毋乃陈祖万安宫。
当时须根和骨掘，规模那得还丰隆。
是梁是陈语正哗，东风一阵吹烟沙。
黄图我欲披皇览，白骨人谁认帝羓。
呜呼！君不见，南朝二十余陵尽建康，
冬青无树烟茫茫。

## 吊六朝诸陵

朱　僎

建康陵墓尽残丛，石兽苍凉夕照中。
断碣飘零三国雨，铜驼惨淡六朝风。

神州河朔悲丧乱，南部江山苦战攻。
最是西京俱泯灭，不堪回首旧金墉。

**龙山吊殷淑仪墓** 前　人

闻道当年殷淑妃，龙山赐葬满珠玑。
三章诔笔感天子，七宝宫车辞帝畿。
隧路抽阴扃已闷，山庭寝日魄何依。
剧怜窆石金凫尽，何处荒原吊玉徽。

**丹阳吊萧齐诸陵** 前　人

六朝陵寝满江东，强半荒烟落照中。
华表当年耀皓月，麒麟今日嘶悲风。
飘零碑碣思王业，惨淡河山忆战功。
弓剑神灵定何处，兴亡陈迹太匆匆。

（注一）参阅拙著《建康兰陵六朝陵墓图考》。

（注二）宋武帝初宁陵在麒麟铺，右兽立墙角，左兽已倾水际。其右兽头部已损；二十四年五月，好古者于地下得其头后部，装于兽项上，数百年剥落之古物，又归原位。因此本文得知其为独角者。

（注三）《建康实录》卷十三："大明七年夏四月，大风折初宁陵华表。"

（注四）《建康实录》卷二十："太建九年七月，大风雨震万安陵华表。"

（注五）《南史·江智深传》："后车驾幸南山，乘马至殷氏墓，群臣皆骑从；上以马鞭指墓石柱谓智深曰：此柱上不容有怀字。"

# 第六章　南朝四百八十寺

“南朝四百八十寺，多少楼台烟雨中”，此杜樊川咏金陵诗也。所谓四百八十寺，极言寺之多；然或为成数，且不必皆在金陵也。上元孙伯澂尝搜集诸书，仅得二百二十有六寺，尚未及半；江宁陈作霖得其遗稿，编为《南朝佛寺志》二卷（《金陵琐志》七种之一）。孙君始事之勤，与陈君编纂之谨，惟个中人得以知之。惟是书所本，不外慧皎《高僧传》及许嵩《建康实录》二书为主，旁及诸史类书名家艺文，有见必录。然以南朝寺宇之众，文献之繁，自不能无所脱漏。如《南朝佛寺志》卷下有法云寺，谓在鸡笼山旁，齐竟陵王子良之邸内也。惟钟山亦有法云寺（见《南史·张识传》），《肇域志》亦云：“一人泉在钟山绝顶，古法云寺侧。”然则南朝法云寺有二，而该书则仅录其一[注一]。又梁诸葛颖有《奉和方山灵岩寺应教诗》，此亦未录。又如建陵寺该书惟根据欧阳询《艺文类聚》“梁任孝恭有《建陵寺刹下铭》”，但“莫详所在”，窃以为建陵为梁文帝（武帝父）陵，在今丹阳，然则建陵寺或在丹阳，亦犹皇业寺之于修陵，未必在金陵也。然此皆小节，未足为书病也。兹略述南朝寺宇如下：

江左佛教之全盛时代　江左之有象教，始于吴大帝赤乌十年（二四七），天竺康僧会初达建业，营立茅茨，设像行道，大帝为建塔立寺，以金陵始有佛寺，故号建初。自后天竺高僧，相继东渡，《头陁寺碑文》所谓“遗文闲出，列刹相望；澄佛图澄、什鸠摩罗什结辙于山西，林支遁、远慧远肩随乎江左”是也。晋宋以来，佛寺代有增筑，至梁而称全盛，都下塔寺，号称五百余所。

宗派之创立　于时栖霞有三论宗，达摩北上，又创立禅宗；合以后唐之牛头宗，明之律宗，并为江表重要宗派，而皆萃于金陵焉。

帝王之提倡　南朝诸帝，类皆信奉佛教。如吴大帝立建初寺（今花盝冈之南），晋简文帝就长干寺造三层塔，并车驾常临幸瓦官寺，讲《放光经》；晋恭帝复亲迎佛像，步从十余里。宋明帝践祚，亦舍宅为湘宫寺。至齐梁以降，佛教益盛，齐武帝倾金宝造禅灵寺，梁武帝舍宅为寺（光宅寺），且三舍身大宝于同泰寺，梁简文帝立天皇寺，陈武帝亦二度舍身大庄严寺(《建康实录》卷十九)。其他帝王之造寺讲经,不可胜计,“上有好者，下必有甚焉”，于是梵宇琳宫，遂遍布江东。

后妃公主之造寺塔　自东晋偏安江左，后妃公主，皆溺情内典，塔寺日盛。如晋康帝褚皇后建延兴寺，晋穆帝何皇后造尼寺，即名何皇后寺；晋恭帝思皇后褚氏，立青园寺（在覆舟山），宋晋陵公主造南林寺（在中兴里），临川公主造竹园寺，路太后造大庄严寺，建塔七层（当今之笪桥西），南昌公主及新蔡公主立禅林寺。梁永庆公主造永庆寺（今五台山），永定公主造浮图五级于开善寺（今明孝陵），梁武帝妃阮修容造梁安寺、宣业寺并资助捐造福成、定果、灵光诸寺。《金楼子·后妃篇》云：

> 大同九年六月二日，修容薨于江州之内寝，信至京都，梁安宣业福成定果灵光正觉诸寺，同皆号哭，如丧亲戚焉。

此外梁永康公主造幽岩寺，陈文帝章皇太后舍宅为国胜寺，多不胜枚举也。

王公大人之造寺　晋丞相王导敬礼西域沙门尸黎密,时人呼为高座,后人追旌往事,遂名其寺为高座寺(今雨花台)。嗣后王公大人,舍宅造寺者,代有所闻,略举数十例如下:

晋中书令何充　立建福寺

晋镇西将军谢尚　舍宅造庄严寺，宋改谢镇西寺

晋征北将军蔡谟　立栖禅寺

晋彭城敬王纯　立彭城寺

晋侍中中书令王坦之　立临秦寺、安乐寺

晋丞相会稽王司马道子　立治城寺

晋车骑将军琅邪王邵　立枳园寺

宋平陆令许桑　舍宅造平陆寺

宋司徒何尚之　造司徒寺及法轮寺（覆舟山下）

宋建平王宏　舍宅为栖元寺

齐竟陵王子良　在邸内造法云寺，并立齐隆寺

齐文惠太子豫章文献王竟陵文宣王始安王遥光　在摄山琢造石像，梁临川靖惠王复加莹饰

齐南海王子罕　造胜善寺

梁司空徐度　造佛窟寺（牛首山）

梁颍川刺史刘威　造净居寺

梁昭明太子　造神山寺

梁南平襄王　造永明寺

梁东阳太守王均　造须陀寺

梁湘州刺史萧环　造本愿尼寺

梁邵陵王纶　造慈恩寺、一乘寺（在古丹阳县东南六里）

梁常侍陈景　造寒林寺

梁太子纲（即简文帝）　建天中寺

梁湘东王绎　造飞流寺（在钟山）

梁尚书令谢举　舍宅为山斋寺

梁散骑常侍到溉　舍宅为到公寺

为尊者死者追荐造寺　南朝帝王公卿，当为尊者追荐，造寺建塔者，此风始于宋而盛于梁，往往庄严宏丽，冠于诸寺。略举数例如下：

报恩寺　宋文帝为高祖创建

青园尼寺　宋驸马王景琛为母范氏建

禅冈寺　宋萧惠开为父思话造

新安寺　宋孝武帝为宠姬殷贵妃造（在青溪鸡鸣桥北）

集善寺　齐世祖为豫章王造（在钟山西）

智度寺　梁武帝为母献后造以资冥祐

解脱寺　梁武帝为德皇后造

大爱敬寺　梁武帝为太祖文皇帝造（在钟山绝顶）

慈觉寺　梁昭明太子为母丁贵嫔造

善觉寺　梁昭明太子为母丁贵嫔造

诸寺之中，尤以大爱敬寺最为宏丽，寺普通元年（五二〇）造，越三年建七层灵塔，中大通四年（五三二），又造一丈八尺旃檀像。寺既成，敕萧洽为制碑，晋安王纲作刹下铭。武帝尝游览赋诗，昭明太子和之，太子复建读书台于山上。江表已多游于此，又集名僧与东魏使李同轨讲经寺中。逮太清二年（五四八）侯景之乱，邵陵王纶率众入援，驻钟山大爱敬寺，遂沦为战场。然今日登钟山绝顶，犹可见其遗址也。

南朝寺宇，除上述外，更有西来高僧驻锡久而成寺者（如瓦官寺、罽宾寺、道林寺、竹林寺、迦毗罗寺、铁索罗寺、上定林寺），亦有集众捐资兴建者（如齐梁众造寺），佛宇林立，梵刹相望。想像当年，北自幕府山，南讫献花岩，东起摄山，西止大江，四百八十寺，掩映城阙山水之间，诚江左象教之全盛时代也。

兹根据《南朝佛寺志》，立表如下，其沿革犹可考者，详见后寺宇分纪，兹不再赘焉：

| 六朝 | 隋唐五代 | 宋元 | 明清 | 民国 | 地点 |
|---|---|---|---|---|---|
| 建初寺（大市寺）…… | …… | 法性寺{石佛院、前法性、后法性} | | | |
| 以上吴建 | | | | | |
| *长干寺（阿育王寺）…… | …… | 天禧寺慈恩旌忠寺…… | 大报恩寺…… | 报恩寺…… | 中华门外 |
| *高座寺 尸黎密寺、甘露寺…… | …… | 永宁寺…… | {高座寺……、永宁寺……} | 高座寺、永宁庵 | }雨花台 |
| 白马寺 | | | | | |
| 延兴寺…… | （废） | | | | |
| 建福寺…… | （废） | | | | |
| 庄严寺 谢镇西寺、兴严寺…… | …… | （绍兴中徙于真武庙旁） | | | |
| 栖禅寺 | | | | | |
| 何皇后寺 | | | | | |
| 建兴寺 | | | | | |
| 彭城寺 | | | | | |
| 东安寺 | | | | | |
| 祇洹寺（白塔寺）…… | 长庆寺…… | 保宁寺…… | （废为骁骑仓） | | |
| *瓦官寺〔图一五六、一五七〕…… | 吴兴寺、升元寺…… | 崇胜戒坛院…… | 瓦官寺（上瓦官寺）……、集庆庵…下瓦官寺…… | 凤游寺、下瓦官寺 | 凤凰台 |
| 波提寺…… | （废） | | | | |
| 临秦寺 | | | | | |
| 安乐寺…… | ……（废） | | | | |
| 新亭寺 中兴寺、天安寺 | | | | | |
| 中寺 | | | | | |
| 冶城寺…… | （废） | | | | |
| 太后寺 | | | | | |
| *法王寺…… | …… | 天禧寺下院…… | …… | 三藏殿 | 雨花台北 |
| 白塔寺 | | | | | |
| 枳园寺 | | | | | |
| 越城寺 | | | | | |
| 开福寺 景福尼寺…… | 永福尼寺 | | | | |

| 六朝 | 隋唐五代 | 宋元 | 明清 | 民国 | 地点 |
|---|---|---|---|---|---|
| 归善寺…… | …… | （犹存） | | | |
| 斗场寺　道场寺　明安寺 | | | | | |
| 崇明寺 | | | | | |
| 延贤寺 | | | | | |
| 青园寺（龙光寺）…… | 月灯禅院 | | | | |
| 禅众寺 | | | | | |
| 护身寺 | | | | | |
| 耆阇寺…… | …… | …… | 普缘寺 | | |
| 招提寺 | | | | | |
| 简靖寺 | | | | | |
| 天宝寺…… | 天保寺…… | 均庆院 | | | |
| 长寿寺 | | | | | |
| 以上晋建 | | | | | |
| *祈泽寺…… | …… | 祈泽治平寺…… | …… | 祈泽寺 | 高桥门外 |
| 平陆寺（奉诚寺） | | | | | |
| 高台寺 | | | | | |
| 罽宾寺 | | | | | |
| 道林寺（蒋山寺） | | | | | |
| 竹林寺 | | | | | |
| 迦毗罗寺…… | 真际寺…… | 宝戒寺 | | | |
| 定林寺…… | …… | 定林庵 | | | |
| 严林寺 | | | | | |
| 宋兴寺（兴教寺） | | | | | |
| *报恩寺…… | 奉先寺<br>报慈院…… | 能仁寺…… | …… | 能仁寺址 | 在天界寺侧 |
| 青园尼寺 | | | | | |
| 南园寺 | | | | | |
| 龙华寺 | | | | | |
| 南林寺…… | （废） | | | | |
| 永丰寺（长安寺） | | | | | |
| 崇福寺 | | | | | |
| 宋熙寺…… | …… | 太平兴国寺 | | | |
| 善居寺（下云居院）…… | …… | …… | | | |

| 六　朝 | 隋唐五代 | 宋　元 | 明　清 | 民　国 | 地　点 |
|---|---|---|---|---|---|
| 竹园寺 | | | | | |
| *铁索罗寺<br>翠灵寺　妙果寺………… | ………… | 瑞相院………… | ………… | 碧峰寺 | 天界寺对面 |
| *上定林寺（在钟山）………… | ………… | 上定林寺（方山）………… | ………… | 上定林寺 | 方山 |
| 灵鹫寺 | | | | | |
| 王国寺 | | | | | |
| 延寿寺………… | 延熙寺 | | | | |
| 乌衣寺 | | | | | |
| 齐福寺 | | | | | |
| 天竺寺 | | | | | |
| 禅冈寺 | | | | | |
| 司徒寺 | | | | | |
| 法轮寺 | | | | | |
| 南涧寺 | | | | | |
| 大庄严寺………… | （重修） | | | | |
| *幽栖寺………… | 祖堂寺<br>延寿院………… | ………… | ………… | 幽栖寺 | 祖堂山 |
| 何园寺 | | | | | |
| 灵曜寺 | | | | | |
| 多宝寺 | | | | | |
| 北多宝寺 | | | | | |
| 长乐寺………… | （废） | | | | |
| 药王寺 | | | | | |
| 栖元寺 | | | | | |
| 新安寺 | | | | | |
| 外国寺 | | | | | |
| 禅林寺………… | 惠日寺…… | （徙寺清化市） | | | |
| 湘宫寺 | | | | | |
| 兴业寺 | | | | | |
| 永安寺………… | 归寂塔院 | | | | |
| 天保寺 | | | | | |
| 正胜寺 | | | | | |
| 兴皇寺 | | | | | |

| 六　朝 | 隋唐五代 | 宋　元 | 明　清 | 民　国 | 地　点 |
|---|---|---|---|---|---|
| 灵根寺 | | | | | |
| 灵基寺 | | | | | |
| 延祚寺………… | 正觉寺（铁塔寺） | ……………………………… | （罗寺）（为雷震所坏） | | 罗寺转湾 |
| 闲心寺 | | | | | |
| 正觉寺（在新亭） | | | | | |
| 龙渊寺 | | | | | |
| 灵味寺 | | | | | |
| 天王寺………… | 奉先禅院… | 普光寺 …………… | 宝光寺 | | |
| 旷野寺（在新亭）…… | 禅居院……崇果院… | 崇因寺 …………… | 邱广寺 | | |
| 隐静寺………… | ……………………… | ……………………… | …… | | |
| 以上宋建 | | | | | |
| 建元寺 | | | | | |
| 毗耶离寺 | | | | | |
| 正观寺 | | | | | |
| 齐众造寺 | | | | | |
| 崇圣寺 | | | | | |
| 孔子寺 | | | | | |
| 大仁寺 | | | | | |
| 兴福寺 | | | | | |
| 洞玄寺 | | | | | |
| 山茨寺 | | | | | |
| 大昌寺 | | | | | |
| 隐灵寺 | | | | | |
| 齐安寺………… | ……………………… | 妙净寺 | | | |
| 普宏寺 | | | | | |
| 禅灵寺 | | | | | |
| 集善寺………… | （毁）…法云寺…… | （建炎废） | | | |
| 法云寺〔图五〕 | | | | | |
| 石室寺 | | | | | |
| * 栖霞寺 ……… | 功德寺……妙因寺… | 普云寺　严因崇报寺　虎穴寺 | …… 栖霞寺……… | 栖霞寺 | 栖霞山 |
| 草堂寺………… | （废）……… | 宝乘寺…………… | （为常遇春墓） | | |

| 六朝 | 隋唐五代 | 宋元 | 明清 | 民国 | 地点 |
| --- | --- | --- | --- | --- | --- |
| 齐隆寺（宣武寺） | | | | | |
| 齐熙寺 | | | | | |
| 齐古寺 ……… | ……… | ……乐林院 | | | |
| 胜善寺（上云居寺）……… | ……… | ……… | ……白云寺 钟山之阴 | | |
| 法音寺 | | | | | |
| 慧眼寺 | | | | | |
| 以上齐建 | | | | | |
| 智度寺 | | | | | |
| 新林法王寺 | | | | | |
| 永建寺 ……… | ……隐静院 | | | | |
| 无垢寺（无垢院） | | | | | |
| *佛窟寺……… | ……… | ……崇教寺 ……… | ……宏觉寺 ……… | ……普觉寺 | 牛首山 |
| 仙窟寺 | | | | | |
| 虎窟寺 | | | | | |
| 常乐寺……… | ……实善院……<br>……福昌院 | | | | |
| 敬业寺 | | | | | |
| 净居寺 | | | | | |
| 小庄严寺 | | | | | |
| 光宅寺 | | | | | |
| *萧帝寺……… | ……法光寺 | …鹿苑寺 ……… | ……… | ……石观音庵 | 城东南隅 |
| 明庆寺 | | | | | |
| 涅槃寺 | | | | | |
| 翠微寺 | | | | | |
| 皇宅寺 | | | | | |
| *本业寺 ……… | ……… | ……… | ……… | ……本业寺 | 京汤道上<br>麒麟门外 |
| 解脱寺……… | ……（寂乐院）<br>（百福院） | …功德寺 | | | |
| 净名寺 ……… | ……… | ……… | ……东山翼善寺 | | |
| *幕府寺（秀岩院）……… | ……… | ……… | ……… | ……达摩洞 | 幕府山 |
| *同行寺（圣游寺）……… | ……秀峰院 | …宝林寺 ……… | ……… | ……（遗址<br>犹存） | 幕府山 |

| 六　朝 | 隋唐五代 | 宋　元 | 明　清 | 民　国 | 地　点 |
|---|---|---|---|---|---|
| 法清寺…… | …… | 昭文精舍 | | | |
| * 永庆寺（白塔寺）〔图一八六〕…… | …… | …… | …… | 永庆寺 | 五台山 |
| 劝善寺 | | | | | |
| * 开善寺…… | 宝公院…… | 太平兴国寺（蒋山寺）…… | 灵谷寺…… | 灵谷寺 | 钟山 |
| 庆云寺 | | | | | |
| * 杜桂寺…… | …… | 香林寺…… | …… | 香林寺 | 赤山西 |
| 观音寺…… | …… | （废） | | | |
| 资圣寺…… | …… | ……白都院 | | | |
| 佛坛寺（佛龛院慈相院） | | | | | |
| 永泰寺…… | 净果院 | | | | |
| 天光寺 | | | | | |
| 建陵寺（？）（疑在丹阳） | | | | | |
| 栖隐寺 | | | | | |
| 惠日寺 | | | | | |
| * 大爱敬寺…… | 爱敬禅院…… | 寿宁寺（移入城） | | | |
| 神山寺 | | | | | |
| 永明寺 | | | | | |
| 果愿尼寺 | | | | | |
| 须陀寺 | | | | | |
| 头陀寺…… | …… | 天王院 | | | |
| 猛信尼寺…… | （重建） | | | | |
| 福静寺…… | 了缘塔院 | | | | |
| 静福寺…… | 延福禅院 | | | | |
| 梁众造寺 | | | | | |
| 建业寺 | | | | | |
| 慈觉寺 | | | | | |
| 善觉寺 | | | | | |
| * 同泰寺…… | （圆寂寺）净居寺…… | 法宝寺…… | 鸡鸣寺…… | 鸡鸣寺 | 台城 |

| 六　朝 | 隋唐五代 | 宋　元 | 明　清 | 民　国 | 地　点 |
|---|---|---|---|---|---|
| 北寺 | | | | | |
| 清玄寺 | 清真寺 | | | | |
| 园居尼寺 | | | | | |
| 禅岩寺 | | | | | |
| 法苑寺（广化寺） | | | | | |
| 大心寺 | | | | | |
| 华严寺 | | | | | |
| 方乐寺 | | 常乐院 | | | |
| 东林寺 | | | | | |
| 蒋山头陀寺 | | 普济寺 | | | |
| 本愿尼寺 | | | | | |
| 万福尼寺 | | | | | |
| 平等寺 | | | | | |
| 普光寺 | | | | | |
| 化成寺 | | | | | |
| 慈恩寺 | | | | | |
| 善业尼寺 | | | | | |
| 寒林寺 | | | | | |
| 金口寺 | 灵鹫院 | 隆教院 | | | |
| 福兴寺 | 福兴塔院 | 殊胜寺 | （毁） | | |
| 天中寺 | | | | | |
| 一乘寺（凹凸寺） | | | | | |
| 归来寺 | | | | | |
| 飞流寺 | | | | | |
| 甘露鼓寺 | | | | | |
| 梁安寺 | | | | | |
| 宣业寺 | | | | | |
| 福成寺 | | | | | |
| 定果寺 | | | | | |
| 灵光寺 | | | | | |
| 履道寺 | | | | | |
| 渴寒寺 | | | | | |
| 山斋寺 | | | | | |

| 六　朝 | 隋唐五代 | 宋　元 | 明　清 | 民　国 | 地　点 |
| --- | --- | --- | --- | --- | --- |
| 到公寺 | | | | | |
| 景公寺 | | | | | |
| 幽岩寺 | | | | | |
| 青山幽岩寺 | | | | | |
| 仪香尼寺 | | | | | |
| 灵隐寺 | | | | | |
| 宣明寺 | | | | | |
| 天皇寺 | | | | | |
| 以上梁建 | | | | | |
| 怀安寺 | | | | | |
| 慧福尼寺 | | | | | |
| 国胜寺 | | | | | |
| 杨都寺 | | | | | |
| 栖灵寺 | | | | | |
| 大皇寺 | | | | | |
| 宝田寺 | | | | | |
| 证圣寺………… | ………………… | 木平寺 | | | |
| 宝城寺………… | 衡阳寺……… | ………………… | ………………… | 衡阳寺 | 栖霞寺西南 |
| 义和寺 | | | | | |
| 四无畏寺 | | | | | |
| 以上陈建及不可考者 | | | | | |

* 今日遗址犹存或较重要较宏丽之寺宇。

（注一）《南朝佛寺志》卷下，“集善寺”一则，谓“唐初毁后复置为章义院，改法云寺”。注云：“此非六朝之法云寺也。”故该书所录法云寺仅一而已。

# 第七章　隋唐之遗迹

## 第一节　隋

隋文帝开皇九年（五八九）平陈，诏建康城邑宫阙，并荡平耕垦，于是六朝文物，强半湮没，宫殿苑囿，荡然无存，实为文化史上之一大损失也。又废丹阳郡，平其城以为田；乃于石头城置蒋州，依汉置太守，以司隶刺史相统；析溧阳、丹阳之地，置溧水县。开皇十八年（五九八）废溧阳，并入溧水，与江宁、当涂三县属蒋州。炀帝大业初，改蒋州，复名丹阳郡，省建康、秣陵、同夏三县，入江宁；又废临沂、丹阳、湖熟三县，亦入江宁，与溧水二县，仍为丹阳郡所统。初扬州治徙蒋州城内，废东府城；末年以江都为扬州，置总管府，自后扬州之名（除唐初短时期外）专于江都矣。

按西晋平吴，未尝荡平建业，终得保全江东，开东晋百余年之基业。隋既平陈，诏建康城邑，荡平耕垦，六朝旧迹，荡然尽矣。至大业十三年（六一七）炀帝幸江都，中原云扰，阻塞无归，将起丹阳宫逊于江左，而已无及。平陈功业，仅换雷塘数亩田，“地下若逢陈后主，岂宜重问《后庭花》？”可慨也已！

隋代遗迹，强半无存；惟栖霞寺舍利塔，系隋文帝仁寿元年（六〇一）所建，上镌《陁罗尼经》，今犹岿然独存，详后梵刹一章，兹不多赘〔图二二五—二三一〕。

**隋　宫**　　李商隐

紫泉宫殿锁烟霞，欲取芜城作帝家。
玉玺不缘归日角，锦帆应是到天涯。
于今腐草无萤火，终古垂杨有暮鸦。
地下若逢陈后主，岂宜重问后庭花？

## 第二节 唐

唐高祖武德二年（六一九），和州贼帅杜伏威降，授东南道行台尚书令。三年（六二〇）以江宁、溧水二县，置扬州，析置丹阳、安业、溧阳三县。更江宁曰归化。六年（六二三）扬州东南道行台仆射辅公祏据丹阳反，国号宋，修陈故宫而居焉。是岁省安业入归化。七年（六二四），李靖讨平公祏，更扬州为蒋州。八年（六二五）又改蒋州为扬州，废行台置大都督府，更归化县曰金陵县。冬十二月，检校扬州大都督襄邑王神符始自丹阳徙州府于江都，自是扬州之名，始专归江北，盖自汴河开通，江都为转运枢纽，终唐之世，金陵衰而江都盛，徒供诗人之凭吊而已。

有唐一代，金陵之名凡数变，由上所述，已经四变（江宁，析置丹阳，更曰归化，又改金陵）；此后所更名称，列表如下：

（1）润州白下县　高祖武德九年（六二六）徙金陵县于白下村，曰白下县。以白下、延陵、句容隶润州，以溧水、溧阳、丹阳隶宣州。

（2）江宁县　太宗贞观七年（六三三）移白下县于冶城东；九年（六三五）改白下县曰江宁县。

（3）丹阳郡　元宗天宝元年（七四二）置丹阳郡于润州，领句容、江宁等六县。

（4）江宁郡　肃宗至德二年（七五七），以江宁县置江宁郡，领江宁、句容、溧水、当涂四县。

（5）升州　肃宗乾元元年（七五八），改江宁郡为升州（割润州之句容、江宁，宣州之二溧、丹阳），置浙江西道节度使兼江宁军使，领升、润、宣、歙等十州，治升州。

（6）上元县　肃宗上元二年（七六一）废江宁置上元县。宝应元年（七六二）废升州，上元复隶润州，昭宗大顺元年（八九〇）复置升州于上元。

综观有唐一代，金陵郡县名称，变更最多：郡则丹阳、江宁，州则扬州、蒋州、润州、升州，县则江宁、丹阳、归化、金陵、白下、上元。就中以升州之名，较为著称，后世遂以升州为唐关于金陵之代表名称也。

唐代诗人对于六朝遗迹之凭吊　六代既逝，文物飘零，然过其地者，未尝不起盛衰兴亡之感。此唐代诗人，所以独多凭吊遗迹之作也。金陵诗人，如王昌龄、殷遥、冷朝阳、皇甫冉辈（丹阳人）间有享盛名者；然吊古之作，则未多见。金陵览古，始自太白，其《凤凰台》一首，固已独步千古，即宣城、谢公亭、牛渚诸首，亦有关南朝史迹，其诗云：

江城如画里，山晓望晴空。两水夹明镜，双桥落彩虹。
人烟寒橘柚，秋色老梧桐。谁念北楼上，临风怀谢公。

（《秋登宣城谢朓北楼》）

谢公离别处，风景每生愁。客散青天月，山空碧水流。
池花春映月，窗竹夜鸣秋。今古一相接，长歌怀旧游。

（《谢公亭》）

牛渚西江夜，青天无片云。登舟望秋月，空忆谢将军。
余亦能高咏，斯人不可闻。明朝挂帆去，枫叶落纷纷。

（《牛渚》）

天下伤心处，劳劳送客亭。春风知别苦，不遣柳条青。

（《劳劳亭》）

继太白之后，司空曙、刘禹锡、杜牧之、李义山、许浑、韦庄辈，代有吟咏，录其尤者，以供凭吊焉：

**金陵怀古** 司空曙

辇路江枫暗，宫庭野草春。伤心庾开府，老作北朝臣。

**经檀道济故垒** 刘禹锡

万里长城坏，荒营野草秋。秣陵多士女，犹唱白符鸠。

当时人歌曰：可怜白符鸠，枉杀檀江州。见《南史》。

**石头城** 刘禹锡

山围故国周遭在，潮打空城寂寞回。
淮水东边旧时月，夜深还过女墙来。

**乌衣巷** 刘禹锡

朱雀桥边野草花，乌衣巷口夕阳斜。
旧时王谢堂前燕，飞入寻常百姓家。

**西塞山怀古** 刘禹锡

王濬楼船下益州，金陵王气黯然收。
千寻铁锁沉江底，一片降幡出石头。

人世几回伤往事，山形依旧枕寒流。
从今四海为家日，故垒萧萧芦荻秋。

**南　朝**　　李商隐

玄武湖中玉漏催，鸡鸣埭口绣襦回。
谁言琼树朝朝见，不及金莲步步来。
敌国军营漂水柿，前朝神庙锁烟煤。
满宫学士皆颜色，江令当年只费才。

**陈后宫**　　李商隐

茂苑城如画，阊门瓦欲流。还依水光殿，更起月华楼。
侵夜鸾开镜，迎冬雉献裘。从臣皆半醉，天子正无愁。

**齐宫词**　　前　人

永寿兵来夜不扃，金莲无复印中庭。
梁台歌管三更罢，犹自风摇九子铃。

**润　州**　　杜牧之

向吴亭东千里秋，放歌曾作昔年游。
青苔寺里无马迹，绿水桥边多酒楼。
大抵南朝皆旷达，可怜东晋最风流。
月明更想桓伊在，一笛闻吹出塞愁。

**题宣州开元寺水阁阁下宛溪夹溪居人**　　杜牧之

六朝文物草连空，天淡云闲今古同。
鸟去鸟来山色里，人歌人哭水声中。
深秋帘幕千家雨，落日楼台一笛风。
惆怅无因见范蠡，参差烟树五湖东。

**江南春**　　杜牧之

千里莺啼绿映红，水村山郭酒旗风。
南朝四百八十寺，多少楼台烟雨中。

### 泊秦淮　　杜牧之

烟笼寒水月笼沙，夜泊秦淮近酒家。
商女不知亡国恨，隔江犹唱后庭花。

### 金陵怀古　　许　浑

玉树歌残王气终，景阳兵合戍楼空。
楸梧远近千官冢，禾黍高低六代宫。
石燕拂云晴亦雨，江豚吹浪夜还风。
英雄一去豪华尽，惟有青山似洛中。

### 金陵图　　韦　庄

江雨霏霏江草齐，六朝如梦鸟空啼。
无情最是台城柳，依旧烟笼十里堤。

颜鲁公放生池　唐肃宗至德元年（七五六）封颜真卿为丹阳县子。乾元二年（七五九）诏天下临江带郭各置放生池，始江州迄升州，凡八十一所；时颜真卿为浙西道节度使，治升州，其所置放生池，在秦淮太平桥侧。按放生池有三说：

（1）《建康志》：放生池旧以府治东东接青溪北通运渎者为之；淳熙中史正志移于青溪，建阁其上。《待征录》谓当在今旧王府地，此一放生池也。今废。

（2）《金陵梵刹志》：鹫峰寺后有青溪阁，阁下为放生池，石上镌擘窠字曰“鱼极乐国”。本属内监，以教坊隙地易之，构一椽祀鲁公有碑记，此明人之放生池，仍托古于鲁公者也。

（3）陈文述《秣陵集》，以为在乌龙潭，“兹潭在清凉山，今之城内，昔为城外，当秦淮西北沿石头将入江处，所谓临江带郭相合也”。清陈大受亦以乌龙潭当之；方望溪有记。此又一放生池也。

按以上三说，第二说本系起于淳熙以后，可置不论。所当考证者，惟第一说与第三说耳。今旧王府之放生池久废，惟乌龙潭独存〔图二九四〕。潭上旧有放生庵，为祀鲁公处，今废。

太白酒楼　谪仙至金陵，尝登孙楚酒楼，有诗云：“朝沽金陵酒，歌吹孙楚楼，”于是楼亦以太白酒楼见称于世。旧在秦淮上，当今西水关一带，南唐以来，其迹久废。按陆龟蒙《怀宛陵旧游》诗云：

陵阳佳地昔年游，谢朓青山李白楼。
唯有日斜溪上思，酒旗风影落春流。

则李白楼已著于晚唐矣。陈文述尝议于凤凰台建太白楼不果，后人筑怀白楼于愚园，何允恕有《怀白楼记》，陈诒绂有《怀白楼赋》（见《金陵园墅志》卷中），不数年而遂废。今惟采石矶有太白楼，高出云表，远望谢朓青山，近临天门采石，实得山川之胜〔图二七六、二七七、二七八〕。太白遗迹在东南者，仅此而已。

王昌龄隐居处　王昌龄字少白，江宁人，盛唐诗人也。昌龄宅近青溪，常建《宿王昌龄隐居》诗云：

清溪深不测，隐处惟孤云。松际露微月，清光犹为君。
茆亭宿花影，药院滋苔纹。余亦谢时去，西山鸾鹤群。

王昌龄故居，今已无存；自青溪湮塞，其遗址且不可考。然谈金陵古迹者，莫不知有其处，流连凭吊，景仰不止也。

**青溪访王龙标故居**　　陈文述

盛唐诗格压南朝，少伯风流久寂寥。
我向青溪宫畔过，杨花明月忆龙标。
紫裘换酒兴翩翩，花月春江醉欲眠。
一样才人工乐府，当时只有李青莲。

**青溪访王昌龄故居**　　朱　偰

青溪秋水绿沄沄，隐处孤云不见君。
药院茅亭寥落久，松风微月仰清芬。

冷朝阳故居　朝阳为大历十子之一。韩翊有《送冷朝阳还金陵旧宅诗》云“落日澄江乌榜外，秋风疏柳白门前”，“桥通小市家林近，山带平湖野寺连”。今亦不能实指其处。

杜牧之沽酒处　牧之诗云：“千里莺啼绿映红，水村山郭酒旗风。南朝四百八十寺，多少楼台烟雨中。”《寰宇记》谓杏花村是杜牧之沽酒处，地在城南新桥西凤凰台下，今日犹存。按当年城垣未筑，江流逼近凤凰台，北连冶城，西接石头，则水村山郭之句，固有所指也。.

**杏花村** 陈文述

江南春雨梦无痕，沽酒旗亭白下门。
一自樊川题句后，至今人说杏花村。
何处秦淮问酒家，青溪门巷夕阳斜。
春明旧事关心在，宫体销魂为杏花。

唐时金陵之素描　六代既逝，文物荡然，然因历史关系，金陵犹为东南重镇。且台城虽已荡平，然寺宇犹存，“南朝四百八十寺，多少楼台烟雨中”，可想见其错落之致。故秦淮两岸，寺刹相望，旗亭酒家，遗风宛在，水村山郭，尤多逸景。太白、少陵，皆尝至金陵，游瓦官寺，太白诗云：“寥廓云海晚，苍茫宫观平。门余阊阖字，楼识凤凰名。雷作百山动，神扶万栱倾。灵光何足贵，长此镇吴京。”以瓦官阁比之灵光殿，重其建筑也。少陵诗云：“看画曾饥渴，追踪恨渺茫。虎头金粟影，神妙独难忘。”此写顾长康维摩图，重其艺术也。即此瓦官一寺，已足为金陵增身价，况更有四百八十寺哉（注一）！

（注一）唐武宗会昌五年（八四五），诏毁天下佛寺，僧尼并敕还俗。金陵古刹，多毁于此时；后虽有修复者，然不及六朝远甚矣。

# 第八章　南唐遗迹

## 第一节　南唐都城

杨吴天祚二年（即石晋天福元年，九三六），徐知诰篡吴，以金陵为西都，改金陵府为江宁府，遂以府治为宫，以城为都，国号唐，复姓李，更名昪。城周三十五里，比六朝都城近南，贯秦淮于城中。西据石头，即今汉西、水西二门；南接长干，即今中华门；东门以白下桥为限，即今大中桥，北门以玄武桥为限，即今北门桥。桥所跨水，皆昔所凿城濠也。

青溪故道，自钟山西南流，至今太平桥西故青溪里巷，复南流经石板桥、吉祥街（今花牌楼）、红花地、南京中学，下为升平、四象、淮青诸桥，而入于淮；淮青桥者，秦淮、青溪合流之所也（注一）。及南唐城金陵，青溪遂分为二：其一自竺桥而南，至白下桥（今大中桥）入淮，引为城壕。其一自青溪里巷而南，其流中绝，复经今五老桥、寿星桥、常府桥、太平桥、校尉桥、史桥、钱厂桥，引为护龙河，出升平桥，经今四象、淮青二桥，而入于淮，此正青溪之故道也。所谓九曲青溪，一曲仅存，则今四象桥、淮清桥之间是也。故《上江两县志》考云："青溪水发源钟山，南流入驻防城，又西出竹桥入濠而绝。又自内桥东流，与南唐宫壕合；又东南径四象桥至淮青桥，与淮水合。"南都水道，自南唐而后，遂失旧观，陈文述诗所谓"八流都塞尽，一曲见南朝"，慨乎言之矣。

南唐都城，形胜不及六朝，攻守之势，不可同日而语。宋岳珂《桯史》卷一"石城堡寨"一则，引陈亮上书乞移都建康，谓古台城当在今钟山，而大司马门在马军新营之侧；今城乃江南李氏所筑耳。使六朝因今城以守，则不费侯景辈数日力，何以历年如彼其久乎？因言曹武惠登长干，兀术上雨花台，城中秋毫不能遁。盖有险而不守，舍钟山、玄武湖之阻而营卑隰之地，此南唐之所以逊于六朝欤！

虽然，南唐都城，实为今日南京之基础。盖繁华之区，人烟稠密之地，皆在于此。

余尝由五台山北行诣鼓楼，中绝大壑，丘陵升降，形胜天然，想必为前代之城壕。又由太平桥而北，至小营地，一望荒凉。由是知南唐北城而外，除北门桥一带，皆故荒僻之地也。

南唐都城，实为宋元府城之基础，《至正金陵新志》尝总述之云：

城西隅据石头冈阜之脊，其南接长干山势；又有伏龟楼，在城上东南隅。宋开宝以来，城皆因旧，凡八门：由尊贤坊东出曰东门，由镇淮桥南出曰南门，由武卫桥西出曰西门，由清化市而北曰北门。由武定桥溯秦淮而东曰上水门；由饮虹桥沿秦淮而西出折柳亭之前曰下水门，由斗门桥西出曰龙光门；由崇道桥西出曰栅寨门。城内之北有旧子城，宋初为府治，后改为行宫，亦始筑于南唐也。

## 第二节　南唐宫城考

南唐李知诰篡吴，以金陵为西都，改金陵府为江宁府，遂以府治为宫，以城为都。同治《上江两县志》卷四云：

南唐宫城南濠，东曰升平桥，中曰虹桥，西曰西虹桥。宫城东濠曰护龙河，有青平桥、日华桥；其西曰飞虹桥、月华桥，北为广富桥（今皇甫桥）。

又卷五《城厢》云：

杨吴时跨淮立城，周回二十里，内为子城，盖稍迁近南矣。李氏立国，宋室南渡，或曰宫城，或曰皇城，并沿旧制，无所损益。

其子城之下，引《方舆纪要》注云：

周四里有奇，亦曰牙城，有东西南三门而无北门。

陈沂《金陵古今图考》，则谓：

内桥之北，东尽升平桥，西尽大市桥，北至小虹桥，此宫城之限。内桥

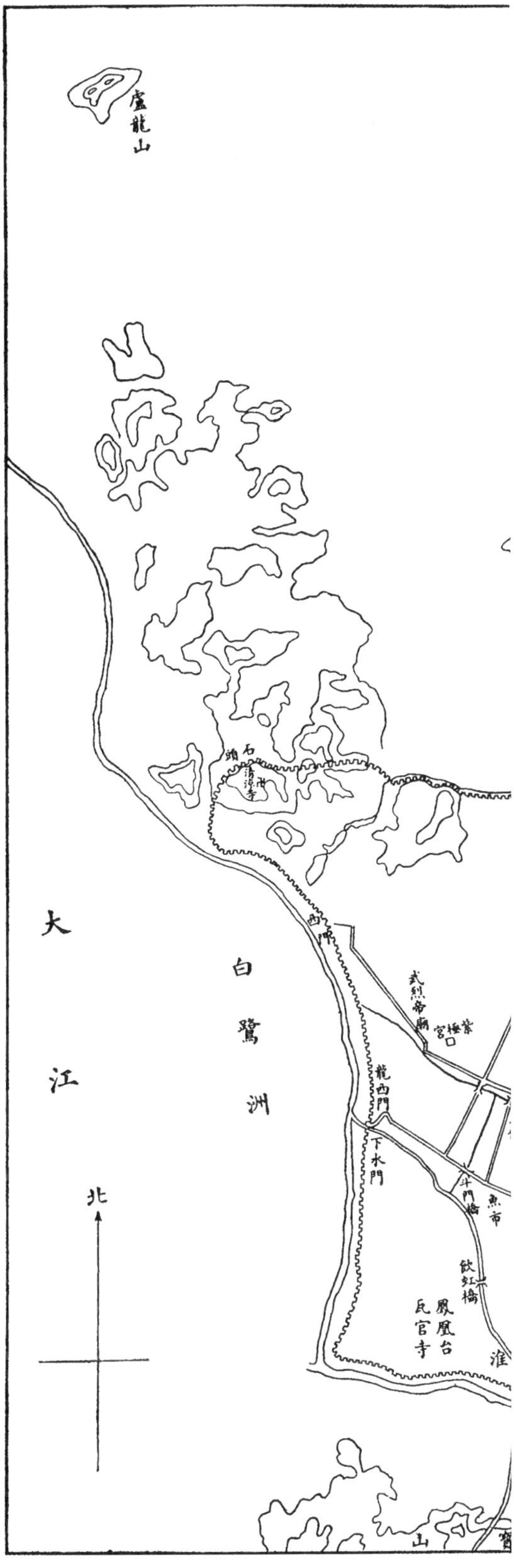

盧龍山
石頭
清涼寺
大江
白鷺洲
武烈帝廟
紫極宮
龍西門
下水門
斗門橋
魚市
飲虹橋
鳳凰台
瓦官寺
淮
北
山

南直抵聚宝门大街，即当时御街也。

由上引诸书比较观之，则南唐宫城四至，可得而考者如下：

（1）南至虹桥，即今内桥。

（2）东至东虹桥，即今升平桥，桥北犹有沟渠遗迹。

（3）西至西虹桥，即大市桥，亦曰羊市桥。《白下琐言》卷一：

今羊市桥畔，上踞屋舍，下穿沟渠，后为张府园、裕民坊，皆系菜圃，其地有河身一段，长十余丈，宽二三丈，清水一泓，资以灌溉，两旁石岸犹存，乃西护龙旧址也。《客座赘语》载西虹在卢妃巷之西，穿入家屋而北达园地，有石嵌河迹，正指此。

今以修筑马路，张府园正当中正路由南而东转弯处，面目尽改，旧迹更不可考矣。

（4）北至小虹桥，今卢妃巷北口，近户部街处，犹有石桥一道，半没淤泥中，一沟自西而东，可五六丈，遗迹犹存；然芜草丛生，沟亦垂垂干矣〔图二四〕。以地望考之，南向正对内桥，士人称曰虹桥，盖正南唐北护龙河之遗址也。此桥风景一无足取，然由此可推得南唐宫城北界，其关系殊非浅鲜，故摄影保存之，以质诸海内考古者。

（5）宫殿所在为卢妃巷，今改洪武路。《上江两县志》卷二十八云：

南唐宫城在内桥北升平桥、羊市桥之间。注云："娃娃桥及卢妃巷，皆有石刻古河遗迹字，此护龙河也。"

《白下琐言》卷三亦云：

卢妃巷为南唐宫址，南宋为行宫，中有老王府，皆成菜圃。巷名卢妃，其称名必有所自，特为南唐为南宋，无从考矣。

按《上江两县志》卷五，《城厢》，卢妃巷注云："《金陵诗汇》：明世宗妃卢氏所居，故名；一名美人巷，见《应天府志》。"其命名自有由来，特甘熙未及见耳。

南唐宫廷体制，不易考见，据《五代史》、《十国春秋》、《南唐书》诸史籍，宫殿之可考者，列举如下：

（一）南唐宫　《五代史》："清泰元年（九三四），徐知诰治私第于金陵。"《南唐书》："先主建号，即金陵府为宫，惟加鸱尾栏槛而已，终不改作。"南唐后主于宋开宝五年（九七二），始下令贬仪制；先是金陵殿阁，皆用鸱吻，自乾德以后，宋使至则去之，使还复设，至是始去不复用。可见南唐虽割据偏安，亦俨然天子之制也。

（二）崇德宫　《十国春秋·南唐烈祖纪》："昇元四年（九四〇）十一月乙丑，宴群臣于崇德宫，旧第也。"

（三）避暑宫　宫在石头山清凉寺南，堂榜曰德庆，国主撮襟书也，亭曰暑风，即后世之翠微亭也。宋陈无己《清凉寺诗》："惟应驻马坡头月，曾见金舆纳晚凉。"自注山有暑风亭，井阑刻保大三年（九四五）字。亭址三年前尚在，后因筑自来水池，遂荡然无存矣。

（四）德昌宫　《方舆纪要》："内府库藏之所。"

（五）延英殿<br>（六）升元殿<br>（七）雍和殿<br>（八）昭德殿<br>（九）穆清殿

《南唐书》："昇元四年（九四〇），改崇英殿为延英殿，凝华内殿前为升元殿，后为雍和殿，兴祥殿为昭德殿，积庆殿为穆清殿。"

（十）光政殿　《钓矶立谈》："后主天性喜学问，常命诸臣分夕于光政殿与相剧谈，至夜分而罢。"

（十一）瑶光殿　《十国春秋·周后传》："后工书史，善歌舞，尤工琵琶，创为高髻纤裳及首翘鬓朵之妆，人皆效之。后殂于瑶光殿之西室。"

（十二）玉烛殿　在南唐宫内，宋为昇州治。庆历八年（一〇四八），江宁大火，延烧殆尽；惟玉烛殿存。

（十三）柔仪殿　《清异录》："李煜长秋周氏，居柔仪殿，有主香宫女，其焚香之器，曰桅子，莲垂云，凤折腰，师子，小三神山，……金凤口，罂玉，太古容华鼎，凡数十种。"

（十四）移风殿　《清异录》："庐山僧舍有麝兰花一丛，色正紫，号紫风流；后主诏取数十根，植于移风殿，赐名蓬莱紫。"

（十五）清晖殿　《金陵诗汇》："刁衎仕南唐。为集贤校理，直清晖殿。"后主于宋乾德五年（九六七），又置澄心堂于内苑清晖殿后，引文士居之，中书密旨，皆由以出。

（十六）百尺楼　《南唐书·萧俨传》："元宗于宫中作百尺楼，群臣叹其宏丽。萧俨曰：恨楼下无井，以此不及景阳楼耳！后主怒，贬俨舒州。木平和尚知人祸福，后主常召见于百尺，木平指楼曰：此宜望火。及淮甸交兵，龙安山置烽堠，应江北，后主常登楼以望，其言始验。"

（十七）红罗亭 《十国春秋·继国后周氏传》:“后主尝于群花中作亭,幕以红罗，押以玳牙，雕镂华丽，而极迫小，仅容二人，每与后觞咏其间。”

综观南唐一代，词藻绮靡，文彩风流，由于宫殿体制，器物名色，亦可见其一斑。盖南都文化，由质而文，由素而华，由伟大而纤巧；观于柔仪殿焚香之鼎，多至数十种；红罗亭雕镂华丽，香艳绝代，而极迫小，仅容二人。盖文胜于质，而元气斫丧矣。

## 第三节　南唐陵墓

南唐陵墓，多不可考，今据故籍所载，列表如下，以待后之考古者：

|  |  |
| --- | --- |
| 烈祖高帝昪<br>元敬宋皇后 | 永陵 |
| 元宗孝帝璟<br>光穆钟皇后 | 顺陵 |
| 后主煜<br>昭惠国后周氏 | 葬洛阳北邙山<br>懿陵 |

此外石头山有南唐张懿公墓（《建康志》在金陵石头城后，去城一十里），李顺公墓（《建康志》在金陵乡，去城十二里）；有保大六年（九四八）张懿公居咏神道碑，殷崇义撰，朱铣正书；及赠侍中李顺公金全神道碑，高越书。又侍郎高越墓表，在栖霞北麓，下有摄湖，《建康志》周回二十里，因在摄山之侧，故曰摄湖。

**后主挽词**　　徐　铉

倏忽千龄尽，冥茫万事空。青松洛阳陌，芳草建康宫。
道德遗文在，兴衰自古同。受恩无补报，反袂泣途穷。
土德承余烈，江南广旧恩。一朝人事变，千古信书存。
哀挽周原道，铭旌郑国门。此生虽未死，寂寞已消魂。

**南唐后主祠（自注：在圆通寺）**　　王士祯

佞佛终何事，秦淮旧恨长。空山遗甃在，犹自说南唐。
唐苑蓬莱紫，名同萼绿华。可怜山寺里，犹有麝囊花。

（注一）民国十九年未筑太平路以前，尚有钱厂桥，沙塘之水，由此过太平街经娃娃桥以入于升平桥。筑路而后，仅以一水泥管通东西之水，青溪故道遂泯。及二十年大水，左右泛滥，始知千年水道，非一朝所可塞绝也。

# 第九章　宋元之遗迹

## 第一节　宋

宋开宝八年（九七五），宋师陷江宁，灭南唐；吴越兵烧升元阁（今凤游寺地），避难其上者，焚死殆数百人。于是以江宁府为升州，以宫为州治，隶江南东路。天禧二年（一〇一八），改升州为江宁府建康军节度，治上元、江宁二县，封皇子寿春郡王为升王，后即位，是为仁宗，以升为大国，不以封诸皇子，其守臣皆以宰执近臣为之。高宗建炎三年（一一二九）五月，帝幸江宁，驻跸神霄宫，改江宁府为建康府，六月，入居建康府行宫。绍兴七年（一一三七），帝幸建康，八年（一一三八）还浙，定都临安，诏建康府兼留守。此宋代金陵史事之大略也。今再分述故迹如下：

（一）半山报宁寺即王安石故宅 《六朝事迹编类》，谓半山寺王荆公故宅也。按宋英宗治平四年（一〇六七），以王安石知江宁府；神宗熙宁九年（一〇七六），罢判府事，寻为集禧观使；元丰七年（一〇八四）安石请以所居宅舍为寺，赐额报宁，故集中有《谢赐额表》。宋时其地在城东七里，距钟山亦七里，此为半道，故名半山，从其实也。寺前为半山园，王安石示蔡天启诗“今年钟山南，随分作园囿”即此。寺东里许，有石阜隆起，相传为谢公墩〔案冶城北亦有谢公墩，李白诗“冶城访古迹，犹有谢公墩”是也〕，荆公诗所谓我屋公墩者是也。安石墓相传亦在半山寺，宋曾极有《王荆公墓诗》云：

一丈荒坟上，悠悠落日斜。子孙来祭后，守墓扫松花。
野老从予话，文公在半山。蹇驴追不及，落日寺深关。
年少坐谈玄，钟山道北边。春风吹梦过，泪浥旧貂蝉。
守法曾丞相，能文陆左丞。风流如未泯，应作寺中僧。

（二）南宋行宫　南宋以府治地为行宫，设留守，命守臣兼之；安抚、制置、总领、转运、提领、御前马步军诸司，皆治于此。行宫即南唐宫地，前虹桥，改名天津桥，其下水引青溪，由东虹桥（今升平桥）周绕大内东西北三隅，经西虹桥（今大市桥）复合青溪，曰护龙河（《景定建康志》作伏龙河）。

（三）建康府通判杨邦乂殉难处　《宋史》：金人渡江，留守杜充降，建康府判杨邦乂骂贼不屈，金人剖其心。甘熙《白下琐言》卷四云：

> 杨忠襄公墓，在聚宝门外海公祠旁，山名土门冈。公讳邦乂，吉水人，为溧阳尹。江宁府禁卒周德叛，溧阳县卒应之，公悉擒治，进本府通判。寇犯建康，城降，公不屈，大骂就缚，剖心而死。今墓道有坊表，刻剖心处三字。墓前有石碣，刻"愿为赵氏鬼，不作他邦臣"二语。冈上有二忠祠，与文信国合祀。其裔居溧阳甚蕃衍，每春秋二祭，必至，祠墓皆修整如新，信忠烈有后云。

祠今废，墓亦荒落。民国二十三年，南京市长石瑛鸠工重修，表其墓道，砌以水泥，乃焕然一新。

（四）少保王德墓　墓在神策门外，下庙有碑一，石马二（其一已倾，雕刻颇佳），石虎二（仅存其一）。石马作风极佳，有宋人画意。碑文甚为清晰，德尝为清远军节度使，封陇西郡开国公，谥威定，卒绍兴末年。此为金陵仅存之宋墓〔图二五、二六〕。

（五）南宋对于建康之建设　南宋偏安，局处钱塘，惟建康仍为重镇，驻亲兵，建府学，起祠祀，修桥梁，自建炎四年（一一三〇）金人焚掠建康以来，至德祐元年（一二七五）元兵陷建康时为止，百余年间，未尝被兵。故商业繁盛，民殷物阜，都市建设，蒸蒸日上。尤以马光祖知建康府时代，最为发达，可谓金陵近古之黄金时代也。兹分述之如下：

（1）立行宫筑太庙　绍兴三年（一一三三）高宗驻跸建康；明年徙府治于东锦绣坊，以府治地为行宫。七年（一一三七）筑太庙于建康。

（2）建祠祀　金陵祠祀，以南宋时所建为最多。绍兴九年（一一三九），重建晋卞壶祠。乾道四年（一一六八）史正志移放生池于青溪，立颜鲁公祠。淳熙三年（一一七六）立明道先生祠。嘉定五年（一二一二）建忠孝堂于卞墓侧；又作晋元帝庙，祀王道以下三十六人。十四年（一二二一）商硕立郑介公祠于清凉寺侧。景定元年（一二六〇）马光祖建青溪先贤祠，祀吴太伯、范蠡、严光以下四十一人。三年（一二六二）姚希德创建蜀三神祠于青溪侧；明年，又修社稷、府学、明道书院及诸庙祠官廨；又建洞神宫于三神祠左。咸淳三年（一二六七）修南轩祠（祀张栻），拨田为修葺费。盖祠祀之兴，于南宋已臻极盛；而马光祖之青溪先贤祠，尤于金陵文献有重大之关系焉。

（3）修复古迹名胜　淳祐十二年（一二五二）淮西总领陈绮建翠微亭于石头山，即南唐暑风亭址也。宝祐四年（一二五六）马光祖建东南佳丽楼（旧名赏心楼），在宋银行街，即内桥西街也，今废。景定元年（一二六〇）马光祖浚青溪，建先贤祠及诸亭馆于溪上，有百花洲、放船亭、四望亭、天开图画、玲珑池、玻璃顷、金碧堆、锦绣段、镜中桥、青溪庄、清如堂、万柳堤、溪光山色、撑绿亭、添竹亭、香远亭、香世界、花神仙、众芳亭、爱青亭、望花随柳、割青亭、一川烟月诸胜；复筑飞桥，以便往来。今诸景久废，故道世湮，昔年风亭月榭，化为人家闾巷。居者居其处，游者过其地，殊不知七百年前，有一代之名胜在焉。

（4）兴学校立贡院　绍兴九年（一一三九）重修建康府学，因旧址，面秦淮，即今夫子庙地。乾道四年（一一六八）史正志以蔡宽夫宅创立贡院。淳熙三年（一一七六）重修府学。绍熙三年（一一九二）知府事余端礼修广贡院。庆元元年（一一九五）建府学御书阁议道堂，奉高宗御书石经。嘉定八年（一二一五）于漕司创漕司贡院，当青溪西。淳祐六年（一二四六）知府事赵以夫修府学明德堂，辟大成殿两廊，以妥从祀。景定四年（一二六三）又修府学明道书院，江宁始建学。咸淳三年（一二六七），重建贡院于青溪南。再九年而南宋亡矣。总之赵宋一代，金陵虽非国都，然地方文化，至为发达，观于学校贡院增建可知也。

（5）浚河道修桥梁　南宋一代，于金陵水利，亦颇为注意。隆兴元年（一一六三），江东大水，张孝祥奏通青溪水口入江。汪澈继成其志，于乾道元年（一一六五）开西园河道（即今运渎西道）通栅寨门令水人江。乾道五年（一一六九）重修镇淮、饮虹二桥。嘉定八年（一二一五）运使真德秀开东门外新河。十年（一二一七）李珏开行宫后古珍珠河，见水底有板乃止。景定元年（一二六〇）马光祖浚城壕四千七百六十五丈，创栅寨门瓮城，浚青溪，修内外诸桥，皆自书榜。秦淮运渎诸桥〔斗门桥、内桥、笪桥、鼎新桥、景定桥（今鸽子桥）〕，皆当时重修或重建也。

总之南宋一代，建康至为繁盛，既当南北军事之冲，又占东南佳丽之地，而知府事者，又能因势利道，力事建设，此金陵文物，之所以盛极一时也。

## 第二节　元

元世祖至元十二年（一二七五）元兵陷建康，即府治开省，设建康路宣抚司，江宁、上元二县，皆设达鲁花赤、县尹、主簿、县尉等官，受行中书省劄付句当。次年，行中书省徙治扬州。十四年（一二七七）设江东道提刑按察司、宣慰司，皆治建康；罢建康宣抚司，改立总管府管录事，司江宁、上元、句容、溧水四县。十六年，徙治于西锦绣坊大军库内，即后府治处也。又设东西织染局于建康，江宁织造之前身也。城仍宋旧，呼西门曰大西，龙光门曰水西。

元统治之初，东南政治中心，迁徙不定。行中书省初设建康，后徙扬州。至元二十一年（一二八四），立江淮行枢密院，治建康，二月徙于杭州；次年，又徙归建康。二十三年（一二八六）又徙杭州行御史台于建康。二十六年（一二八九）行御史台移治扬州，二十九年再移建康。文宗天历二年（一三二九）诏即潜邸建大龙翔集庆寺，改建康路为集庆路，城中置录事司，管治城内，徙江宁县于南门外越台侧，升溧水、溧阳为州，领三县二州一司，比京畿例，与陕西奉天路，径隶行御史台。自此以后，东南政治中心，定于金陵，扬州、杭州，皆非其匹矣。

元代史迹，可述者凡二：（一）为文宗潜邸龙翔寺，在王府巷，即朝天宫东下街口旧闪驾桥（鸽子桥）北，今废。文宗既即位，改集庆潜邸为大龙翔集庆寺，以平江官田五十顷赐大龙翔集庆寺及大崇禧万寿寺。明洪武时龙翔寺灾，敕徙城南阒寂处，即后之天界寺也。明初修元史于此，盖亦有历史上关系存焉。（二）卫国忠肃公庙，祀元江南行台御史大夫福寿。顺帝至正十六年（一三五六）太平兵取集庆路，御史大夫福寿，坐凤凰台下督兵拒战，百司奔溃，左右或劝之去，叱曰：“吾为重臣，城存则存，城破则死，尚安往哉！”遂死于兵。祠旧在城南土门冈；洪武二十年（一三八七）改建于钦天山阳，今废。惟考试院后，犹有祠庙碑，为仅存之遗迹耳！

**卫国忠肃公庙吊元殉难江南行台御史大夫福寿**　　陈文述

一代兴亡日，封疆最可哀。敌军天堑渡，残卒板桥回。
慷慨明臣节，艰难惜将才。当年有祠庙，长傍凤凰台。

# 第十章　明代之遗迹

## 第一节　城郭及宫阙

元至正十六年（一三五六），朱元璋入集庆路，改为应天府，初居富民王彩帛家，寻移元御史台。二十六年（一三六六）秋八月，改筑应天城，作新宫于钟山之阳。城周九十六里，东尽钟山之南冈，北据山控湖，西阻石头，南临聚宝，贯秦淮于内外。考其疆域，盖混一六朝之建康，与南唐之江宁，西并石头城，东合宫城，北辟地至狮子山；归有光所谓“信分裂偏安之迹，与混一全盛之规模，迥别如此”是也。明太祖《阅江楼记》尝云：“朕当天地循环之初气，创基于此，非古之金陵，亦非六朝之建业也。道里之均，万邦之贡，顺水而趋，公私不乏，利亦久矣。”盖其规模之大，远过六朝，自非偏安之局，所可比拟也。

内城门凡十三，自东南而西北，曰：

朝阳　东面正门，今改中山门〔图三三〕。

正阳　南面东头第一门，今改光华门。

通济　南面第二门，今仍旧名〔图三四〕。

聚宝　南面正门，即旧南门，今改中华门〔图三〇、三一、三二〕。

三山　西面南头第一门，即旧水西门，今改水西门。

石城　西面第二门，即旧大西门，今改汉西门（俗名旱西门）。

清凉　西面第三门，一称清江门，今闭。

定淮　西面第四门，今闭。

仪凤　西面北头第一门，今称兴中门。

钟阜　北面西头第一门，东向，今俗称小东门。

金川　北面第二门，北向，今仍旧名，燕靖难之师所由入也〔图三五〕。

神策　北面第三门，北向，今改和平门〔图三六〕。

太平　北面东头第一门，在龙广山麓，北向，今仍旧名。

十三门中，三山、通济而外，以聚宝最为崇宏。其门槛高二尺许，长一二丈，色黝如铁，相传为子午石，外国贡物。城极高，凡二层，各有七洞（今上层尚有七洞），与东西水关相埒。此外三山、正阳、通济等门，亦各有门洞三四重不等〔图三四〕，门各有敌楼，庄丽虽不如北京，然坚固实过之。清嘉庆间，聚宝门城楼倒塌，十余年无人问，傅璋莅任筹款重修之，一时夸为盛事。城阙石路，损坏亦久，傅亦修之，自城外长干桥抵城内镇淮桥百余丈，皆墁以麻石，坚厚耐久，昔年崎岖之径，一变而为坦途，行者称快。太平之役，诸门饱经烽镝，谯楼多罹兵燹，今日所存，已非明代旧观矣。

外郭西北据山带江，东南阻原控野，辟十有六门。

东五，曰：

姚坊（今称尧化）　仙鹤　麒麟　沧波　高桥

南七，曰：

上方　夹冈　（或添入双桥）　凤台　大驯象　小驯象　大安德　小安德

西一，曰：

江东　（或添入栅栏门）

北三，曰：

佛宁　上元　观音　（或添入外金川）

外郭周一百八十里，利用天然土坡，未起城垣；然外郭城门（如高桥门），尚有存者，重关屹立，形势嵯峨，惜今日因筑路关系，渐次拆毁（如观音门，三年前尚存），亦可叹已。

明皇城偏于东隅，系填筑燕雀湖而成者。《白下琐言》卷四，谓“金陵城东北，旧有燕雀湖，一名前湖，明祖填为大内”，即指此也。其地形前高而后低，明太祖晚年尝悔之，其《祀灶文》（见《一统志》）曰：“宫城之地，首昂中洼，形势不称。本欲迁都，年老力倦，兴废有命，惟有听天。”今日登洪武门遗址而望，则午门一带，确为低隰，填湖而筑之说，非无稽也。

皇城凡二重，外重六门，正门曰洪武门，与都城正阳门直对；东南曰长安左门，西南曰长安右门，外为长安街，直达大中桥，为皇城通都市要道。西为西华门（今存），东为东华门，北为玄武门。

皇城之内为宫城，相当于北京之紫禁城，有护城河绕其四周。南面三门，曰午门（一门五道，气象崇宏，今存），曰左掖门，曰右掖门〔图四〇、四一、四二〕。西面三门，曰西安门（今存）〔图四三〕，曰西上南门，曰西上北门。东面三门，曰东安门（今存），曰东上南门，曰东上北门。北面三门，曰北安门，曰北上东门，曰北上西门。

在皇城与宫城之间，正中犹有门二道。由外而内，曰承天门，外五龙桥在焉〔图四四〕；曰端门，再进即为午门。午门之外西南（即端门之右）为社稷坛〔图四六、四七〕，东南为太庙。社稷坛有门二，南曰社街门，西为社右门。太庙正殿基址柱础尚存；亦有门二，南曰庙街门，东曰庙左门。

或以社稷坛为大祀坛，实误。按《明史纪事本末》，洪武十年（一三七七）八月庚戌，改建大祀殿于南郊；癸丑，改建社稷坛于午门右。可见在午门之西南者，实为社稷坛而非大祀坛，证以北京故宫之社稷坛，地位正属相当。今其地尚存石坊东西北各一，阙其向南一面，观其体制，全然与北京社稷坛无异。至大祀坛则在正阳门外城东南角，今其地犹多琉璃瓦砾，与社稷坛固截然二事也。

再《洪武京城图志》，当为研究明代城郭宫阙最可靠之材料，亦云："天地坛（即大祀坛）在正阳门外山川坛东……天地合坛而祭……严以殿宇，左右列坛，以日月星辰，岳镇海渎，风云雷雨，山川太岁，历代帝王，天下神祇，及有城隍之神从祀，礼意极殷，定为万世之制。每岁率以正月中旬亲祀，至为简当。……" 至于社稷坛，则谓："在端门之右，旧尝分祭，有乖礼意者多；皇上历考古制，互有不同，以为五土生五谷，所以养人民者也；分而祭之，生物之意，若无所施；于是合祭于一，春祈秋报，岁率二祀。"

正殿曰奉天殿，中为华盖殿，后者谨身殿，亦犹北京之太和、中和、保和三殿；奉天殿前为奉天门，殿址正当今日中山东路之北，遗址尚存；然而禾黍离离，令人不胜盛衰之感。奉天殿东为武英殿，有门曰武英门，西为文华殿，门名如之。正殿之后，正宫曰乾清宫，曰坤宁宫，亦犹北京故宫之后三殿，惟无交泰殿，是其异耳。乾清宫东为奉先殿（洪武三年建）、柔仪殿，西为春和殿，前为春和门，此外《洪武京城图志》，尚有文楼、武楼、文渊阁、东角门楼、西角门楼，今并不可考其处所矣。

《洪武京城图志》而外，陈沂《金陵世纪》，纪载明朝宫阙，亦足征一代之制。惟《两申野录》载南都灾异，有兴庆左房永福、永寿二宫，则《洪武京城图志》及《金陵世纪》，皆未详也。至《上江两县志》卷二十七上《图说》之明宫城图，则错误颇多：内五龙桥在午门之内〔图四二〕，外五龙桥当在承天门前，洪武门内（据《洪武京城图志》），今《上江两县志》绘内五龙桥于承天门外，外五龙桥于洪武门外，其误一也（按北京宫城，多仿照南都，亦有五龙桥二，北在午门之内，太和门之外；南在天安门之外，中华门之内，与此内外五龙桥相当）。又社稷坛在午门外西南，端门之右；太庙在午门外东南，端门之左，今日遗址尚在，可资考证者，乃《上江两县志》绘社稷坛、太庙于宫城之外侧，遂不得不误社右门为社左门，而庙左门遂阙而不载矣。

**明故宫遗址今为将军驻节处**　　陈文述

云里分明旧凤城，雨中春树久无声。
当年帝子宫槐陌，今日将军细柳营。
尽有铜驼悲晋代，久看玉马会周京。
六朝往事都如此，江水东流无限情。

**金陵怀古**　　朱　偰

几度兴亡泪未收，南朝旧迹驻貔貅。
长江日夜东流水，不尽寒潮咽石头。

**过明大内感媚兰仙子事**　　陈文述

媚兰仙子题诗处，家国沧桑故苑荒。
何处夜钟声不定，更无寒月下斜廊。
想见婵娟绝代姝，流传一字一明珠。
阑干影里秋如水，谁写深宫夜怨图。

## 第二节　孝　陵

明祖定鼎，于洪武十四年（一三八一）营孝陵于钟山，十六年（一三八三）孝陵殿成，命皇太子以牲礼致祭。陵在钟山阳独龙阜玩珠峰下，故蒋山寺宝公塔址也。登陵而望，远近群山，环绕拱卫，郁葱巍焕，雄胜天开。其云气山色，朝夕百变；沈约《钟山诗》云："发地多奇岭，干云非一状。"盖气象之伟丽，自古已然矣。其陵制之可考者，参以古籍纪载，证以实地测验，可得而述者如下：

陵前有下马坊，镌"诸司官员下马"六字。坊当京汤路上，柱高二丈；东为神烈山碑亭，亭已圮，柱础尚存，屈大均《恭谒孝陵记》谓："肃皇帝之所封树，以与天寿山并称二岳，而为万年之形胜者也。"亭左有卧碑，刻崇祯十四年（一六四一）禁约。

由下马坊西北里许，为大金门〔图五四、五五、五六〕，黄屋重檐，朱扉三道。门西为王门，又西为西红门，今皆废，遗址不可寻。大金门内，为神功圣德碑〔图五八〕，成祖所立，碑亭已废，四周围城，形如堡垒，俗所谓四方城是也〔图五七〕。碑北为神道，有大石梁，桥下之水通霹雳沟，曲水流波，潺湲斜注于东涧，是曰御河。桥西有石兽六种：首为狮子〔图六〇〕，次獬豸〔图六一〕，次橐驼〔图六二〕，次象〔图六三〕，次麒麟〔图六四〕，次马〔图六五〕，每种有四，皆两立两蹲，东西相向，森然若卤簿焉。石兽每列相距一十六丈二尺，每对相距八尺五寸，以象及橐驼，最为高大。石兽尽，神道折而北，有石望柱二，白如玉，雕镂云龙文〔图六六〕。石人凡八，四将军，介胄执金吾，高可丈三〔图六七〕；四文臣，朝冠秉笏，高略次之，若只肃而候灵辂者〔图六八〕。神道尽，为棂星门三道，今废，仅余石础。过棂星门，道折而东北，有石桥五，桥下之水，西注于前湖，其流稍微，亦御河也。

逾桥百步，有文武方门五，三大而二小，今毁，仅余一门。又北为大殿中门，左右方门亦五，门内神帛炉二，左右庑三十；门外御厨亦二，其左为宰牲亭，右曰具服殿，皇帝所驻以具服者也。今皆毁，后世改建碑亭，中陈康熙所题"治隆唐宋"，及满清诸帝诗迹。又北为孝陵享殿，有金榜曰孝陵殿，凡九楹，中宫奉高帝及后神主。殿始毁于清初，屈大均谒孝陵，尝亲见"有牧马蕃儿，方斫殿柱，柱上金龙鳞爪，半欲摧残。臣大均与以多钱，拜之而求免"。魏世效《孝陵恭谒记》亦曰："殿柱三十有六，去地二尺许皆为刀斫伤，或折柱木三分之二；殿两旁多贮马粮，殿前有□□致祭牌二。"及洪、杨之役，享殿尽毁，墙垣圮倾，樵牧靡禁，合抱之木，皆变为濯濯。同治三年（一八六四）乱后，命疆吏修复，然石人石马，已残缺不全矣。同治十二年（一八七三）复行修理，建守陵房屋三间，当昔日享殿之中，并安置栅栏，已无复旧观；然故殿柱础六十犹存，尚可想见当年规模。殿北门三道，缭以周垣，同治修复，仅存一门〔图六九〕。又北大石桥一，雕栏石槛，半没桥下丛芜中〔图七〇〕。逾桥为宝城，中有甬道〔图七二〕，拾级而登，分左右而上，南登为明楼，据宝城城闉上，如迎敌丽谯之楼；今宇已毁，仅余四壁，南面三门，东西北各一门〔图七一〕。北上为崇丘，周遭完固，梓宫实葬其中，封之，崇三四丈，其上佳木茏葱，犹有昔日气象焉。陈文述《秣陵集》云："孝陵之建，有松十万株，长生鹿千；今则林木仅有存者，鹿亦杳不可见，陵户间有收得银牌者耳。"

棂星门之东，有小山特起，为吴王山，旧有钟山亭，西下为明懿文太子东陵，相传思宗南渡，初谒孝陵，告奠甫毕，即祭谒焉。

终明之世，孝陵祭祀不替，专署职司，蒸尝惟谨。明亡，遗民系心故国，无所放其意，则谒陵凭吊，欲以创巨痛深之蕴，诉之九渊，既以自悲，且喻其心于后人焉。若顾炎武之七谒，屈大均之三拜，尤志士所深悲云。

### 重谒孝陵有述

李东阳

龙虎诸山会，车书万国同。星躔环斗极，王气绕江东。
地涌神宫出，桥分御水通。丹垆晨隐雾，石马夜嘶风。
日月无私照，乾坤仰圣功。十年瞻望地，云树郁葱葱。

### 谒钟山孝陵

阎尔梅

石像摧残缀野藤，鹿狐蛇蟒迹崚嶒。

樵夫见我徘徊久，放担前来痛不胜。
朔望谁司寝殿灯，中官一个老为僧。
窥余行礼丹墀下，讶道多年自未曾。
咄咄江山一旦崩，朝天宫穴亦难凭。
孤臣二十余年泪，忍到今秋洒孝陵。

**元旦陵下作** 顾炎武

十载逢元旦，朝陵有一臣。
山川通御气，节物到王春。
阙下樵苏尽，江东战伐新。
相看园殿切，鹄立几萦神。
是日称三始，何时见国初。
风云终有日，兵火十年余。
甲子轩庭历，春秋孔壁书。
幸来京兆里，得近帝后居。

**重谒孝陵** 前　人

旧识中官及老僧，相看多怪往来曾。
问君何事三千里，春谒长陵秋孝陵。

**恭谒孝陵** 高奕宣

谁将夜雨泣冬青，火烈依然照野汀。
手落旄头回正气，躬开沉陆奠生灵。
张皇玉步怀江国，黯淡金钟去寝庭。
最是空山啼望帝，声声思蜀总难听。
扫穴犁庭振丑魔，凌今铄古竟如何。
大风不断横汾曲，有夏空怀斟灌戈。
别殿炉烟归冥漠，虚坛草色净婆娑。
即今太白亲藏处，腥血千年气尚多。
四百年来为汉思，一抔犹自出江蓠。
周庐虎旅瞻天日，万国鸡彝降地时。
楚户依然归义帝，蜀鹃犹自叫南枝。
苾芬王气氤氲处，长祝神明护寝罳。

## 明太祖孝陵

陈文述

泗陵沉没凤陵荒，此地明楼傍夕阳。
金粟铭功无石马，醴泉陪葬有名王。
六师威略清沙漠，一统规模接汉唐。
自是真人出天授，空同云气说轩皇。
亭亭紫气滃朝霞，来访留都赋梦华。
秦代已传天子气，吴都原是帝王家。
六朝花月无孤冢，万树松楸有暮鸦。
太息长陵一抔土，野人相约种秋瓜。
冠古雄图此宅京，千秋余恨亦难平。
一篇黄鸟朝天户，百战金川靖难兵。
破帽秋衫空有泪，玉鱼金碗岂无情。
巍巍御制穹碑在，圣德神功旧有名。

## 钟山行

朱　偰

大江西来日夜流，山势尽与江东浮。
钟山夭矫独西上，峥嵘桀傲胜蛟虬。
朝吞朔气自东海，夜挹星辰泻斗牛。
卷舒云影青苍远，叱咤风雷千里展。
喧豗瀑布奔幽壑，纵横崖石偃绝巘。
变化莫测疑鬼神，龙争虎斗撼乾坤。
高皇开基自江左，只手擎天荡寇氛。
六百年来浩灵气，江山依旧恨沉沦。
君不见，孝陵弓剑今还在，石马嘶风日又曛。
今日中原正多难，瞻徊无奈涕沾襟。

## 夜过孝陵

前　人

无言翁仲影憧憧，残月朦胧一夜风。
惟有悲秋虫唧唧，兴亡如话汉时功。
废沼依然落月中，金凫飞去泣西风。
荒陵石马今犹在，何处当年万本松。

## 第三节　初明功臣诸墓

明初功臣，赐葬多在南京，出郭门而望，王侯将相，坟墓罗列；丰碑乔木，陂陀相接。然至今日，类多颓废，甚有不复知为何人之墓者；其间翁仲沐雨，石马嘶风，徘徊凭吊，令人不胜兴亡盛衰之感。计功臣坟墓，在钟山之阴者凡十有六，在邓府山者一，在幕府山观音门者二，在雨花台戚家山者三，其他永乐、洪熙而后，更不可胜计焉。兹分别述之如下：

（1）钟山之阴

出太平门，遍览钟山之阴，东尽天保城，西达后湖，北至蒋王庙，凡得古墓九，皆有翁仲石兽，断碣残碑，可断定为明初功臣墓者。其犹可考者凡五：

（甲）明中山王徐达墓〔图七七—八一〕　出太平门而北，可三里许，道左丰碑高耸，林木深邃，中山王墓在焉。入门，渡石桥，垂柳掩映，白杨参天，有碑规制极宏，洋洋万余言，系高帝亲制。碑后数十武，列石兽翁仲，计石马（马弁首已毁，系后世以三合土重修者，极陋）、石羊、石虎、武将、文臣各二，再进有土丘隆然，即中山王埋骨处也。回首而望，钟山及天保城，左右对峙，俨如双阙，青障似屏，形胜极佳〔图七八〕。中山功业，照耀青史，太祖尝称之曰："受命而出，成功而旋，不矜不伐，妇女无所爱，财宝无所取，中正无疵，昭明乎日月，大将军一人而已。"至其挞伐胡元，恢复中原，则丰功伟业，又不止一代开国元勋而已也。有传，见《明史》卷一百二十五。

（乙）开平王常遇春墓〔图八四〕　墓在天保城之麓，去太平门东北郭最近，旧有宋濂撰神道碑，今已无存。石马已倒，丘墓亦不可考，仅余石羊翁仲，错落衰草间，松柏萧萧，不胜荒寂之感。按开平功业，与中山并称，一代名将，首推徐常。有传，见《明史》卷一百二十五。

（丙）岐阳王李文忠墓〔图八二、八三〕　墓在太平门东北四里余，有董抡撰神道碑，矗立道右，规制作风，全同中山王碑，惟似略小；旧有碑亭，柱础尚存。再进道旁列石兽翁仲，左为石马，右阙，惟稍后有巨石一，已具轮廓，想未竣而遗置道旁者。再前为石羊石虎，武将文吏，最后则墓在焉。是墓保存尚完好，然翁仲已欹，垂垂将倒矣。按文忠扬兵朔漠，作殊死战，摧锋陷坚，以少制众，有古名将之风。传见《明史》卷一百二十六。

（丁）江国公吴良及海国公吴桢墓〔图八五、八六、八七〕　出太平门一里，道右石兽错落，翁仲杂陈，吴良及吴桢墓在焉。良尝讨平辰、澧诸蛮，桢则出征琉球，屡摧倭寇，并以武功，赐葬钟山之阴。二墓碑俱无存，仅南墓余残碣一；翁仲石兽，半没丛芜之中。二人皆有传，见《明史》一百三十及一百三十一。

此外犹有四墓，已不可考。一在常遇春墓与吴桢、吴良墓之间，石马犹存，翁仲仅余武将，欹立丛阴中〔图八八〕。一在吴桢、吴良墓之北，中山王墓之南，尚有翁仲对立，亦居道右，断碑残碣，半没土中。乡人筑室其上，据云碣首在墙内基下。二在中山王墓与李文忠墓之间，皆居道右，相去颇近，其一翁仲石兽，倾作一堆；其一仅余石羊，及碑碣而已。据同治《上江两县志》考之，则钟山之阴，功臣之墓，凡十有二，除上述五墓外，尚有七墓：

东瓯王汤和墓（谥襄武，有传见《明史》一百二十六。）

滕国公顾时墓（谥襄靖，有传见仝上一百三十一。）

许国公王志墓（谥襄简，有传见仝上卷一百三十一。）

芮国公杨璟墓（有传见仝上卷一百二十九。）

燕山侯孙兴祖墓（有传见仝上卷一百三十三。）

安陆侯吴复墓（谥威毅，有传见仝上卷一百三十。）

汝南侯梅思祖墓（有传见仝上卷一百三十一。）

今并不可考，上述四墓，必属此无疑。惟何者为谁，有何证据？其他三墓究在何处？皆非仓卒所可解答。且太平门外，环陵路以东，皆属要塞区，出入既有稽察，测量摄影，尤所禁止。然则考查之而保存之，有待于司古物之职者矣。

**钟山吊明开国王侯诸墓** 朱偰

开国盛勋旷代无，功臣赐葬树宏模。
王侯墓道连丘壑，将相丰碑夹路衢。
一代风云曾际会，千年龙虎尚盘纡。
只今石兽荒凉尽，烟雨飘潇半牧刍。

**观陪葬诸臣墓有感** 阎尔梅

翊运功高铁券分，山河带砺胙元勋。
王侯十六皆陪葬，颍国何缘不赐坟。
自徐武宁以下凡一十六墓，皆陪葬钟山。颍国公，傅友德也。功最大，以暴卒终。

（2）邓府山

邓府山在大安德门内，去中华门可五六里，明宁河王邓愈葬此，因以名也。墓碑高耸，矗立道左，其龟趺及碑额雕刻，与徐达墓碑及孝陵神功圣德碑不同，已渐现宣德以后之作风矣〔图九三〕。由神道碑而东，可百余步，松柏蓊郁，翁仲森列，皆东西相对，由北而南，初为华表一对，继为石马、石卒、石羊、石虎、文臣、武将各一对，雕工颇粗，不及太平门外诸墓之精细〔图九二、九四〕。南为石桥一道〔图九五〕，过此即登高冈，上颇平畅，五墓平列，正中墓前有祭桌，宁河王埋骨处也〔图九六〕。地有守墓十余户，尚系邓愈后裔，墓颇完整，亦系后裔重修。《白下琐言》卷二，谓墓道有门，两旁刻砖联云："高密前勋传铁券，宁河楙绩著金书。"今已无存。

（3）其他诸墓

明代功臣及将相墓，除上述二处外，为数尚多，兹就调查所及，列举如下：

（一）蕲国公康茂材墓〔图八九—九一〕　在神策门外二里康家坟。碑已毁，华表亦折，有石马、石羊、石虎，各一对，文臣武将各一。登墓而望，长垣迢递，神策门、后湖，皆隐隐在望〔图九〇〕。

（二）郓国公宋晟墓　在中华门外天界寺西，石人石马已亡，有碑二，制殊朴质，碑文多漶漫难读〔图九七、九八〕。

（三）虢国公俞通海墓〔图一〇一〕　在中华门外雨花台北，碑亡，有华表、石马、石羊、石虎各一对，文臣武将各一。墓尚存，前立石刻字如下：

南安侯　通源<br>
明故中书平章政事赠光禄大夫谥虢国公俞　公通海字碧泉<br>
于太夫人　之墓<br>
越隽侯　通渊

墓前有俞氏宗祠，今尚有俞姓居焉。

（四）镇国将军李杰墓〔图一〇〇〕　在中华门外雨花台东道北，有丰碑一，题为"宣武将军佥广武卫指挥使司事赠骠骑将军佥都督府事李公神道碑铭"，洪武三十一年（一三九八）夏立。李女为洪武妃，故规制颇宏。石羊石虎二，皆已倾倒，石马二，武将二。神道屈曲而入，诸石兽尚成一直线，而碑及武将，则在线外。墓亡。

（五）蔡国公徐忠墓　在中华门外八里许天隆寺西南王家牌坊，有碑凡二，皆已残破，仅余赑屃。道侧有石坊残石，额曰蔡国公墓道。

（六）南宁侯毛元墓〔图一一〇〕　在中华门外岩山静明寺前，有碑一，在道左。墓南向，前为石马、石虎、石羊各一对，后为石坊，再后为石人，仅余武将一。

（七）守备掌南京中军都督府事镇远侯顾公墓〔图一〇二〕　在中华门外京芜公路小行，有碑一，文字漶漫难读。石羊石虎石马翁仲，尽已倾倒。墓年前尚在，今因经济委员会筑屋适当其地，遂遭发掘，今已无存。

（八）守备南京司礼太监郑强墓〔图一〇七—一〇九〕　在中华门外牛首山北高家库，一称御碑亭，当京秣公路旁。墓有石坊一，华表一对，左为御碑亭，碑尚存；右另一碑，今亡，仅余龟趺。墓在碑亭后山坡上，筑有围墙，今存。

（九）南京刑部尚书赠太子少保周瑄墓〔图一〇四〕 在中华门外徐家油坊，有碑二（一存一亡），石虎石羊石马各一对，翁仲二，一立一倾，墓尚完好（按周瑄为正统时人）。

（十）副都御史宋公墓〔图一〇五〕 在高桥门外上方镇西道北，有碑二，一存一亡（按宋系景泰时人）。

（十一）荣禄大夫少保吏部尚书谥文毅公倪岳墓〔图一一二、一一三〕 在岩山北麓，有石坊石马翁仲，墓犹存。按《明史》七卿年表，弘治十三年六月，倪岳为吏部尚书；十四年十月卒。《明史》卷一百八十三有传。

（十二）礼部侍郎谥文僖公倪谦墓〔图一一一〕 在岩山北麓，有华表石狮，其他翁仲石兽，多已倾倒，碑亡。按《浙江书目》，景泰元年，礼部侍郎倪谦奉使朝鲜，故土人亦称倪天使墓。

（十三）兵部尚书王以旂墓〔图一一四—一一五〕 在祖堂山西南麓，有碑二，一立一倒，额书“总督陕西三边军务太子太保兵部尚书兼都察院右佥都御史王公碑”。后有石狮二，武将文臣各一对。墓尚在，惟已遭发掘（按王系嘉靖时人，在西边屡建军功）。

（十四）右御史台泽□墓 在京芜公路右侧，江宁镇北。墓有翁仲石兽，并御祭文碑，上书正德年号。

此外尚有失名之墓五：一在邓愈墓东里许，石兽翁仲，皆已倾倒，系王某墓，官至都督府都督同知，子鉴及镜早亡；其他碑文漶漫难读〔图九九〕。一在天隆寺东南，碑已毁，有石马石羊（石虎已亡）武将各一对〔图一〇三〕。一在牛首山北马家店，有石坊，额书尚书张公墓，后为石虎石马文臣，左右相对〔图一〇六〕。一在天隆寺西南里余，有石羊石虎石马文臣各一对，更有石坊，或谓为顾兴祖（？）墓〔图一一八〕。一在龙潭，为李阁老墓，石坊前列二狮，装潢富丽，石马一对，弯颈伫立，别具作风〔图一一六—一一七〕。此外天隆寺更有古林第一代古心如馨大和尚塔，大书“大明诏启皇坛传戒赐珠衣中兴律祖赐号慧云古心如馨公大和尚之塔”，侧书“传南山正宗第十三世，古林堂上开山第一代”。塔基三层，绕以栏杆，规制颇宏。更有明宏治行觉禅师塔，在麒麟铺东北三四里许，并列凡三塔，北塔已圮，古树杈丫，盘曲如鹿，亦奇观也〔图一一九〕（注一）。

以上为明代陵墓大概。志书记载所及，尚有太监郑和墓（在牛首山麓），黔宁王沐英墓（在直渎山），累访不得。综上所得明代墓，凡三十二处，有碑文者，凡十三处（徐达、李文忠、邓愈、宋晟、李杰、毛元、镇远侯顾公、郑强、周瑄、副都御史宋公、王以旂、右御史台泽□、王某等）。此十三碑文，并明太祖神功圣德碑，亟宜拓取，墓志碑铭，往往可以正史籍之误，补正史之不足，是由六朝陵墓所存之墓碑，可以知之。然则此十四碑文，将来有裨于明史研究，必匪浅鲜也。

## 第四节　旧院及十六楼

明初奠都金陵，为繁荣都市计，建妓楼十六；并设教坊司，以统官妓。于是旧院及秦淮河一带，遂为佳丽之中心，想像当年，金吾不禁，风月无边，声色歌舞，极一时之盛。余怀《板桥杂记序》云：

> 金陵古称佳丽之地，衣冠文物，盛于江南，文采风流，甲于海内。洪武初年，建十六楼以处官妓，淡粉轻烟，重译来宾，称一时之盛。自时厥后，或废或存，迨至百年之久，而古迹浸湮，存者惟南市、珠市及旧院而已。南市卑屑所居；珠市者间有殊色；若旧院则南曲名姬，上厅行首皆在焉。

当时“南曲衣裳妆束，四方取以为式，大约以淡雅朴素为主，不以鲜华绮丽为工”，可想见其盛。尤以秦淮灯火，艳称于世，《板桥杂记》尝称之曰：

> 秦淮灯船之盛，天下所无：两岸河房，雕栏画槛，绮窗丝障，十里珠帘。客称既醉，主曰未归。游楫往来，指目曰某名姬在某河房，以得魁首者为胜。薄暮须臾，灯船毕集，火龙蜿蜒，光耀天地，扬槌击鼓，蹋顿波心。自聚宝门水关至通济门水关，喧阗达旦。桃叶渡口，争渡者喧声不绝。……

盖当时东南物力鼎盛，金陵号称富庶，故秦淮笙歌，历明清五六百年而不歇，尤以明季及乾嘉之间为盛，征诸《桃花扇》及《儒林外史》可知也。兹根据古籍，考旧院及十六楼址如下：

旧院之所以著称，非特因其为繁华中心，亦以其为词人所歌咏也。《洪武京城图志》，将旧院列入构栏，即武定桥东构栏是也。余澹心《板桥杂记》云：

> 旧院，人称曲中，前门对武定桥，后门在钞库街，伎家鳞次比屋而居，屋宇精洁，花木萧疏，迥非尘境。……

又云：

> 长板桥在院墙外数十步，旷远芊绵，水烟凝碧，回光、鹫峰两寺夹之，中山东花园亘其前，秦淮朱雀桁绕其后，洵可娱目赏心，漱涤尘襟。每当夜凉人定，风月清朗，名士倾城，簪花约鬓……此吹洞箫，彼度妙曲，万籁皆寂，

游鱼出听，洵太平景事也。

后人因此记载，未加深考，往往误长板桥即武定桥。实则旧院“前门对武定桥”，而长板桥则“在院墙外数十步，回光、鹫峰两寺夹之，中山东花园亘其前，秦淮朱雀桁绕其后”，盖今小石坝街地，与武定桥截然为二。陈文述《秣陵集》卷六，亦考：

旧院遗址在东花园之右，一河为界，建长板桥以通行人。后桥废，筑石埂，名曰石坝园，亦曰石坝街；今与东园皆成菜圃，土人犹称东花园。明初为曲中女郎所居，统于教坊司，街东南有乐王庙，后人误为药王庙也。

又同治《上江两县志》卷五，“院门口”注云：

旧院门口也。长桥烟水。清沘湾环，碧杨红药，参差映带，最为歌舞胜处。今废。

由此考之：旧院故址，逶迤颇广，西至院门口，北至钞库街，东与中山东花园一河为界，建长板桥以通行人。其地水烟凝碧，杨柳翳青，为歌舞胜地。即在今日，小石坝街一带，犹多湖沼，惟荒凉芜秽，令人不胜今昔之感耳〔图三〇三〕。

旧院风物，《桃花扇》志之最详，摘录一二，以见昔日情况。当其全盛之时，——

深画眉不把红楼闭；
长板桥头垂杨细。
丝丝牵惹游人骑；
将筝弦紧系，
把笙囊巧制。
梨花似雪草如烟，春在秦淮两岸边。
一带妆楼临水盖，家家分影照婵娟。（第二出）
……隔春波，碧烟染窗，
倚晴天，红杏窥墙。
一带板桥长，闲指点茶寮酒舫。
听声声卖花，忙穿过了条条巷。
黑漆双双门儿下，插一枝带露柳娇黄。（第五出）

及南明覆亡，旧院繁华，尽付瓦砾，苏昆生与柳敬亭伤感之余，制北曲一套，名为《哀江南》，其词云：

问秦淮旧日娼寮，
破纸迎风，坏槛当潮，
目断魂消；
当年粉黛，何处笙箫？
罢灯船端阳不闹，
收酒旗重九无聊。
白鸟飘飘；
绿水滔滔。
嫩黄花有些蝶飞，
新红叶无个人瞧。
你记得跨青溪半里桥，
旧红板没一条，
秋水长天人过少；
冷清清的落照，
剩一树柳弯腰。……（《余韵》）

其所记板桥残照，杨柳弯腰，苍凉悲感，令人低回不已。虽文辞足取，要亦事之盛衰兴亡，有令人可歌可泣者耳。

至于十六楼遗址，久废不可考，据《洪武京城图志·楼馆》，列举其地址如下：

江东楼　在江东门，西对江东渡。

鹤鸣楼　在三山门外，西关中街北。

醉仙楼　在三山门外，西关中街南。

集贤楼　在瓦屑坝西，乐民楼南。

乐民楼　在集贤楼北。

南市楼　在三山街皮作坊西。

北市楼　在南乾道桥东。

轻烟楼　在江东门内西关南街，与淡粉楼相对。

翠柳楼　在江东门内西关北街，与梅妍楼相对（一作柳翠）。

梅妍楼　在江东门内西关北街，与翠柳楼相对。

淡粉楼　在江东门内西关南街，与轻烟楼相对。

讴歌楼　在石城门外，与鼓腹楼并。

鼓腹楼　在石城门外，与讴歌楼并。

来宾楼　在聚宝门外来宾街，与重译楼相对。

重译楼　在聚宝门外，与来宾楼相对。

叫佛楼　在三山街北，即陈朝进奏院故址，宋改报恩光孝观，今即其地为叫佛楼。（按《秣陵集》无江东、叫佛二楼，而别列清江、石城，所指地望亦不同。）十六楼中，除南市、北市、叫佛而外，皆在东南城外，且强半在三山门与江东门之间。盖当时交通，都由水道，晋京者都自秦淮上溯，入三山门，故三山门一带，客商云集，舟车辐凑，而馆舍妓楼，遂亦麕集于是。永乐中晏振之《金陵春夕诗》，有“花月春风十四楼”句，可想见其全盛。

**秦淮杂诗**　　王士祯

旧院风流数顿杨（注二），梨园往事泪沾肠。
樽前白发谈天宝，零落人间脱十娘（注三）。
傅寿清歌沙嫩箫（注四），红牙紫玉夜相邀。
而今明月空如水，不见青溪长板桥。
新月高高夜漏分，枣花帘子水沈薰。
石桥巷口诸年少，解唱当年白练裙。
玉窗清晓拂多罗，处处凭栏更踏歌。
尽日凝妆明镜里，水晶帘影映横波。
北里新词那易闻，欲乘秋水问湘君。
传来好句红鹦鹉，今日清溪有范云（注五）。
十里清淮水蔚蓝，板桥斜日柳毵毵。
栖鸦流水空箫瑟，不见题诗纪阿男（注六）。

**寻旧院遗址同方尔止**　　前　人

香艳消沈尽，空寻旧板桥。人稀春寂寂，事去雨潇潇。
黄蝶飘寒圃，青溪咽暮潮。鹫峰寺前柳，摇落亦魂销。

**秦淮灯船曲**　　余　怀

遥指钟山树色开，六朝芳草向琼台。
一园灯火从天降，万片珊瑚驾海来。
梦里春红十丈长，隔帘偷袭海南香。

西霞飞出铜龙馆，几队蛾眉一样妆。
神弦仙管玻璃杯，火龙蜿蜒波崔嵬。
云连金阙天门迥，鹤舞银城雪窖开。

**访十六楼遗址** 陈文述

三百余年逝水流，惟留南市旧名楼。
轻烟淡粉销沉尽，何处春风十四楼。
六朝佳丽柳垂丝，一角青溪照画眉。
开国规模太凉薄，浣衣局与教坊司。

**旧院故址** 朱 偰

板桥残照跨青溪，十里垂杨拂画堤。
歌激涛声风激乐，愁人终古水澌澌。
秦淮水月照人寒，旧院荒凉不忍看。
想像南朝佳丽日，歌声犹绕玉阑干。
白门柳色为谁忙，燕子双双栖画梁。
借问妆楼何处去，轻烟淡粉两茫茫。

**旧 院** 孙 博

板桥流水日初斜，踏遍秦淮剩酒家。
旧院沉埋春寂寂，更无人与拍红牙。

## 第五节 秦淮四美人诗

如皋冒伯麟，尝集马湘兰、赵今燕、朱泰玉、郑无美之作，为《秦淮四美人诗》，钱牧斋采其诗以入《闰集》。而叶衍兰亦有《秦淮八艳图咏》行世。盖旧院曲中，故多才女，如马湘兰、顾眉生、董小宛无论已；他如李香君、卞玉京、寇白门、郑无美辈，莫不文采风流，才艺双绝。此余澹心回首当年，“名士青山，美人黄土”，所以有《板桥杂记》之作也。兹选录当代名士歌咏，列之于后，亦足以征江左之风流，存南朝之金粉焉。

### 题冒辟疆名姬董白小像

吴伟业

射雉山头一笑年，相思千里草芊芊。
偷将乐府窥名姓，亲击云璈第几仙。
珍珠无价玉无瑕，小字贪看问妾家。
寻到白堤呼出见，月明残雪映梅花。
钿毂春郊斗画裙，卷帘都道不如君。
白门移得丝丝柳，黄海归来步步云。
念家山破定风波，郎按新词妾唱歌。
恨杀南朝阮司马，累侬夫婿病愁多。
乱梳云髻下妆楼，尽室仓皇过渡头。
钿合金钗浑抛却，高家兵马在扬州。
江城细雨碧桃村，寒食东风杜宇魂。
欲吊薛涛怜梦断，墓门深更阻侯门。

### 青溪访顾眉生眉楼遗址

陈文述

舣棹青溪水阁头，居人犹说旧眉楼。
春山何处窥明镜，新月依然上玉钩。
身世沧桑悲永逝，闺房福慧悔双修。
含光同被虚声误，皖水虞山一样愁。

### 李香君

余　怀

生小倾城是李香，怀中婀娜袖中藏。
何缘十二巫峰女，梦里偏来见楚王。

### 寇白门

钱谦益

寇家姊妹总芳菲，十八年来花信违。
今日秦淮恐相值，防他红泪一沾衣。
丛残红粉念君恩，女侠谁知寇白门。
黄土盖棺心未死，香丸一缕是芳魂。

### 赠寇白门

吴伟业

南内无人吹洞箫，莫愁湖畔马蹄骄。
殿前伐尽灵和柳，谁与萧娘斗舞腰。

同时姊妹入奚官，挏酒黄羊去住难。
细马驮来纱罩眼，鲈鱼时节到长干。

**听女道士卞玉京弹琴歌（摘录）** 前 人

昨夜城头吹筚篥，教坊也被传呼急。
碧玉班中怕点留，乐营门外卢家泣。
私更装束出江边，恰遇丹阳下渚船。
翦就黄绳贪入道，携来绿绮诉婵娟。
此地繇来盛歌舞，子弟三班十番鼓。
月明弦索冷无声，山塘寂寞遭兵苦。
十年同伴两三人，沙董朱颜尽黄土。
贵戚深闺陌上尘，我辈漂零何足数。

**金陵杂题** 钱谦益

旧曲新诗压教坊，缕衣垂白感湖湘。
闲开闺集教孙女，身是前朝郑妥娘。

**秦淮感郑妥娘事** 陈文述

传世诗篇总擅名，当年谁似郑如英。
流传闺集今犹在，何处青溪绕石城。
罗袂春寒绝妙词，桃花红湿雨丝丝。
词人月旦真无定，雪岭才登又墨池。
回首莺花旧院春，板桥流水碧鳞鳞。
只应水绘园中客，解说秦淮四美人。
孔雀荒庵易夕曛，消愁何处酒微醺。
双趺何与词人事，也唱当年白练裙。

（注一）雨花台更有明方正学墓，惟系后人所建，故不列入。

（注二）余怀《板桥杂记》云："顿文，字小文，琵琶顿老孙女也。性聪慧，略识字义，唐诗皆能上口；授以琵琶，意不屑，不肯竟学，学鼓琴，故又字曰琴心。"潘之恒《曲中志》云："金陵杨玉香，色艺绝群，读书不与俗人偶，独居一室，贵游慕之，即千金不肯破颜。"

（注三）王士祯《池北偶谈》云："金陵旧院有顿、脱诸姓，皆元人后没入教坊者，顺治末予在江宁，闻脱十娘者，年八十余，尚在，万历中北里之尤也。"

（注四）傅寿字灵修，旧院妓，沙名苑在，字嫩儿，善吹箫度曲。

（注五）渔洋自注云:“云字双玉,有《红鹦鹉诗》最佳。”徐釚《本事》诗注:“范云,秦淮女子;文舍人启有‘相逢恨少珠千斛，问字云从玉一双’之句。”

（注六）渔洋自注云：“阿男秋柳句云：‘栖鸦流水点秋光’，诗人伯紫之妹也。”按纪女诗云：“栖鸦流水点秋光，爱此萧疏树几行；不与行人绾离别，赋成谢女雪飞香。”

# 第十一章　满清及太平天国遗迹

## 第一节　满　清

满清一代，去今未远，凡所建置，分见玄观、祠宇、梵刹、园林、第宅各节。兹之所述，不故略叙其驻防城及地方行政制度耳。

明福王弘光元年（一六四五），满洲兵入南京，设驻防军，驻明旧内。据陈文述《秣陵集》图考，顺治十六年（一六五九）筑满城于青溪之东，起太平门，沿旧皇城墙基至通济门止，开二门以通出入（按《上江两县志》，即西华门及西长安门），为满兵屯驻之地。驻防将军开府于明故宫之西北，即今军官学校地也。太平之役，满城灰烬，又经辛亥革命，遂荡然无存，然今光华门内大光路东一带犹有黄旗街、蓝旗街等名，即满旗之遗迹也。

清兵既下江南，改南京为江南省，以应天府为江宁府，领县如故。设江南布政使司，及提刑按察使司、都使司、督粮驿传等衙门于江宁府治中。而总督江南、江西部院衙门，亦驻节于此。太平天国既平，改建各司衙署，同治九年（一八七〇）仍就旧基建总督衙署，十一年四月工竣，共一千一百八十九间，署前有二坊曰“两江保障”、“三省钧衡”。两江指江南、江西，三省指苏、皖、赣也。署今为国民政府，西花园即今参谋本部，坊已无存矣。

洪、杨既平。又于同治十二年（一八七三）建万寿宫于中正街，《上江两县志》所谓“立黄屋法紫极，以申庆贺，以肃邦国”是也〔图一三九、一四〇〕。宫凡朝房三十间，廊四十六号，宝座伞扇等百七十余件，牌坊角门方亭月台皆具。今沦为残兵病院，已荒落不堪矣。

## 第二节　太平天国

太平天国起自粤西，以清咸丰三年（一八五三）自江宁镇板桥攻陷南京，绕城西南筑垒二十四，踞报恩寺浮图俯瞰城中，且借以施炮。金陵既陷，遂以为“天京”，于钟山西峰筑天保城，以为犄角之势。以明故宫迫近朝阳门，系炮火所及，遂就总督署建天王府。“堕明西华门一面城，自西长安门至北安门南北十余里，穷砖石，筑宫垣九重。毁祠庙，坏衙署，夷坛墠，攫仓库，圮桥梁，斫竹木，堙洼峻高塴；上下数百里，宫室陵墓坊表柱础，作为宫殿苑囿，余建伪王府宫廨大小百余所，如是者十三年，工作弗息。”（《上江两县志》卷十一）今考太平天国宫城，当北至杨吴城濠（太平桥西一带），西至西箭道，南至利济巷、科巷，东至黄家塘，今国民政府、行政院、参谋本部、中央饭店一带，皆其所届。今该地尚有大隍城巷、小隍城巷（在国府西街），《上江两县志》径作皇城巷（卷二十七上《二县城内图》中段），实当年宫城遗迹也。又参谋本部有石舫，亦太平天国遗迹，相传洪秀全于军务之暇，常憩息于此〔图三〇七、三〇八〕。《荡平发逆图记》卷二十一，尝记太平天国在金陵之建置，摘录如下：

> 贼至金陵，毁总督署为伪宫；复占大阳沟一带民房，以扩其址，役夫万余人，兴筑几一年，穷极侈僭。工甫峻火起，燔为焦土，复筑如初。克城后逆子积薪以焚，存伪大殿及垣墙数处。其伪殿雕镂工巧，所盘螭龙，以赤金为之，为土人挖去。杨秀清、韦昌辉、石达开各建伪府，冯云山、萧朝贵早授首，其子亦袭称伪王建府；后凡授伪王者无不建府，皆并数家大宅而营造之。我军入金陵时，焚拆略尽，存者五六耳。……
>
> 各贼伪署皆拆大庙宇梁栋修葺之，木植狼藉，一床之费，可值千金。……

今日太平天国各王府之仅存者，惟明瓦廊之李秀成忠王府，今为中国日报社，规模颇宏。一代遗迹，只石船及此而已。

洪、杨之役，实为金陵大劫，十三年之战乱，使东南文物，尽付劫灰。如报恩寺之浮图、青溪先贤祠、明故宫、朝天宫、孝陵，以及近郊古代诸名刹，如幽栖、佛窟、高座、永宁、栖霞等六朝寺宇，以及天界、普德诸寺，无不毁于此时。及湘军入城，则又作巷战，太平军领袖，纵火焚天王府及诸王府，城内火光烛天，烟焰蔽空，详见《荡平发逆图记》卷十八。及金陵克复，已疮痍满目，而历代书籍古物珍藏，又随湘军而转辗流至湖南，宋元明以来金陵精华，散亡殆尽。此历代都会，所谓六朝佳丽之地，人文荟萃之处，所以呈今日荒凉寥廓之景象也。太平军之破坏，除侯景之乱及隋文帝荡平六代宫阙以外，金陵史上莫与伦比矣。

江甯府學

文廟向在雞籠山麓仍前明國學故址也咸豐三年粵逆陷金陵廟遂燬越十載省垣收復　合肥相國從士林之請改建冶山工未竟督師北征　湘鄉相國踵成之計用白金十二萬兩規模宏敞甲於東南圖之以供萬人瞻仰云爾庚午三月記

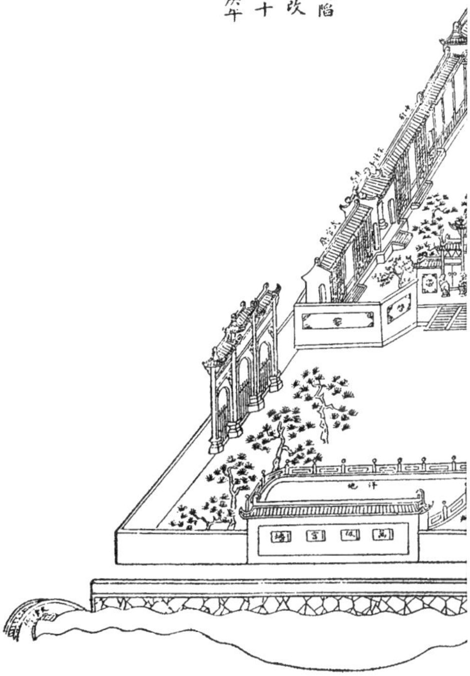

# 第十二章　近代之玄观祠宇及梵刹

## 第一节　玄　观

金陵之有玄观，始于汉之仙鹤观；魏晋以来，葛元、葛洪倡于前，陶弘景继于后，一时玄观林立，其盛仅亚于佛寺。其在史籍著名者，则方山有洞玄观〔图二七三〕(见下方山寺观一则)，茅山有华阳洞，冶城山有朝天宫；其他若永乐观(《景定志》在城东北七十里；《旧经》云，汉刘谦光舍宅为观，南唐昇元中重修)、崇元观〔《景定志》云齐建元中立，唐天宝七年(七四八)重修，本朝大中祥符七年(一〇一四)，改崇元观〕、玉清观〔梁大同三年(五三七)立，西北去县五十八里，南康令皺哲造，见《建康实录》〕、洞灵观〔梁大同四年(五三八)立，在县西南四十里，陈宣远造，见同上〕、玄真观(陈宣帝建)、鸿禧院〔唐宝历二年(八二六)建〕、王虚观(南唐保大间建，在方山)、宝华宫〔南唐昇元中建，耿先生遗迹，亦在方山，淳熙七年(一一八〇)，移南门外〕，亦并见方志。兵燹以来，半付劫灰，今之存者，什不及一。兹将近代玄观，犹有遗迹或地址可考者，略述如下：

(一)洞玄观　附下方山寺宇一则。

(二)朝天宫　杨吴为紫极宫，有钟阜轩，见黄履《金陵杂咏》。宋立文宣王庙，后改为天庆观。大中祥符间，赐额为祥符宫，有太乙殿，即郭文举书台也；前有泉，亦曰太乙。元为玄妙观，又升为永寿宫，有钟英亭。明为朝天宫，有习仪亭，百司庶府，有大朝贺，习仪于此。又有东麓亭，见《余孟麟集》。同治乱后，移建府学文庙于此，一改旧观。甘熙《白下琐言》卷二：

> 名山诸胜，僧占居多；惟雨花台吕祖阁、朝天宫飞霞阁二处，高踞峰巅，万家烟火，一览而尽，最为胜境。羽士主之。虎踞关之隐仙庵，丹桂荫庭；

干河沿之不二庵，白莲盈沼；以及灵应观、小桃源诸处，皆可游览者也。……

（三）剑池山房　在朝天宫后，仅余数楹，院落虽小，然错落有致。羽士主之，曰正一教宗。同治《上江两县志》卷二十六：

今剑池山房故朝天宫　道家曰正一教宗，张道陵、寇谦之、吕用之、林灵素、陶仲文，妄诞之尤者也。

（四）洞神宫　宋理宗景定四年（一二六三）建洞神宫于三神祠左，在今淮清桥西。宫清同治间犹存，《上江两县志》卷二十六云：

洞神宫全真堂崇霄道院同今此二院已毁　道家曰全真，其始创于金咸阳王嚞，嚞传邱长春，长春传十八弟子，以渊静为学，无禳禬巫祝之习，督教严，挥斥正，省身克己，禅宗之临济也。元遗山、辛敬之亟称之。

又甘熙《白下琐言》卷五，亦尝称之：

洞神宫道士安合璧住持以来，开堂接众，俨有丛林规模，此羽士中之仅见者。合璧字普月，河南人，善琴并善针灸，年逾周甲，精明健爽，于修炼中，大有功力。

自建都以来，洞神宫居商业区中心，改变最剧，已荡然无存矣。

（五）灵应观　在汉西门内蛇山，西临乌龙潭，院落数进，景至幽邃，《石城山志》云：

……本宋隆恩祠，祈雨最验，故曰灵应。近拓西偏为淡静山房，以奉诸葛武侯，而附陶靖节于侧，别筑精舍三楹。其北丛篁蔽亏，时见高下楼台与烟水摇曳；门前松桧杂植，雉堞围之，如栏槛状。

今改为学校，旧迹垂废矣。

（六）丛霄道院　今废，旧在蛇山北峨嵋岭吉祥寺侧，《石城山志》云：

过丛霄道院，内有阁奉吕祖，道士设坛扶鸾于此。门外修竹万竿，绿阴成海，春时款客，辄出笋以供，谓之玉版筵。……

（七）茅山华阳洞〔图二八八〕 茅山在句容之东南，系金陵各山来脉。古曰句曲，梁隐士陶弘景居处也。齐高帝作相，引陶弘景为诸王侍读；永明十年（四九二）脱朝服挂神武门，止于句曲，云此山下是第八洞宫，名金陵华阳之天。乃中山立馆，自号华阳陶隐居。梁武帝早与之游，即位后恩礼愈笃，有山中宰相之目。山为道教圣地，嶙峋崔巍，风光亦佳。

黄注《陶贞白集》序：弘景秣陵人，圆通谦谨，虽位望隆重，而方外之志，终身不忘，是故其言有足取者。弘景又有《答武帝问》："山中何所有，岭上多白云；只可自怡悦，不堪持赠君。"题壁云："甫夷任散诞，平林坐空谈，不意昭阳殿，忽作单于宫。"皆可取。

金陵玄观，近代为数尚夥，或系新创，或属劫遗，兹本调查所及，立表如下，以便省览：

（一）西北诸观

灵应观　汉西门内蛇山，今存。（见前）

丛霄道院　峨嵋岭，今废。（见前）

隐仙庵　虎踞关，今废。（见《白下琐言》）

全贞堂　隐仙庵东，今废。（见《上江两县志》卷二十六）

小桃源　小仓山，今废。（见《白下琐言》）

不二庵　干河沿，今废。（见《白下琐言》）

东岳庙　干河沿北，今废。（乾隆年建，见《白下琐言》）

剑池山房　朝天宫后，今存。（见前）

朝天宫　冶城山，今废。（见前）

（二）东北诸观

帝王庙　鸡笼山阳，今废。（《白下琐言》卷六，谓改祀先医）

东岳庙　鸡笼山北极阁下，今存。

二郎庙　在二郎庙，今改小学〔图一四三〕。（灌口二郎始祀于宋）

定湘王行宫　在二郎庙侧，今亦改小学〔图一四四、一四五〕。（湖南人行军时奉之）

关帝庙　在二郎庙北，今存。

文昌宫　在三条巷，殿阁宏庄，今存。

火神庙　在中正街，今存。

八蜡庙　在火神庙侧，今废。（祀刘猛将军，见《上江两县志》卷十）

火星庙　在大中桥驴头尖，今废。

龙王庙　旧在钱厂桥西北，今废。

斗姆宫　在广艺街，为道士礼星之所，今存。

（三）东南诸观

洞神宫　在奇望街，今废。（见前）

青溪小姑祠　在淮清桥东，今废。（见第三章）

铁老鹳观　在信府河，《白下琐言》作真武庙，见卷一，今废。

都天庙　在门东三条营。

（四）西南诸观

都城隍庙　在府东街旧江宁府门前，今存，惟西半已改学校。

万寿宫　在评事街，今江西会馆〔图一五〇〕。

都天庙　在五福街，规模颇大，即《凤麓小志》所谓善司庙，今为施粥处。

炳灵宫　在胭脂巷，祀东岳第三子，《南都察院志》谓建于南唐昇元；《白下琐言》谓建于明天顺七年（一四六三）。今存。

都土地庙及伏魔庵（祀关帝）　在金沙井，今存。

古财神庙　在八角井北小门口，今为救火分会。

（五）城外诸观

仙鹤观　在仙鹤门西土阜上，《南都察院志》谓为汉时所立，明万历间重修。

洞玄观　在方山之阳，祀葛玄〔图二七三〕。（见后第八节）

方山大庙　在方山东麓，祀祠山大帝张渤〔图二七四、二七五〕。（见后第八节）

张王庙　在夹冈门，亦祀祠山大帝张渤，见《白下琐言》卷四。

茅山华阳洞　在茅山，见前。

茅君别院　在朱门乡之牛脊山，见第三章。

南岳行宫　在中华门外城东南隅〔图一四六〕。

东岳庙　在中华门外城东南隅。

大王庙　在中华门外城西南隅赛虹桥北，今存，所祀神不可考。

都天大帝庙　在和平门外蟠龙山，亦祀蒋王。

龙江天妃宫　明永乐间建，在仪凤门外卢龙山下〔图一二〇、一二一〕。今尚存永乐十四年《御制弘仁普济天妃宫之碑》。龟趺首已毁，碑尚可读。（参阅第一章第二节山脉卢龙山一则）〔注一〕

湖神庙　同治十一年四月工竣，在太平门外玄武湖。今废。

以上所列金陵玄观，凡四十三所，现存者凡二十七所，皆著者所亲历。惟城内外关帝庙特多，一龛半庵，不胜列举，姑引《白下琐言》卷三一则，以为殿焉：

关帝庙制以城北十庙之末，规模最为壮丽，俗呼武夫子庙，与府学文庙相配，总督以下，皆致祭于此。其余如小教场庙，城守致祭；驻防城庙，八旗致祭；督署箭道庙，亦总督致祭；小仓山庙，绿营致祭；府西大街庙，府学官致祭；江宁县署庙，本县致祭：凡此皆属于官。又如城西南吴家园，内桥北大街，安品街，普利寺之西致和街河沿，今名佑国庵，鹫峰寺之西，聚宝门外雨花台旁，及五圣巷内安德门，今为浙东会馆，凤台门、上方门、孝陵卫、观音门、燕子矶等处，皆有庙，甚矣威灵之广播也。

## 第二节　祠　宇

祠祀之兴，起源甚古，金陵人文所会，尤为繁多。《上江两县志》卷十，以释道杂祠与历史人物之祠，混而为一，以故淫祠纷繁，不一而足。本书所指祠宇，概指历史上人物之祠，与神话及宗教上之祠，划而为二。盖一则为人，一则为神，一则实有其事，一则凭诸传说，二者界限虽或不易完全分清，但理论上应分别清楚者也。今秉此义以研究金陵祠宇。

（一）文庙及府县学

祠祀之兴，以孔庙为最早：西汉京师，惟有辟雍；郡国有学，自景帝时文翁始。东汉明帝永平二年（西五九）始祀孔子。而丹阳一郡，则建武六年（西三〇）李忠已为起学校，习礼容矣。金陵之有学官，始于吴景帝（孙休）永安元年（二五八），诏置五经博士一人，助教三人（《建康实录》卷三）。东晋成帝咸康三年（三三七）立太学，在秦淮之南，其后荒废，谢尚移太庙南（孝武帝太和十年，三八五）。太和十一年（三八六），诏封孔靖之为奉圣亭侯，奉宣尼祀，立宣尼庙在故丹阳郡城前隔路东南。金陵之有孔庙，盖自此始。

齐高帝建元四年（四八二），始立国学。梁武帝天监四年（五〇五）立孔子庙；五年，亲释奠于先圣先师。陈天嘉以后，稍置学官，渐重儒学。隋唐以来，地为支郡。南唐建国子监于镇淮桥北。宋太宗雍熙中，于冶城故基立文宣王庙。天圣七年（一〇二九），张士逊奏徙浮桥东北；景祐（一〇三四—一〇三七）中陈执中又徙府治之东南，即今夫子庙。绍兴九年（一一三九）修建康府学，因旧址，面秦淮。其后淳熙三年、庆元元年、景定四年，屡修葺之。元因旧府学，置集庆路学；大德四年（一三〇〇），儒学灾，惟存尊经阁及东西二教授厅。

明太祖当元至正二十五年（一三六五）以集庆路学为国子学。洪武十四年（一三八一），始改建国子监于鸡鸣山下，以旧国学为应天府学，并省上元、江宁二县学入之。《南雍志》云：

洪武十四年（一三八一）四月乙未，诏改建国学于鸡鸣山之阳，上亲往视，乃定制度，令工部尚书陈恭选材鸠工，金吾前卫指挥谭格督之。十五年（一三八二）正月甲午，作先师孔子庙，三月丙辰，改国子学为国子监。是年五月国子监落成。

监东至小教场，西至英灵坊，北至鸡鸣山，南至珍珠桥，左为覆舟山，右为钦天山。《南雍志》叙其规制云：

洪武十四年（一三八一）钦定太学之制，为正堂一，支堂六；明年六月落成。正堂一十五间，每间阔一丈九尺，深五丈四尺二寸，高三丈三尺四寸。扁彝伦，太祖高皇帝制也。

堂有门二十，独与府部诸司异。中定御正位，次间列祭酒司业公座。左列鼓乐，右建钟楼；堂前石晷甚巨。东堂为斋宿所，西堂为考课所，祭酒厢房在东，凡七间；其连廊北向者，为司业南厢房，凡九间；西厢房为监丞绳愆厅，博士恒居考课所，亦呼为博士厅。

六堂在正堂之后，乃支堂也：一曰率性，二曰修道，三曰诚心，四曰正义，五曰崇志，六曰广业。每堂各一十五间，中五间，设师座；左右各五间设大凳桌，为弟子肄业所。每间各高二丈六尺三寸，深三丈三尺，阔一丈八尺八寸；东西厢房各三间，庭前各树以杉桧。……

前为仪门三间，下有进士题名碑四，东有敕建太学碑亭，西有敕修太学碑亭。又前为太学门三间，左有小门，下有进士题名碑二，左侧有纪事碑一，前有东西井亭二，东西书库各七间，各为楼，上高一丈三尺，下高一丈四尺，中间阔一丈五尺，左右四（？）间，每间阔一丈三尺二寸，余俱三丈。前树以松柏。

又前为集贤门。门外街南国子监牌坊一座，三间，中高三丈三尺六寸，两旁高三丈六尺。东西成贤街牌坊二座，各三间，中高二丈四尺六寸，两旁高二丈二尺六寸。南成贤街牌坊一座，与珍珠桥相连，中高三丈三尺六寸，两旁高三丈六寸。

国子监之东为文庙，即今考试院地，《南雍志》记其规制云：

洪武十四年（一三八一）钦定文庙之制：大成殿三间，两掖台高一丈二尺九寸，阔一十丈一尺六寸；东西斜廊各五间。前露台高九尺四寸七分，阔

> 七丈一尺二寸，上有石栏杆，前有石阶级。两庑东西分列，连计六十二间，每间阔一丈四尺五寸，高一丈六尺九寸，台高一尺三分。前为大成门三间，东西列戟，两厢有路。东有神厨七间，西有神库七间，门之东西各有厢五间，北向，其东石刻孔子及四配像在焉。内墀树四十三株，为杉桧桂柏；外墀树八十一株，为松柏棕榈。又前为棂星门三座，中座高二丈三尺五寸，阔一丈五尺；东西二座各高一丈九尺五寸五分，阔一丈二尺。初用木为之，景泰四年（一四五三）祭酒吴节奏请改用石造，加云管火朱朵云石抱柱，八字红墙。

当时学生号房，多至千余间；复有光哲堂、王子书房，以居日本、高丽、琉球、暹罗国学生。至正统六年（一四四一），定都北京，始称南京国子监。清改为府学，改彝伦堂为明伦堂，设四斋（志道、据德、依仁、游艺），门坊殿庑，悉仍明旧。太平之役，半付劫灰，同治五年（一八六六）遂改建府学于故朝天宫遗址。综观明代国子监，规模至为宏大，其占地之广，造屋之多，东汉太学以隆，盖未或能先也。

今日所余文庙，凡有二处：一为府学，在朝天宫；一为县学，在秦淮北，即今夫子庙。兹分述之如下：

（1）朝天宫府学〔图一二二—一三四〕。同治四年（一八六五）八月，署两江总督李鸿章，命知府涂宗瀛改卜府学，建于明朝天宫遗址，即宋雍熙中文宣王庙地也。背冶城，面运渎，高明爽垲，形胜独美〔图一二二〕。于是采海外之大木，陶琉璃筒瓦于景德镇。周为宫墙，临街东西为二坊，曰德参天地，道冠古今，内为泮池，作半圆形，有涵洞二，南通运渎，故历旱不涸。今石栏多遭拆毁，已无复当年景象矣。其北为棂星门〔图一二四〕，门内东为文吏斋、司神库；西为武官斋、司牲亭。神厨前特凿一井。近南为左右持敬门，其北曰大成门〔图一二五〕；曰左门，曰右门；其东西有门较狭，曰金声，曰玉振。其内长廊四周，有东西配殿。其北为石阶，周以石阑，中三层，东西二层，因山为殿，故不循级之等也。上曰大成殿，殿黄屋兽吻，重檐七楹，外为露台，石阑环匝〔图一二六、一二七、一三〇、一三二〕。殿旧悬康熙二十三年（一六八四）颁“万世师表”额，雍正三年（一七二五）颁“生民未有”额，乾隆三年（一七三八）颁“与天地参”额，嘉庆四年（一七九九）颁“圣集大成”额，道光三年（一八二三）颁“圣协时中”额，道光三十年（一八五〇）咸丰帝颁“德齐帱载”额，咸丰十一年（一八六一）同治帝颁“圣神天纵”额，今已残阙不全。又北为崇圣殿，殿广七楹，石阑二层〔图一二八、一二九〕。殿后山椒有亭。

庙东为学，有门有塾。庭之东西有堂，其北南向正堂曰明伦。后有阁曰尊经，高二层，广五楹〔图一三三、一三四〕。堂廊四合，庭东西各有门。东门外有苑甚宏敞，有巨碑一，明立也。今尊经阁一带，改建故宫博物院古物库，旧建筑尽拆毁无余矣。

庙学之间，有门，拾级而上，甬道深广。有西门（即东持敬门）、东门（达明伦堂）、训道署，署之东达教授署。甬道又北，东上山坡，为名宦乡贤及各先贤总祠。其后山巅曰飞霞阁（宋之钟阜轩），阁外之西有御碑亭（乾隆诗），旁罗花竹。亭之西北有飞云阁，山之最高处矣。

综观朝天宫府学，崇闳庄丽，为南都巨构。然近十年来，或驻宪兵（朝天宫），或作军医（明伦堂），或竟遭拆毁（尊经阁），零落失修，蹂躏殆尽。一代辛苦经营，良非易易，奈当道不思保存，专事驻兵，无怪古迹之日趋荒废也！

（2）夫子庙县学。夫子庙县学，本为宋元旧学。明初曰国子学，后建国子监，以是为应天府学，并省上元、江宁二县学入之。其后再毁〔永乐六年（一四〇八），成化七年（一四七一）〕再建〔宣德七年（一四三二），重建大成殿，杨荣记之；成化中鲁崇志成之，严诠重建，即尊经阁为后堂〕。其棂星门则建于成化十六年（一四八〇），而以秦淮为泮池〔宏治间秦崇置石堤以障水。正德九年（一五一四）白圻缭以石槛，王守仁记之；万历三年（一五七五）浚月池，以石甃岸，易学前户部地为屏墙，今照壁也〕〔图一四二〕。池北有石阑，阑北为通衢，其中曰天下文枢坊，万历十四年（一五八六）建，清初王澍重书之，毁于太平之役，同治中重修，以坊木太薄，邑人易以柏木，而仿旧式重书之。此坊民国十八年（一九二九）尚存，今易以水泥坊，恶俗不堪。西六角亭曰聚星，今存；又西方亭曰思乐亭，今废，西与宫墙接矣。坊北棂星门，石阙也。门内院东西有持敬门，入庙之途也。又北大成门，俗曰戟门，左右有三碑：东为元至顺二年（一三三一）封至圣夫人碑，西为至顺二年封四氏碑，又西为康熙中修学宫碑，皆正书。大成门内两庑，其北正中大成殿，无燎垆瘗坎，仪不备也。殿后北上为明德堂，故彝伦堂，乱后重建，堂五楹，有东西房。堂前院颇广，围以木栏，近南为门，坊曰东南第一学，今废。栏内左右，为志道、据德、依仁、游艺四斋，斋只一楹，具文而已。堂后为尊经阁，阁上下各五楹。自嘉庆十年（一八〇五），阁毁于火，各书版及吴天玺纪功碑（俗曰天发神谶碑。又曰三段碑）烬焉，乱后新造，是否为旧址，不可知矣。阁后有苑，有土山曰卫山，故尊经阁烬余三段碑碎石及圣贤旧像所藏也。民国二十四年（一九三五），古物保管委员会拟开掘不果。上有敬一亭，杂莳梅竹，亭今废，仅余旧基。今明德堂后至尊经阁一带，皆为小学，无复旧观。

《白下琐言》有关于夫子庙三则，一记魁星阁（今存）〔图一四二〕，一记青云楼，一记敬一亭，颇可见太平之役以前之情形，录之于下：

> 县学魁星阁，建自乾隆乙未（一七七五），是后科甲日盛。形家所谓巽方文峰特秀也。闻屋椽窗闼，初用朱色；因附近民居，屡遭火患，遂易以黑；其顶原取自宝塔仓风磨铜，督工者不慎，为奸人易去，风雨剥蚀，其光黯然。道光丁亥（一八二七），易之以宝蓝琉璃，下狭上广，形如朝顶。其座数层凑

合而成，通高一丈有奇，乃何雨人尚书汝霖监督工部琉璃厂时，捐造于京师者。晴昼仰视，晶光射目，洵巨观也。奈近来屡被水患，阁身向河边攲侧，瓷顶本凹，又为积水冻裂，其势甚危。丁酉（一八三七）六月诹吉重修，将阁身牮过六尺有余，末层五方墙通身拆砌，浇以糯浆，顶之裂缝，用油灰补平，庶免渗漏，于阁旁沿河处添造廊屋，为朔望洒扫会憩息之所。外门一道，平时扃闭，以免滋扰。时予董其役也。（卷七）。

今魁星阁巍然尚存，六角三层，耸临河上〔图一四二〕，今为歌女麇集处，亦南都有数之建筑也。同书卷七又云：

县学青云楼，明万历十四年（一五八六）摄尹事周继建；雍正十二年（一七三四）教谕章玉树重修。上祀文昌帝君，朔望始开，平时扃闭。后为训导假借，楼上下皆为栖宿之所，非直学宫重地，火患堪虞；且邻近贡院，登高瞭望，更属未便。道光十六年（一八三六）洒扫会绅士将学廨添造屋宇数楹，较前宽展；另开署门，以通出入。而楼遂隔而为二，诚两得之举也。

青云楼劫后已毁，今难确指其地点。又《白下琐言》卷一云：

六朝石刻之见于世者，以吴天玺纪功碑为最古，石裂为三，旧在县学尊经阁下。乾隆间梅二如先生拓本甚多；嘉庆乙丑（一八〇五），阁毁于火，遂不可多得。予家所藏，完整可观，犹是明拓旧本。丙子（一八一六）太守余公，重勒于府学明伦堂，即据此本摹之，后又得倪氏藏本大卷，乃整裱而未梭开者，原神尤完，俱可宝也。又阁上旧藏明南雍书版《十三经》、《二十一史》、《通典》、《通志》、《玉海》诸大部，亦一炬而尽。……

（二）武庙　洪武二十七年（一三九四），建汉寿亭侯庙于鸡鸣山阳。嗣后官民增建关帝庙，日渐繁多。《白下琐言》卷三，总记城内外官民所建关帝庙，已见玄观一节。清末武庙，即故文庙之基而改建者，今为考试院，实已无所谓武庙矣。

（三）诸葛武侯祠　在军师巷，参阅第三章。

（四）卞忠贞公祠　在朝天宫西，卞公墓前。苏峻之乱，卞壶巷战死难，实葬于此，二子从焉。《寰宇记》：晋安帝末，盗开卞壶墓，剖棺掠之，尸僵，须发苍白，面如生，两手拳，爪甲透出手背，敕给钱十万营之。历代更修，今尚岿然独存。墓东北旧有忠孝亭，本名忠贞亭，宋庆历三年（一〇四三），叶清臣取其父为忠臣，子为孝子之言，改曰忠孝，并以目泉焉（亭今废）。宋高宗绍兴九年（一一三九），重建晋卞壶祠。宁宗嘉定五年（一二一二）建冶城忠孝堂于卞墓侧。明太祖洪武二十年（一三八七）徙建历代忠臣汉蒋子文、晋卞壶、南唐刘仁赡、宋曹彬、元福寿等庙于鸡鸣山阳。今朝天宫西卞公祠数楹犹存，然已零落不堪矣。

**访卞忠贞公墓** 顾槐三

王祥疵于忠，嵇绍劣于孝。
惟公忠孝成一家，遗墓千年肃祠庙。
天风懔烈吹长松，想见岩岩峙孤峭。
雅量空闻说谢安，勤王已自先温峤。
尔时祖述尚风流，挥尘清谈竞玄妙。
嶷然正色立朝端，司隶清风雅能邵。
茂宏勋德冠江东，一卷弹文见风操。
专心委任独蒙遇，涕泣床前受遗诏。
失机颇怪白头公，只解南楼发清啸。
历阳凶竖征入朝，豕突狼奔太阿倒。
大桁东头鼓声死，殷天杀气烽烟照。
裹疮督战气弥厉，救死扶伤独腾踔。
一曲虞歌送国殇，千秋钟雅知同调。
身先没阵盰眕随，临难依然见谈笑。
当时戮力尽如公，岂致神州资寇盗。
安东假节竟何事，懊恨石头生遗诮。
我今展拜过故丘，拂拭丰碑恸嗟悼。
劲草森森瓦石寒，斜阳黯黯蛄蝼吊。
周身散发拳爪透，生气犹堪想姿貌。
留都宫观郁岧峣，石马荒寒冷丹灶。
剩有忠魂万古存，祠官岁岁溪芹芼。
孝侯台亦当南城，高义云天同焜耀。

（五）三忠祠　在中华门外路西，祀宋杨邦乂、文天祥及明李邦华（南京兵部尚书）、江西官绅修，今存（三公皆吉水人）。

（六）方正学祠　在雨花台，层累而上，中祀方正学，两旁附祀同难者，有匾曰东南大儒。

（七）向张二公祠　在金沙井，祀向荣、张国梁，今改为中央图书馆印刷所。

（八）曾文正公祠　在南京凡二：一在卢妃巷五条巷，兼祠曾忠襄国荃，今为蒙藏委员会，祠宇轩敞，檐柱雕刻极佳。一在盋山，在国学图书馆旁，院宇深广，今为学校。

（九）沈文肃公葆桢马端敏公新贻祠　亦在盋山，今垂废。

（十）刘忠诚公坤一祠　在四象桥傍，民国二十四年拆毁。

（十一）左文襄公宗棠祠　在珍珠桥，祠宇宏丽，今存。

（十二）李文忠公鸿章祠　在四条巷口，今为小学。

（十三）陶文毅澍林文忠则徐二公祠　在国府东街，今存。

（十四）刘勇介连捷祠　在卢妃巷五条巷曾公祠东，刘亦湘军健将。

此外南京祠祀尚多，私人家祠尤众，多至不可胜举，间亦有不可考者（如雨花台高座寺侧有李忠壮公祠，不知何许人也）。至于古代祠祀，举其著者，列表如下：

（1）伍相庙　庙兴于汉，炽于六朝，留于唐，盛于元（封王），至明始衰。

（2）菩提王庙　祀楚靳尚，创于齐，至元而衰（旧在栖霞山，今废）。

（3）吴大帝庙　唐建。

（4）晋元帝庙　唐天祐二年（九〇五）立，宋嘉定五年（一二一二）别作新庙，两庑列祀王导以下三十六人，见《景定志》。李商隐有《晋元帝庙》诗。

（5）陈后主庙　见《方舆胜览》。

（6）唐颜鲁公祠　在乌龙潭，同治重修，今废。

（7）南唐中主庙　见曾极《金陵百咏》。

（8）明道先生祠　宋淳熙三年（一一七六）重修，嘉定八年（一二一五）重建。

（9）范忠宣祠　宋嘉定十年（一二一七），立范忠宣（纯仁）祠于漕司。

（10）一拂清忠祠　在清凉寺东，嘉定十四年（一二二一）商硕立郑介公祠于清凉寺是也。今垂废矣。

（11）青溪先贤祠　宋景定元年（一二六〇）马光祖立，祀吴太伯以下四十一人，如下：

吴太伯　范蠡少伯　严光子陵　诸葛亮孔明　张昭子布　周瑜公瑾　是仪子羽　王祥休征　周处子隐　王导茂宏　陶侃士行　卞壸望之　谢安安石　谢玄幼度　王羲之逸少　吴隐之处默　雷次宗仲伦　刘瓛子珪　陶弘景　萧统德施　颜真卿清臣　李白太白　孟郊东野　李建勋致尧　潘佑　曹彬国华　张咏复之　李及幼几　包拯希仁　范纯仁尧夫　程颢伯淳　郑侠介夫　杨时中立　李光泰发　张浚德远　杨邦乂希稷　虞允文彬父　朱熹元晦　张栻敬夫　吴柔胜胜之　真德秀希元

明嘉靖中，增祀苏轼，合为四十二人。《待征录》云，明凡祀五十四人。清定位次，凡六十一，后增六十七。《蓝志》、《先贤祠》传，于四十二人外，又增十三人，合为五十五人，所增如下：

伍员　温峤　明僧绍　阮孝绪　李靖　李纲　韩世忠

岳飞　文天祥　马光祖　薛瑄　陈献章　王守仁

《袁志》则又增为六十七人。先贤祠毁于太平之役，嗣后迄未修复，后虽移祠于府学忠义祠之侧，然今并忠义祠亦废。文献没落，良可慨叹者也！

（12）明初功臣庙及汉蒋子文庙、晋卞壶庙、南唐刘仁赡庙、宋曹彬庙、元福寿庙，并见第一章第二节《鸡笼山》一则。

（13）明汪文毅公伟祠　在旧惜阴书院（今国学图书馆）右，公与妻耿氏皆殉崇祯甲申之难。同治重修。

（14）鸡笼山下旧有贤良祠、南朝三贤祠、昭忠祠、祥公祠、刘公祠，今皆废。

（15）聚宝门（中华门）外诸祠（据《白下琐言》卷六）：

二忠祠　文天祥、杨邦乂

傅公祠　傅腊塔（清总督）

曹公祠　曹寅（清江宁织造）

海公祠　海瑞（明南京都御史）

王公祠　王炉（明应天府尹）

陈公祠　陈鹏年（清河道总督）

景公祠　景清（明御史大夫）

先贤祠　祀吴泰伯以下诸人

于公祠　于成龙（清总督）

其他如上元节孝祠（汉西门龙蟠里南妙意庵故址）、楚军水师昭忠祠、楚军陆师昭忠之祠、金陵官绅昭忠之祠、金陵妇女贞列之祠（在西仓桥，曰水军陆军金陵官绅三昭忠祠贞烈祠，同治七年工竣），多至不可胜数，既难免挂一而漏万，又无关于重要文献，概从略焉。

## 第三节　西北诸刹

本书所分西北、西南、东北、东南四部，概以下列界限为标准：中央路、中山路以西，内桥、运渎、铁窗棂以北，为西北区。中央路、中山路以东，内桥、青溪、秦淮、东水关以北，为东北区。中华门大街以西，内桥、运渎、铁窗棂以南，为西南区。中华门大街以东，内桥、青溪及秦淮、东水关以南，为东南区。近人陈作霖父子，有《金陵琐志》五种、《续金陵琐志》二种，亦采分区叙述之法：以凤麓为一区，东城为二区，运渎为三区，石城山为四区，钟南淮北为五区。所分范围，大小失其均，如钟南淮北未免过大，其失在过略；东城、凤麓未免过小，其失在过于琐碎。以故本书另立界限，庶得其均云尔。

### 一　古林寺〔图一七三—一八一〕

古林寺，在定淮门内马鞍山，旧名古林庵，于明万历十二年（一五八四），由古心律祖，化庵为寺；三年告成，赐额振古香林。清乾隆二十四年（一七五九），改赐古林寺。因为律寺之祖，故在佛教史上颇占重要地位。

> 《律祖门庭汇志》：南京江宁古林寺，天下第一戒台，开基建筑时，佛光曾照耀三昼夜。北京顺天西山戒台寺，天然戒台，二昼夜。浙江杭州昭庆寺，第一戒台，一昼夜。俗说天下三个半戒台，惟宝华山放光一夜，故称半也。

古心名如馨，赐号慧云律师，族姓杨氏，江宁溧水人也。生于明嘉靖二十年（一五四一），笃信三宝，弱冠即厌俗出尘，投摄山栖霞寺，真节法师出家，开创古林，故从如字起，为第一代，至今律门犹沿祖派，以明道统之所自出，凡四十八字，是为古林正派：

| | | | | | |
|---|---|---|---|---|---|
| | | 1 2 3 | 4 5 6 7 | 8 9 10 11 | 12 13 14 15 |
| 智慧清净 | 道德圆明 | 真如性海 | 寂照普通 | 心源广续 | 本觉昌隆 |
| 16 17 18 19 | 20 21 22 23 | 24 25 26 27 | 28 29 30 31 | 32 33 34 35 | 36 37 38 39 |
| 能仁圣果 | 常演宽宏 | 惟传法印 | 证悟会融 | 坚持戒定 | 永纪祖宗 |

自终南山澄照道宣律师，为律门第一世，十三世传至金陵古林庵慧云如馨律师；馨传宝华山三昧寂光律师，迨至文海福聚律师，另立千华一派，详见后第八节宝华山隆昌寺一则。古林、千华一脉相传，同宗古心，而属于所谓南山宗，兹将其谱系列表如后，以明派别渊源焉。

南山宗谱系

终南山澄照道宣（1）——崇圣文纲（2）——光州道岸（3）——崇福满意（4）——观音大亮（5）——会稽昙一（6）——开元辩秀（7）——章信道澄（8）——相国澄楚（9）——开元允堪（10）——灵芝元照（11）——普庆光教（12）——古心如馨（古林第一代）（1）

古心如馨（古林第一代）（1）：
- 莲宗性相（塔院天隆寺）
- 大会性海（北京法源寺）
- 中堂性正（金陵吉祥寺）
- 汉月性藏（武林灵隐寺宁波天童寺）
- 三昧寂光（宝华山隆昌寺）——千华派
- 澄芳性清（五台山永明寺）
- 茂林性祇（苏州报国寺）
- 金刚性福（广陵福田院）
- 蕴空性磬（三义寺）
- 大圆性昙（云凤山香水寺）
- 隐微性理（命受古林）（2）
- 印含性璞（逊受古林）（3）——传至于今凡十八世

（第十七世仁友编《律门祖庭汇志》）

寺在洪、杨乱前，颇为宏丽。甘熙《白下琐言》卷一云：

> 古林庵距定淮门二里许，峰峦环抱，地极幽邃。薄暮鹭鸶自城外归宿山后，上下翱翔，一望如雪。相传山形如凤，此则百鸟朝凤也。殿后院凿山为壁，高数丈，遍植秋海棠，八月间浓艳繁开，嫣然满目，名曰海棠屏。

旧有鹭鸶厅，临流而筑（见陈诒绂《石城山志》），洪、杨乱后，半遭劫灰，而江上白鹭，亦不再来，似已去古林而栖城南天隆寺矣（著者尝于薄暮游天隆寺，访古心塔院，见树木蓊蔚，白鹭群集，风吭雪羽，屏绝尘俗）。寺今日院宇，多为光绪间重建，门前甬道，长可半里许，两旁古木成行，极为幽邃〔图一七四〕。山门已圮，墙基犹在〔图一七五〕，今日寺门东向，盖为当年之二门。进戟门，为大雄宝殿，殿后供白衣大士像，高可丈余，像慈悲庄严，颇具风格〔图一七八〕。殿后两旁拾级而上，为藏经阁，高凡二层，耸临山上。登此而望，江光一线，烟树万家，颇饶远景。阁西僧舍尚多，近时驻军旅，已非昔观矣。

二　金陵寺

古林寺之北，据马鞍山之阴大悲岭，曰金陵寺。寺为五代诗僧贯休所建，今亦属律宗。旧有钟，刻天策卫指挥吴瑀及弟吴璘铸，其地即明天策卫故址。殿上金刚骑白狻猊，亦曰白泽，俗呼为金刚骑水牛。山门无弥勒而塑真武，与他寺异。相地者谓寺正对钟山开面特朝成火星体，故取克制之义，亦形家一说也。寺院落数进，整肃清净〔图一八二〕，翠竹万竿，掩映生趣。

三　永庆寺及其他诸寺

永庆寺在五台山（小仓山之东支），梁天监中永庆公主所造也。因旧有砖塔五级，又名白塔寺。寺左数十武，有谢公墩，极登眺之胜。洪、杨乱后，塔毁寺存。有铜佛，作风古朴，非近代物〔图一八六〕。

西北各刹，除上列三寺外，为数尚多，或无关重要，或今已荒废，列表如下：

（1）宝林寺　在马鞍山，为唐之旧刹，后倚山椒，土极沃衍；寺僧种牡丹芍药诸卉，暮春担以入市，陈设者多取资焉。今废。

（2）听潮庵　庵由宝林拾级而上，果园蔬圃，方罫相错；佛殿居其巅，隔城江帆往来，如近在几席间，风光殊胜。今废。

（3）大佛寺　寺在大方巷，有佛长丈六，故名大佛。今废。

（4）罗寺　在铜银巷罗寺转湾，今天主堂南，系刘宋泰始中建，本名延祚寺。《至正金陵新志》云：

> 正觉禅寺一名铁塔寺，在城内西北冶城后冈上，宋泰始中邦人舍地建精舍，号延祚寺。南唐始改今额。

《南史·侯景传》，王僧辩入讨，景使其党宋长贵守延祚寺是也。唐时有僧灵智，生无目，号罗睺和尚，经论文字，悉能明了，时人称为天眼，为建塔寺内，故一称罗寺。今废。

（5）净界寺　在城北三铺两桥，亦属律宗。该寺不见旧籍，或为近代所建〔图一九〇〕。

（6）祖灯庵　在定淮门内街，小庵一楹，无足述者。

（7）极乐禅林　在石鼓路北铁管营，系近年新建者。

（8）金川门内新建一寺，在门东土坡之上，系民国二十三年建，尚无定名。

四　清凉寺　小九华寺　善庆寺　驻马庵

清凉寺旧在幕府山；南唐建清凉道场，始徙石头。明初改今额，以寺故遂易石头为清凉矣。寺本南唐避暑宫，堂榜曰德庆，国主撮襟书也。宋陈无己《清凉寺诗》云：

> 惟应驻马坡头月，曾见金舆纳晚凉。

自注山有后主暑风亭，井阑刻保大三年（九四五）字，盖即后之翠微亭也。亭毁于洪、杨之役，乱后重建，数年前遗址尚在，自建自来水池以来，遗迹荡然无存矣。寺在山阳，强半荒落，然就其遗基观之，犹可想见当年之规模。寺后有井，相传为六朝古井，然不可考矣。

小九华寺居山半正中，院落二进，正中为大雄宝殿〔图一六八〕，前为天王殿，右为杰阁二层。登楼而望，江光一线，风帆如画，江北诸山，拱若屏障，昔设有茶肆，驻兵以来，荒废不堪矣。

善庆寺在扫叶楼后，却负清凉山，近经修饰，焕然一新。

驻马庵系尼寺，亦属近建，在乌龙潭侧，却负蛇山，小院数楹，无足多述者。

**金陵寺是五代僧贯休所建** 陈文述

一锡东南任意投，李花世界未全收。
禅心自照三千界，诗纤曾题十四州。
锦树苍凉云外见，金舆寂寞月中游。
应真遗像今犹在，谁识当年老贯休。
贯休画罗汉，其中一帧即己像也。

**翠微亭** 前　人

清凉山色几芙蓉，旧是南唐避暑宫。
玉辇夜游明月好，娥皇舞罢彩云空。
六朝城郭啼乌外，一枕江流铁笛中。
留得翠微亭子在，水天闲话夕阳红。

## 第四节　东北诸刹

一　鸡鸣寺〔图一五八—一六〇〕

鸡鸣寺本梁同泰寺故址，在吴为后苑，晋为廷尉署。普通八年，梁武帝以其地为寺，《建康实录》卷十七：

> 大通元年（五二七），帝创同泰寺，寺在宫后，别开一门，名大通门，对寺之南门，取返语以协同泰为名。帝晨夕讲议，多由此门。寺在县东六里，帝初幸寺舍身，改普通八年为大通元年。

又引《舆地志》云：

寺在北掖门外路西，寺南与台隔，抵广莫门内路西。梁武帝普通中起，是吴之后苑，晋廷尉之地，迁于六门外，以其地为寺，兼开左右，营置四周池堑。浮图九层，大殿六所，小殿及堂十余所，宫各像日月之形；禅窟禅房山林之内，东西般若台各三层，筑山构陇，亘在西北，柏殿在其中，东南有璇玑殿。殿外积石种树为山，有盖天仪，激水随滴而转。起寺十余年，一旦震火焚寺，惟余瑞仪、柏殿，其余略尽。即更构造，而作十二层塔，未就而侯景作乱，帝为贼幽馁而崩。

此为关于同泰寺较详之纪载，想像当年，浮图耀日，佛宇连云，洵为南都巨观。所铸十方金像、十方银像，皆极庄丽。武帝屡幸寺讲经设会，舍身奉赎，不可胜纪。晋安王纲，有《寺故功德正智寂师墓志铭》，又与诸文士庾肩吾、王台卿、庾信等登望赋诗；而寺碑刹铭，则萧洽、虞荔为之，文皆遒劲。梁简文帝有《望同泰寺浮图诗》，其警句云：

日起光芒散，风吹宫征殊。露落盘恒满，桐生凤不维。

庾肩吾有《咏同泰寺浮图诗》，其警句云：

盘承云表露，铃摇天上风。

又云：

周星疑更落，汉梦似今通。

王台卿有《和望同泰寺浮图诗》，其警句云：

刻削生千变，丹青图万象。烟霞时出没，神仙乍来往。

庾信亦有诗，其警句云：

露晚盘犹滴，珠朝光更明。虽连博望苑，还接银河城。

由上引诸诗，可略见当年同泰寺之景象。及侯景作乱，其党范桃棒据同泰寺，则其寺丘墟矣。杨吴顺义中，起千佛院；南唐即其址为净居寺，又改圆寂寺；宋分其半为法宝寺。

明洪武二十年，于梁同泰寺故址，建鸡鸣寺，迁灵谷宝公函瘗于此山，建塔五级（亦称志公塔），赐门额曰“秘密关观”。前有施食台，石表高揭，为宋文宪公书。相传地为古战场，元时刑人于此，尝有鬼魅祟人。洪武初敕迎西番僧结坛施食，以度幽冥。寺后有阁，即南唐涵虚阁也（见《徐铉集》），面山枕城，下临桑泊，湖中凫雁，倚窗历历可数。每当秋夏之交，登高瞩远，荷花万顷，红碧倾堕，如汉宫晚妆，尤为佳绝。塔今废，寺同治间重修。山门东向，左为志公台，即施食台也。

**登鸡鸣寺**　　王士祯

鸡笼山上鸡鸣寺，绀宇凌霞鸟路长。
古埭尚传齐武帝，风流空忆竟陵王。
白门柳色残秋雨，玄武湖波淡夕阳。
下界销沉陵谷异，枫林十庙晚苍苍。

**鸡鸣寺眺后湖二首**　　前　人

禁地传清切，依依白下城。恩波连太液，别苑起昆明。
野水凫鸥远，斜阳菡萏生。不须摇落日，陵谷已含情。
鱼鸟华林路，渟泓复此湖。三秋人易怨，八代感何殊。
萧寺寒声急，钟陵返照孤。塘蒲今已晚，憔悴庾肩吾。

二　香林寺

香林寺在明故宫北安门外，旧为金陵三大刹（古林、香林、毗卢）之一，光绪十四年（一八八八）重修，自建军官学校以来，强半驻军，寺宇荒凉，无复当年气象矣。甘熙《白下琐言》卷一云：

香林寺或云半山园故址，然志载半山寺在北安门内东北隅，为安石故宅；今驻防固山王益之都督家正当其处。若香林寺在北安门外，相距甚远，非昔之半山园也。寺有四足铜方鼎，高二尺余，其色黝然如铁，呼为吃灰垆，百年来灰未出亦不满，殆神其说耳。又有木椅高三尺余，可坐数人，整刳而成，扪之有异香，相传为沉香木。大悲楼有雕漆九龙供案，乃明代内用故物。又有吴道子大士画像，金碧璨然，自非赝本。若佛牙高约五寸，阔如之，其色黄，覆以香楠小塔。予意佛生中印度，亦与人同耳，牙焉有若是其大者，殆附会之谈欤！

《钟南淮北区域志》云：

西北有香林寺，在厚载门后，明寺所建。梁庆云寺佛牙流传在此，又有大藤，结成自然椅，容坐数人。咸丰乱后佛牙失而椅尚存，盖明宫中旧物也。

今则椅犹存，而诸宝多失，寺宇大半驻军，殆零落尽矣。

三　半山寺　毗卢寺　吉祥寺　大悲禅林　上乘庵

半山寺在中山门内迤北，宋元丰七年（一〇八四）王安石请以所居宅舍为寺，赐额报宁，故其集中有《谢赐额表》。宋时其地在城东七里，距钟山亦七里，此为半道，故名半山寺。洪、杨乱后，于同治九年（一八七〇）重修，今又垂废。寺东有谢公墩，与冶城北永庆寺傍之谢公墩，遥遥相望，金陵胜迹之一也。

毗卢寺〔图一九二—二〇三〕在大悲巷，旧为毗卢庵。光绪中湖南僧海峰募湘军诸将资重修之，遂成大刹。山门内为天王殿，再进为大雄殿〔图一九三〕，殿后为藏经楼，楼东为万佛楼，供万佛塔〔图二〇〇—二〇三〕，塔高五层，绕以八角围屏，上列二十四诸天，雕镂极精，为南都所仅有。楼西北有三圣殿，供接引佛〔图一九八〕。寺东临杨吴城壕，据河东岸而望，崇楼杰阁，梵宇连云，洵城内第一大刹也。

吉祥寺在卢妃巷北首路西，系一尼寺；上乘庵在土街口北；大悲禅林在大悲巷北口，皆不过寺宇数楹，无足多述。

## 第五节　东南诸刹

一　石观音寺（鹿苑寺）

石观音寺在城东南隅蟒蛇仓，当周孝侯处读书台下。梁为萧帝寺，武帝所立也。寺额为萧子云书；至南唐改名法光寺，宋曰鹿苑寺。正殿依岩而筑，石壁有宋管仲姬画大士石刻；后又就山凿像，法相庄严，故谓之石观音寺〔图一八七〕。今殿宇荒落，不过数楹矣。

苏鹗《杜阳杂编》：梁武帝好佛造浮图，命萧子云飞白大书曰萧寺；及寺废，唐李约得一萧字，载归以名斋。

《景定建康志》：鹿苑寺旧名法光寺，即梁萧帝寺也，在今城东南隅；寺有子隐台，周处筑台读书处也。佛殿前有郗氏窟，旧传德皇后化蟒，武帝册为龙天王祠祀之即此。

寺侧旧有古柏庵、西莲庵、接引庵，今并无存。近有佛教居士林〔图一八八〕，结屋数间，与石观音邻，聊资点缀而已。

二　其他诸寺

（1）回光寺　余怀《板桥杂记》，记长板桥一则，谓“在院墙外数十步，旷远芊绵，水烟凝碧，回光鹫峰两寺夹之，……”今鹫峰寺尚在，而回光寺则屡访不得。继读《白下琐言》卷四：

> 回光寺，永乐中僧回光所建，本在白塔巷内；万历间以近旧院，净秽杂处，仍移置今所。嘉庆间为恤颐堂。今巷中白塔尚存，即回光旧塔，俗谓为瘗老尼处非也。又下街口有白塔巷，乃元龙翔寺故基，是城内白塔巷有二矣。

始知回光寺万历间已迁回白塔巷，余怀所记，盖从其未迁前之故址耳。今二址并已不可考。

（2）鹫峰寺　在白鹭洲东北，接近城垣，明英宗天顺中宦官进祖定所建也。《白下琐言》卷一云：

> 鹫峰寺轮藏殿之右饭堂，老僧明彻主之，有花癖，庭砌遍莳牡丹，异种甚多。初夏时以竹筒盛贮水，插以芍药，安放绿丛中，高下鲜妍，恍如真本。……自壬午后连遭大水，其花无存矣。

今日寺宇荒落，沦为贫民之窟，芜秽杂沓，令人不胜今昔之感。

（3）极乐庵　在石观音寺西，不见于旧籍，盖系后建，今亦已破落不堪。

（4）正觉寺　在新辟武定门内，初名水月庵，嘉庆中僧镜澄获妖人方荣升，奉敕改建，乱后重修，规模仍宏。有玉佛，系来自缅甸，亦金陵所仅有也〔图一八九〕。

（5）千佛庵　在长乐路南磊功巷。附祀石将军。

（6）寿佛寺　在仓门口。

（7）翔鸾寺　在膺福街北翔鸾坊，旧称翔鸾庙，南唐卢绛尝居此，有庙祀卢大王，重其忠节也。今改为佛寺。

（8）大乘庵　在边营，南倚城垣，为尼寺中之大者。民国初年，江苏省议员王某之姊氏捐造，今犹为住持，已五十余岁矣〔图一九一〕。

（9）承恩寺　在王府门阙之内，明景泰二年（一四五一）内官王瑾奏改为寺，赐额承恩即此。利玛窦于一五九九年（万历二十七年）尝驻此寺。今已荒落，仅余数楹东向而已。

以上各寺，皆著者亲自涉历者。《东城志略》更有所谓古柏庵、西莲庵、阿弥陀佛庵（三条营）、韦驮殿，今皆无存矣。

## 第六节　西南诸刹

一　瓦官寺（凤游寺）　下瓦官寺

瓦官寺本河内山玩墓也，在小长干，地名三井冈（当今之花盝冈），张昭、陆机诸宅，皆环绕其侧。晋元帝时，王导以为陶处。《建康实录》：

> 晋哀帝兴宁二年（三六四），诏移陶官于淮水北，遂以南岸窑处之地，施僧慧力，造瓦官寺。

此瓦官寺之缘起也。寺有戴安道所制五像、师子国（今锡兰）所贡玉像（高四尺二寸，玉色润洁，形制殊特）、顾长康所画维摩图，谓之三绝，而戴颙所冶丈六金像及张僧繇画壁不与焉（注二）。晋简文帝敬礼祀释法汰，于寺讲《放光般若经》，车驾临幸，遂拓房宇。汝南世子综，欲侵寺基，寻自感悟。至孝武帝太元二十一年（三九六），塔毁于火，旋修复之。晋恭帝步迎佛像，从十余里。宋元嘉十六年（四三九），有三乌翔集，乃置凤台里，起台于山，号凤台山，此凤凰台之缘起也。齐东昏侯毁师子国所贡玉像，为潘妃钗钏，寺初历劫。梁时出寺塔舍利，敕市数百家宅地，造诸台殿并瑞像，就建瓦官阁，高三百四十尺（一作二百四十尺）。陈宣帝太建九年（五七七），雷震瓦官寺重门。后瓦官阁西南渐欹，至唐开元九年（七二一），因风自正，平旦时影落江水，暮则返照入郭。唐仁杰诗："云散便凝千里望，日斜常占半城阴。"其形胜可想见也。

六朝既逝，建康荡为平地，独凤凰台瓦官阁，仍为江南名胜。唐代诗人，时来凭吊，李白《凤凰台诗》云：

> 凤凰台上凤凰游，凤去台空江自流。
> 吴宫花草埋幽径，晋代衣冠成古丘。
> 三山半落青天外，二水中分白鹭洲。
> 总为浮云能蔽日，长安不见使人愁。

盖当年大江前环，平畴远映，形胜既异，登眺自殊，而"吴宫花草"、"晋代衣冠"，登临凭吊，亦非无所指也（注三）。太白《横江词》，更有"白浪高于瓦官阁"之句，想像当年，

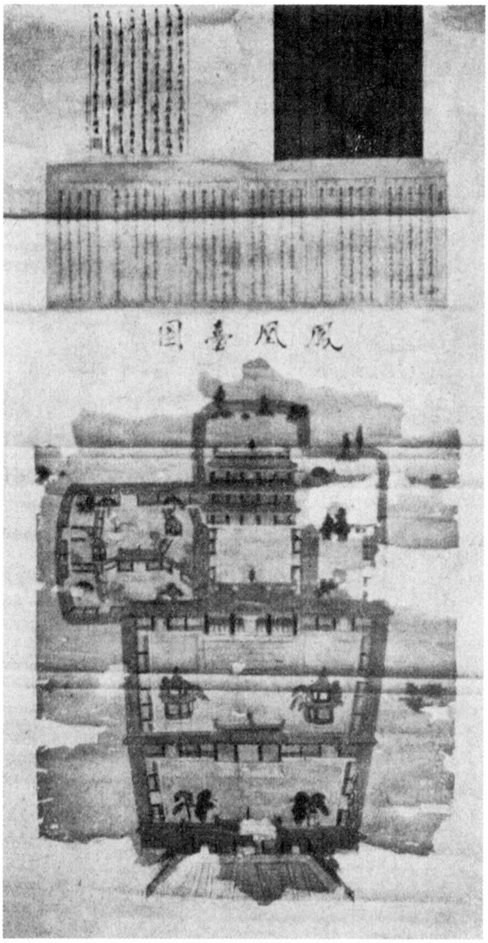


凤凰台图

风云动荡，江流激越，今日而登临其地，得毋怪今昔形势之不侔耶！

杨吴改寺为吴兴，南唐改寺为升元，阁名皆随之而变。宋师下江南，士大夫豪民富商之家，妇女数千人，避难阁上，吴越兵举火焚之，一旦而烬，千年古迹，遂付劫灰。宋太平兴国五年（九八〇），复建为崇胜戒坛院，筑卢舍那佛阁。亦高七丈，俗犹呼为升元阁。明初夺寺基为骁骑仓，半入魏公园。万历十九年（一五九一），僧圆梓募赎其地，复创刹焉。寺有老桂，古干槎枒，因名丛桂。焦竑因殿左有凤凰台，更名曰凤游寺。寺南有集庆庵，《焦氏笔乘》：嘉靖时诏毁私庵，集庆僧妄以瓦官名其处得幸免，然实非瓦官故址。故《金陵梵刹志》谓瓦官有二：山上为上瓦官寺，平地为下瓦官寺云。

咸丰兵燹之后，六朝名刹，荡然无存。今日而访古瓦官寺，仅余破屋数椽，庭中列石炉及烛檠二，炉基石刻，作双狮戏球之状，颇类古物保存所所存之六朝狮凤柱础，或言东晋时物，未可尽信〔图一五六、一五七〕。门内有碑已倾，额作“重建瓦官寺祝禧圣寿碑”，可确定为瓦官寺故址。更有升元阁石刻图，不记年月，盖南唐时物，实仅存之遗迹也。至于下瓦官寺，则破屋半椽，荒凉满目，更无足述矣。

**横江词** 李　白

人道横江好，侬道横江恶。
一风三日吹倒山，白浪高于瓦官阁。

**登瓦官阁诗** 前　人

晨登瓦官阁，极眺金陵城。钟山对北户，淮水入南荣。
漫漫雨花落，嘈嘈天乐鸣。两廊振法鼓，四角吟风筝。
杳出霄汉上，仰攀日月行。山空霸气灭，地古寒阴生。
寥廓云海晚，苍茫宫观平。门余阊阖字，楼识凤凰名。
雷作百山动，神扶万栱倾。灵光何足贵，长此镇吴京。

**瓦官阁** 罗　隐

下盘云迹上云浮，偶逐僧行步步愁。
暂憩已知须用意，渐来争忍不回头。
烟钟树老重江晚，林铎风轻四境秋。
懒指台城更东望，鹊飞龙斗尽荒丘。

**登升元阁** 李建勋

登高始觉太虚宽，白雪须知唱和难。
云度琐窗金榜湿，月移珠箔水精寒。
九天星象帘前见，六代城池直下观。
惟有上层人未到，金乌展翅拂阑干。

**升元阁吊古** 曾　极

摩挲石柱藓痕斑，亡国如鸿去不还。
无复切云三百尺，只传风铎在人间。

**凤凰台晚眺** 刘克庄

经月疏行台上路，秣陵城郭忽秋风。
马嘶卫霍空营里，萤起齐梁废苑中。
野寺旧曾开玉帐，翠华人不幸离宫。
小儒记得隆兴事，闲对山僧说魏公。

**瓦官寺** 王士祯

江色斜阳下，来过古瓦官。勇如骠骑少，痴似虎头难。

梵响流空寂，松声复殿寒。逍遥能解否，试问道林看。

二　其他诸寺

城内西南诸寺，除上下瓦官寺外，尚有下列各刹，总叙如下：

（1）封崇寺　在水西门内牙檀巷，属于律宗（传南山宗千华第八世皓清分支于此），为城南大刹。赵宋时因旧报慈廨院，而建斯寺；以楼奉佛疲津梁像，故俗谓之卧佛寺。旧有佛经全藏，洪、杨之乱，主僧炳炎焚庵以殉；同治年间德诚重修。寺有木制戒坛〔图一八三〕，雕镂极精，戒坛两旁，有木塔二，九级八面，极玲珑剔透之致〔图一八四〕。墙上遍塑佛像，尽系磁制〔图一八四〕。山门外照墙有砖刻大佛字，寺僧根如，指为六朝时物〔图一八五〕。故寺门有联云：“古寺犹存明季石，照墙尚有建康砖。”据陈作霖《运渎桥道小志》，谓“壁多建康府仓砖，盖铁塔寺之故物，赵宋遗甓，于此仅存”。然则此所谓建康，盖指南宋之建康府，而非六朝时之建康明矣。

（2）妙悟律院　在花盝冈北，系清季所建，院落数进，殿宇颇宏。有南海观音及文殊、普贤三大士塑像，高俱丈余，颇具作风；就中尤以文殊造像，最有精神。

（3）慧月居　在大沙井，旧为华严僧庵，光绪初年，改为慧月居尼刹，颇为清净。

（4）清佛寺　亦在大沙井，佛宇三楹，南向面城墙，寺僧谓系明代以前古寺，余无足多述。

（5）弥勒庵　一名恒善堂，在陈家牌坊，却负城墙。

（6）从容禅林　在八角井。

（7）永祥寺　在仓坡，至为湫隘（不见于《凤麓小志》）。

（8）古萧公庙　在仓坡，地近柏家苑。萧公有二说：《重修西坡萧公庙碑记》云：“寺东连凤凰台，其南则低洼，实大江之渎岸；萧公官水务，必有捍御兴革，造福地方，可纪述者。或谓萧公即梁武帝，崇佛道，台城之难，不宜祀城北，奉佛皈依者隐讳之，移祀于此。”有长者皓须白发，即萧公也。殿外两庑塑有十殿阎王像，狰狞可畏。

（9）护国寺　在五福街骁骑营，地势甚高，盖明时设仓之所。旧有斗姆阁，开窗远眺，雨花、钟山诸景尽在目前。旧时禅房花木，曲径通幽；今已荒落不堪。道光元年，掘得朱子《游仙诗碑》于此，一觞一咏，遂为名流之所重也（参阅《白下琐言》卷二）。其傍即都天庙，详见玄观一节。

（10）海会禅林　在猫鱼市，静海寺之下院也。

（11）金粟庵　在营门口迤西，近猫鱼市。昔杜少陵咏顾长康所画瓦官寺维摩云：“虎头金粟影，神妙独难忘。”庵近瓦官，故取金粟以为名也。

以上为著者亲历访得者。至于《凤麓小志》所记，尚有铁牌庵（在大沙井），慈月阁（慧月居比邻），神州尼庵（高岗里），亳州、福胜二尼庵（五府园今讹为五福街），禹王庵（磨磐街南），圆通庵（钓鱼台），大悲庵（九层坡），六度庵、兴善庵（皆在财神古道），准提庵（猫鱼市），一苇庵（柳叶街），则或变为民房，或已消灭，并不可考矣。

## 第七节　城南诸刹

### 一　报恩寺　三藏殿

报恩寺系金陵第一大刹，相传吴赤乌间，天竺国人康僧会东游至建业，言阿育王役鬼神起塔事，礼请三七日得舍利，吴大帝为建阿育王塔，号建初寺，言江南建塔之始也。梁为阿育王寺，一曰长干寺，宋名天禧寺，元改慈恩旌忠寺。明初《洪武京城图志》，尚称天禧寺。永乐十年（一四一二），敕工部重建；至宣德六年（一四三一）始成，赐报恩寺额，朱孔阳书。有琉璃塔，宋圣感塔也，凡九级八面，文石雕瓦，千奇万丽，金轮耸云，华灯耀月，为南都巨观，十八世纪西人游记中所谓“南京之表征”（Wahrzeichen von Nanking）是也。万历间，南内日给油钱，寺僧分匿殆尽，惟于面城一隅，设灯三数级，以愚中贵而已（见吴均诗注）。清顺治戊戌（一六五八），塔为雷坏一角，有田氏兄弟，登最上层，系横木于塔门，竖梯木端，缘之而上；其徒鱼贯运材，因势掇葺，如燕雀营垒，移其木以次上下，三月讫工。田氏解衣跣足，持长帚踞巅扫除，谓之洗塔。复仰天坦卧，云日荡胸，安如平地，观者震骇，田氏循檐斗折，冉冉而下，人目为肉飞仙焉（见施愚山杂著）。太平天国之役，塔毁于火，一代豪华，尽委劫灰。寺旧有华严楼。下有井，题咸淳三年（一二六七）字；又有竹浪径松、竹堂诸胜，今并无存。考其遗址，盖今中华门外南山门宝塔山一带地，西至大街，东至马家山（今兵工厂），北至扫帚巷，南至三藏殿（旧属三藏塔院）。今之报恩寺，盖不过临街之一小部耳。寺后有桥，桥东北数十步有巨碑嵯峨，高出诸屋三丈许，古色斑烂，龟趺已损其首，然气象隆崇，浮现市巷湫隘之中，如奇迹也〔图一六二、一六三〕。碑文漶漫难读，额大书“□□大报恩寺志”，尾记宣德年月，体制之崇，仅中山王墓碑，可与颉颃。东下宝塔山，濒池有报恩寺琉璃塔顶，系铁制，雕镂花文，分十二方位，九层浮图，仅余一顶，洵可贵也〔图一六四〕。此外古物保存所及中央大学，各藏有琉璃塔砖少许，然未能窥其全豹矣。

兹据古人记载所及，摘录一二，以见当年琉璃塔之气象：

明王世贞《游牛首诸山记》：

> 余耳建业牛首之胜者久矣。……既出，候诸公于聚宝门之报恩寺，皆不

至。时寺之二山门前后殿周庑，久委劫火，独一塔在。塔故文皇下京师纂大宝，倾天下之财力，为高帝及后营福者也。其雄丽冠于浮图，金轮耸出云表，与日竞丽。余剧欲一登之，而僧颇疑余以不任；余乃易便服行縢，凭小吏肩而上。甫三级，则已下视万雉矣；级益高，阶益峻，两股蹉踔者久之；强自奋，尽九级。宫殿樛郁，万栋栉历，与平畴相映。长江如白龙蜿蜒而来，惟钟山紫气，与天阙、方山不相伏，余无所不靡。塔四周镌四天王金刚护法神，中镌如来像，俱用白石，精细巧致若鬼工。余摩挲之久，欣然而笑，谓足且诅吾眼矣。……

按报恩寺及琉璃塔，凡数毁数修。明嘉靖四十五年（一五六六）春二月，大风雨震报恩寺，殿宇皆尽（见《金陵琐事》）。万历二十八年（一六〇〇），修报恩寺塔（同上）。清顺治戊戌（一六五八），塔为雷坏一角，旋即修复。至太平之役，则庙宇灰烬，荡然无存矣。

甘熙《白下琐言》卷四：

报恩寺琉璃塔，高出天表，数十里外可望见；而寺之金刚殿后，有香水河一道，石桥跨焉；过桥有碑亭，立桥之正中片石望之，塔全不见，稍为却步，而顶现矣。布置之妙，何巧绝乃尔！

按桥今犹在〔图一六一〕，碑亭已杳，金刚殿盖当今报恩寺处，以此推之，则塔当在桥之正西，适当今宝塔山，盖无疑义。

清康熙帝《登报恩寺浮图》：

涌地千寻起，摩霄九级悬。琉璃垂法相，翡翠结香烟。
缔造人功巧，流传世代迁。旷然弥远望，万象拱诸天。

陈文述《登报恩寺浮图》：

靖难师来孰闭门，孝陵云树黯消魂。
忠臣已尽神孙死，却建浮图说报恩。
儿女英雄各有人，旧都遗事说纷纷。
六朝只在斜阳里，半是青山半白云。

三藏殿〔图一六五〕在报恩寺南，旧属寺内。殿后土阜上有石塔，遗址尚存。《金陵梵刹志》谓藏玄奘爪发处。或曰，宋天禧寺僧可政往陕西紫阁寺得唐三藏顶骨，归瘗于此，未知孰是也（《白下琐言》卷四）。

二　普德寺〔图一六七〕

普德寺明正统间建，在京芜公路之南。当公路与雨花台路之交，为刘园，台榭荒废，尽余池沼断桥而已。园南登坡，为观音庵；再南逾土坡，深藏山坞中，为普德寺。寺门前有大龟趺二，碑已无存。入门为天王殿，再进为大雄宝殿，供金身如来，周围列铁佛五百。殿后为无量寿佛殿，供铁佛一尊，高可丈许。寺前冈峦起伏，登此北望，钟山龙蟠，石城虎踞，尽在一览中。

甘熙《白下琐言》卷二：聚宝门外普德寺，明内监刘瑾尝修之，寺内有瑾像，僧讳言之，指为伽蓝神。两廊有五百罗汉象，奇形变态，无一同者。创造之工，不在杭州净慈之下。

三　天界寺〔图一六六〕

天界寺本元大龙翔集庆寺，旧在城西朝天宫东；明洪武时灾，敕徙城南阒寂处，始改今额。寺在京芜公路南，普德寺之东北，邓府庵（中供明宁河王邓愈神位）之东，与碧峰寺隔道相望。明初修《元史》于此，高启诗“万履随钟集，千镫入镜流”，纪其盛也。又有律局、礼局、诰局，亦明初所设，见梁寅《石门集》；更有毗卢阁、半峰亭、万松庵，今皆无存。大殿新修，尚未峻工，殿左右焚余柱础极巨，想见当日体制之宏。殿右庑供铁佛头，大可数围，嘉庆中于菜圃掘出者。案《梵刹志》云：“天界寺之右有铁佛寺”，此其铁佛寺之遗迹欤（参阅《白下琐言》卷一天界寺一则）？

四　碧峰寺

碧峰寺在天界寺北，本晋尼寺也。宋元嘉时，西域尼铁索罗等至建康止此，故号铁索罗寺；齐梁以来，或为翠灵寺，或为妙果寺；宋曰瑞相院。明洪武初重建，以居碧峰禅师，因名。额为黄谦书，有宋濂撰碑，今亡。

五　能仁寺

能仁寺旧在古台城西，宋元嘉建，名报恩寺。南唐改为兴慈院，宋改为能仁寺，明洪武始移聚宝门外，当邓愈墓北，京芜公路之东。院宇湫隘，沦为厝室。寺旧有梅一株，虬枝盘铁，古葩郁香，疏影清流，名曰覆水，盖六朝物也，今亡。寺南里许为安德门，有浙东会馆及城隍庙，无足述者。

六　高座寺　永宁寺

高座寺在中华门外雨花台南，晋咸康中造，本名尸黎密寺；以其地有甘露井（盖即今之永宁泉），故亦名甘露寺。当晋永嘉之末，有西域沙门尸黎密者，渡江而南，止建初寺，不通汉语，为丞相王导所敬，时人呼为高座。咸康中卒，春秋八十余；密常在石子冈东行头陀，既卒因葬于此。成帝怀其风素，于冢树刹，后有关右沙门来游建康，就刹起寺；陈郡谢混追旌往事，遂名其寺为高座。齐释慧进、梁释僧成，递相住持；宝志复与五百大士俱，有云光师坐山巅说法，天花飞坠，因名其处为雨花台。寺旧有铜钟碑（《至正金陵新志》）。张僧繇画（唐裴孝源《贞观公私画史》）志公二印，云光手植松（宋陈轩《金陵集》），今皆无存。唐李白族子中孚，披缁止此，造塔名中孚塔，今亦久废。宋改为永宁寺，泉即以永宁名。明分寺为二，西曰高座，东曰永宁。今二寺犹并存，皆荒落不堪，《白下琐言》所载娑罗树，亦杳如黄鹄矣。

七　安隐寺及其他诸寺

安隐寺在高座寺东上，《乾道志》蒋山旧有安隐院久废，宋绍兴间徙此，正统间重创，赐今额。寺洪、杨乱后重修，院宇颇宏；民国初年遭兵毁，今日仅供百余柩厝而已。前为第二泉，今系茶肆。

此外雨花台东更有数寺，因无关重要，列举如下：

（一）宝光寺，旧名天王寺，刘宋大明中建，明洪武赐今额，今废（注四）。

（二）宝林禅寺，在雨花台东道左，院宇数楹，无足多述。

（三）会因寺，在雨花台东南里余，无足多述。

## 第八节　其他诸刹

一　牛首山普觉寺

牛首双峰，高插云汉，正对宣阳门。王导尝指之为天阙山；牛头禅发祥于此，佛书所谓“江表牛头”是也。梁天监二年（五〇三），司空徐度造寺，因以佛窟为名，实僧明庆之禅房也，《建康实录》：

> 天监二年，置佛窟寺，北去城三十里，僧明庆造。

《景定建康志》亦云：

> 佛窟寺，一名崇教寺，在牛头山，去城三十里。旧传牛头山下有辟支佛窟，宋大明中，移郊坛于山之东峰，执事者导从百余人游西峰石窟，见一僧趺坐，执事者问之，忽无所有，但遗锡杖香炉瓶盂而已。梁天监二年，司空徐度造寺，因名佛窟寺。唐大历九年（七七四），代宗修峰顶七级浮图。宋太平兴国二年（九七七），赐今额。

又《金陵梵刹志》云：

> 佛窟寺，天监间司空徐度建；宋太平兴国中，改崇教寺。洪武初，仍名佛窟，后改宏觉。……

咸丰兵燹以来，旧迹荡然，今名普觉寺，荒落已非昔比〔图二五四〕。民国二十四年（一九三五）以后，改为要塞区，禁人游览，此名山胜地，遂长与游客绝缘矣。兹录明王世贞《游牛首诸山记》及著者《游牛首山记》，以相参照，并见盛衰递嬗之迹焉：

> ……自是古树流泉，迤逦不断，仰望兹山苍翠，迥绝诸岭；独所谓牛首者，转近转不似。……抵山门，日已下舂矣。缘坡而上至金刚殿，殿后有石阶，数之正得百级，曰白云梯，梯尽则为四天王殿。殿后级如前而杀其半，梯尽为大雄殿，殿后复有毗卢殿，毗卢者，释迦千丈报身也。大雄之左方室曰观音，右曰输藏，中为平除，下俯天王殿，除之左，文杏树高可数十仞，围称是，百年前劫火不能烬，非僧腊可拟已。……循东廊度峻嶒而上，得文殊洞，自然石龛，文殊像极猥小，而外为重屋幕之，不足当金刚窟万之一。又东为辟支岩，有塔附焉，曰藏辟支佛舍利处也，颇现光怪。余读盛仲交记，为一哂，辟支独觉也，劫前迦叶佛有之，安得留舍利于支那，殆是菩萨或高僧舍利耳。又东为舍身台，余以足疲不得上……循松林而下，观所谓昭明太子饮马池者，一坎窞耳，水赤而浊。僧云，亦时涸。三吴诸迹，多附之昭明，亦妄也。……

著者于二十三年（一九三四）寒食往游，继又于次年偕二三子前往，则已划为要塞区；惟登山路口并无禁牌，亦无步哨，摄影而后始来阻难，经再三交涉，始将所摄之影并片匣没收，军人之不可理喻如此，良可慨叹。余考南都古迹，厄于宪兵者屡矣，凡史迹名胜，经若辈驻劄，则荡然无遗，而犹以要塞区为名，禁人游览。古者守在四裔，今者专株守京畿弹丸地耳！兹摘录游记如下：

> ……久之，牛首在望，转近转不似；惟苍翠嶙峋，与诸岭不同耳。渐近，仰见琳宫雁塔，列嵌岩际，下者若坠，上者若缀，修栋飞甍，掩映崖间，洵为奇观。拾级而上，右折至玉梅庵，即清道人祠，却负悬崖，面对献花岩，青山绣壤平展几席间。中供清道人像，联云："名山名士同千古；成佛成仙是一家。"祠后为汉罗泉，壁镌大小石佛数十尊，间以梵文，作风古朴，为明以前物无疑〔图二五五〕。出祠傍悬崖而上，及半山，入古寺，为文殊洞，系自然石龛，

梵宇三楹，将及圮倾。由文殊洞而东，附岩而行，得观音洞，寺依崖悬空而筑，飞阁逶迤，下临无地。因品茗小憩，遥望群山环列，苍苍欲滴，下则碧草平芜，原壤似绣。后为观音洞，亦一石龛，壁上多古人题字，复有崇祯十年（一六三七）礼部告示碑，均漶漫难读。左上为六祖舍身台，有铁板道人塔，下临绝壑，松涛盈耳，与天际鹰唳相激，超然有出尘之感。再上登兜率岩〔图二六二〕，又高据舍身台之上，悬崖千仞，鹄立其巅，风飘欲坠，绝顶有砖浮图，额书“天阙山六也亭”，左下为牛鼻尖，其后怪石嶙峋，参差万状，遥望长江一线，势欲浮天，而京口三山，尽在云海苍茫间矣。西下过昭明太子饮马池〔图二六一〕，介东西二峰之间，再前出没松影中，长风迎面吹来，万壑响应。由西峰而下，访古浮图，凡七层，塔影撑空，高耸云霄〔图二五六—二五八〕。入其中，圮不可攀，鸽翎蝠粪，斑烂满地（侧有碑刻崇祯年号，系明以前物无疑）。因西南下入普觉古寺，仅余大雄宝殿，佛龛尘封，荆榛塞途。寺右有杏花数十株，花事已阑，古寺无人，纷纷自开自落，按寺为牛首大刹，即梁佛窟寺址，今已荒落不堪，然临正殿而望，则殿基重重，山门远在半里外，其规模可以相见。大殿后为毗卢殿，殿后依岩而上，为辟支佛塔〔图二五九〕，塔作方形，高凡五层，门左右嵌以壁碑，左题“圣宋江宁府江宁县牛首山崇教寺辟支佛塔记”，系宋皇祐二年（一〇五〇）长干圆照大师普庄所记，右嵌二碑，一为淳祐年号，一系明嘉靖时碑。塔后为辟支洞，石龛天成，古树掩映，幽寂绝俗〔图二六〇〕。按《景定建康志》:“旧传牛头山下有辟支佛窟，宋大明中，移郊坛于山之东峰，执事者导从百余人游西峰石窟，见一僧趺坐，执事者问之，忽无所有，但遗锡杖香炉瓶盂而已。梁天监二年（五〇三），司空徐度造寺，因名佛窟寺。唐大历九年（七七四），代宗修峰顶七级浮图。宋太平兴国二年（九七七），赐今额。”然则辟支洞盖牛首山最古之遗迹矣。

出普觉寺，由昔之“白云梯”而下〔图二六三〕，过天王殿故址，可数百寻，道侧有丰碑二，一书宣德年号，尚称佛窟寺；一书正统，碑亭已圮。出寺门，至狮子山，回首梵宫，迥出树杪，双阙并峙，浮图高耸，而苍翠嶙峋，迥异他山，所谓“江表牛头”之胜，尽收眼底矣〔图二五三〕。盖牛首之奇，尽于西南，不至白云梯，无以知寺宇之庄，不至狮子山，无以揽双阙之胜也。归途成七律一首，录之以为殿焉：

清明羁客滞东南，放马高岗饮草庵。
双塔撑空临绝壑，北风吹雨过寒潭。
长江一线浮天远，京口三山倒影涵。
花自阑珊茵自绿，不堪春色柳毵毵。

二　祖堂山幽栖寺　花岩寺

牛首之南，峰峦削如芙蓉，曰祖堂山〔图二六五〕。宋大明三年（四五九），建幽栖寺于山南，因名幽栖山。唐贞观初，法融禅师得道于此，因为南宗第一祖师，始改为祖堂山。《至正金陵新志》云：

> 融禅师，姓韦氏，年十九，落发出家，入牛头山幽栖寺北岩之石室修道。唐贞观中，四祖信禅师传达摩心印，知融可以传道，遂来山中授以法要。后融卒，葬鸡笼山，号一代祖师。其寺与山，遂号祖堂云。

唐末光启四年（八八八），寺废；杨吴太和二年（九三〇）重置，改名延寿院，今仍称幽栖寺焉〔图二六六—二六八〕。

寺背依天阙，面矗云台，虬松修篁，古劲苍润，王后村诗“路迴披云入，松高带雪看”，即指此也。寺当洪、杨乱前，有僧宇四百余间，太平之役，悉付一炬，今之所存，盖同光时所建者也。前为无量殿〔图二六八〕，度桥拾级而上，为天王殿，凡高二层，以回廊与大雄殿相通〔图二六七〕。天王殿后再拾级上，为大雄殿，正中供三世佛，后供观音，旁列十八罗汉，殿宇轩敞，堪称巨刹。殿后再拾级而上，有殿墟一，折而西，为地藏殿，颇富雕刻。由正殿而东，自成院落，盖为方丈，楼上供千手观音，颇古朴，登楼而望，目极吉山。寺东下为祖师洞，有石窟若堂宇，《寰宇记》法融禅师入定于此，有猿鸟献花之异（刘禹锡所称皓雪莲生，巨蛇摧伏，群鹿驯听，即指是处），故名献花岩云。此外更有伏虎洞、神蛇洞、象鼻洞诸胜，一在寺西，二在山后；更有飞来石，在寺东里许，后有石，上印巨人迹。土著相传，仙人从吉山来，一足跨此，越祖堂山而去，盖齐东野语之流耳。寺后修篁密茂，取径而上，至古拜经台，中供三尊接引佛，四壁峭然，寂无人语，境殆幽绝〔图二六九〕。

又寺东下里许有碑，隐丛木中，述郑和下西洋及乌斯藏取经事，盖花岩寺碑也。按陈沂《献花岩志略》云：明成化间，僧古道居此，黔国宰何公为建寺，奉敕赐额曰花岩，自是名大胜于牛首山。旧有芙蓉阁、小星槎、归云亭、翠微房、澄江台、大观堂、滴翠轩诸胜，今并无存。

三　方山上定林寺　海慧寺　东霞寺宝积庵（附洞玄观及方山大庙）

方山在金陵东南四十五里，高二百二十五公尺又六寸，《建康志》：周回二十七里；《丹阳记》：形如方印，故曰方山，亦名天印山〔图二七〇〕。《舆地志》云，秦始皇时望气者云，江东有天子气，乃东游以厌之；又凿金陵以断其势。今方山石硊是其所断之处，淮水之流经其下焉。晋元帝时，张闿自至方山迎贺循；宋元嘉末，何尚之请致仕退居方山；又《隐逸传》：周韶居湖孰之方山；谢灵运东出，邻里相送至方山赋诗；明初败元将于方山，并是此处。

**谢灵运《邻里相送方山诗》**

祗役出皇邑，相期憩瓯越。解缆及流潮，怀旧不能发。
析析就衰林，皎皎明秋月。含情易为盈，遇物难可歇。
积疴谢生虑，寡欲罕所阙。资此永幽栖，岂伊年岁别。
各勉日新志，音尘慰寂蔑。

山北有上定林寺，半付劫灰，所余仅天王殿、东庑、方丈，及寺西七级砖浮图，古色苍然，欹斜欲倾，俨然比萨之斜塔也〔图二七一、二七二〕。寺却依悬岩，前临平原，青龙、牛首诸山，环拱左右，洵为胜地。寺门之右，有明弘治《定林寺碑》；天王殿后墙东西，嵌宋嘉定庚辰（一二二〇）《方山上定林寺之记》（免解进士建康府校正书籍朱舜庸记）及元至正五年（一三四五）《方山重修上定林寺记》（虞集撰）二碑。由碑文考之，寺盖建于乾道末年，秦高僧善鉴，始来是山，结庐行道，因钟山定林既废，遂请上定林之故名而名焉。其七级浮图，询之寺僧，犹曰宋时所造云。《诸寺奇物记》云："方山定林寺有乳钟一百八乳，乳乳异声，相传景阳钟也。"今已无存。

山巅为海慧寺，旧名老石龙池，系近年新建，据平旷之胜，四望苍茫，如在大海孤岛间也。

山东麓为东霞寺，却负鸡龙顶，石林清翠，杳然幽深，为山之佳胜处。寺下为方山大庙〔图二七四、二七五〕，祀南宫祠山广惠大帝，山门大书天印山，后为大殿，两庑供十殿阎王，有嘉庆七年（一八〇二）《重修方山大庙碑记》，谓"宋淳熙五年（一一七八），始建于山麓，乾隆年移建于山腰，自兹庙貌巍峨，神灵赫慑"。大帝神名渤，本前汉乌程横山人，尝役阴兵开凿河渎，有身化豕之异，见《能改斋漫录》，故今祀之者不用猪肉（《白下琐言》卷四）。至今每逢旧历三月十八日，乡民进香作社，演剧敬神，犹奉行不替。

山南为洞玄观〔图二七三〕，吴大帝为仙者葛玄立也。有洗药池、炼丹井，并玄旧迹。观祀葛玄，后为三清殿，释道杂陈；东为小园，饶奇卉异草，海棠含苞，嫣红欲滴，黄杨牡丹，错落庭除，惟观宇残破，令人不胜苍凉之感。

由洞玄观缘坡而上，绕至山西，为宝积庵，亦建于宋，寺宇已废，仅余一屋，正殿残基，犹可辨认。后有和尚坟，作风古朴，殆亦宋元高僧塔也。

据同治《上江两县志》，方山尚有灵岩寺，梁诸葛颖有《奉和方山灵岩寺应教诗》，"傍有东霞寺"，则或在东麓；又有宝华宫，南唐耿先生遗迹也，见陆游《南唐书》。此外更有梁柳世隆墓、王僧辩墓，明黄得功墓，今并无可考矣。

## 四　宝华山隆昌寺　一叶庵[图二八一——二八七]

宝华山在句容北六十里，距栖霞三十里而远，距南京八十里而近。山势崛起而中凹，群峰环绕其下，若华之含萼；窝藏寺宇，如莲之有房也[图二八一]。曰宝华，盖取《般若经》云：“南海北有宝华山，古佛所居。”或曰，缘僧宝志结庵，故曰宝华；又曰盛夏黄花满山，故名；而俗第呼为华山云。相传梁武帝尝登此，问华山何如蒋山；高薛对曰：华山高九里，似与蒋山等（据近人 Richthofen 测量，此山且高于钟山）。明慈圣太后尝梦至一山皆莲，下部遍访名山有莲花其名者，礼部以此山对。

山东双峰浮青耸翠，矗出云表，为大华山，登此而望，大江南北山川形胜，一览而尽。大华山下为小华山，其形圆秀，亦犹太华之有少华也。大华东巑岏突出，上锐下夷，其势回旋而西顾者，为东华山。宝华之西，势亦嶙峋而东顾者，曰西华山。西上为拜经台，上有巨石，位置如台，一名晒经，坐此俯瞰，大江前横，诸峰后拱，远则金焦，近若栖霞，牛首钟峦，若隐若现，而大华山高出云表，巍然独峙，诚东南一伟观也。拜经台已圮，有今人戴季陶筑哭弟亭及戴母书《孝经》碑，实不相称。兹将纪游录下，以写实地所得印象。

二十四年（一九三五）四月二十日，驱车出朝阳门，直驶汤山。由此乘蹇驴至宝华山，凡十八里。沿途松柏蓊郁，山光明媚，而流水潺湲，景色宜人。绕出雁门山（一名孔山，亦作空山）后，始望见宝华山双峰高耸，长岭回环，而满山林木苍润，殊与他山不伦。至一叶庵[图二八七]，已抵山麓，康熙四年（一六六五）释见月建，旧时大殿韦驮殿斋堂左右厢寮房，共计四十楹，今已垂圮。庵祀律门南山宗千华第四、五、六、八、九、十、十一、十二、十三、十四各世高僧，塑像颇佳，奕奕如生。按千华一派系统如下：

古心如声
- 性相（塔院天隆寺）
- 性海（北京法源寺）
- 性正（金陵吉祥寺）
- 性藏（武林灵隐寺宁波天童寺）
- 三昧寂光（宝华山隆昌寺）(1)——见月读体(2)——定菴德基(3)——松隐真义(4)——闵缘常松(5)——珍辉实球(6)——文海福聚(7)
- 性清（五台山永明寺）
- 性祇（苏州报国寺）
- 性福（广陵福田院）
- 性罄（三义寺）
- 性昙（云风山香水寺）
- 性理（命受古林）
- 性璞（逊受古林）

（另立千华一派为第七代今已传至十五六代）

盖千华一派，从如字起，演派五十六字，但以寂字为第一代，此《律门祖庭汇志》（古林十七世仁友编）所贬为“数典忘祖”者也。其五十六字如下：

如寂读德真常实　福性圆明定慧昌
海印发光融戒月　优昙现瑞续天香
支歧万派律源远　果结千华宗本长
法绍南山宏正脉　灯传心地永联芳

由一叶庵登山，石径萦回，竹树蒙密，与方山之濯濯，适成对照。至隆昌寺，山门在寺东北隅，为三昧改建，明万历间敕赐护国圣化隆昌寺额；清康熙十三年（一六七四），释见月重建，四十二年（一七〇三），赐慧居寺额；今仍名隆昌寺。入山门左折，为正院，大雄殿五楹，居山之中，重檐复宇，气象崇宏〔图二八二〕，康熙十年（一六七一），见月重建。相对为大悲楼，下为布萨堂。大雄殿左为净土坛，下为方丈（后

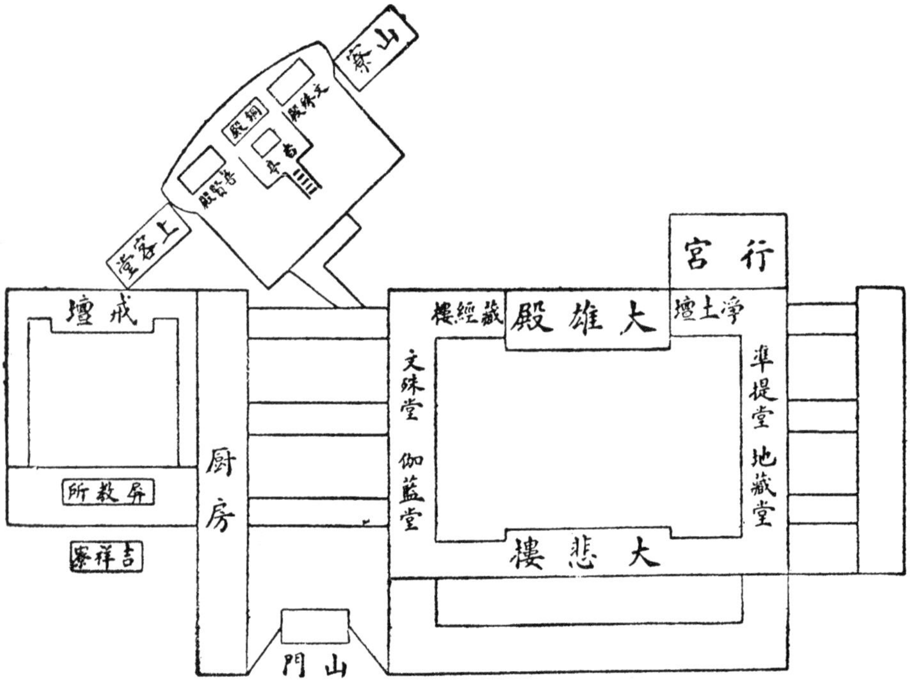


改设行宫）；右为藏经阁，内设龙文朱椟，奉清赐藏经。左厢翼楼十八楹，崇祯间三昧重建，上为羯磨寮五楹，准提堂三楹，地藏堂三楹，净业堂五楹，下为钟板堂、书记寮、观音堂、如意堂。右厢翼楼亦十八楹，雍正十三年（一七三五）重建，上为文殊堂、伽蓝堂、知众巡照寮、教授寮、监院寮、庄主寮，下为志公堂、客堂、知客寮、米库房；其副寺寮及茗果寮，则通上下。院周围各有重轩，长廊相属。由山门右进为戒坛，

凡五楹，前设照壁，两旁翼以走廊。坛始以木为之，见月易以石，周以层栏，承以莲座，上下花纹镂刻，极其工丽，皆见月手绘〔图二八六〕。按见月自幼喜画，好登陟，遇佳山水辄不忍去，或言尝从龚半千学画，此戒坛雕刻之足珍贵也。

由大雄殿右上为铜殿〔图二八三〕，明万历三十三年（一六〇五）释妙峰奏请创建，上与太后各赐金钱，以助其成，当年梁栋栌桷窗瓦屏楹，悉范铜为之。今毁，仅观音像后壁上犹嵌铜一方，存故迹耳。殿前为香亭，额曰“普陀别峰”〔图二八四〕，左为文殊无梁殿〔图二八五〕，右为普贤无梁殿，皆万历三十三年释妙峰建，作风古朴，颇类北京北海无梁殿也。铜殿前拾级而下，道旁有碑凡二，一为万历乙卯（一六一五）《敕建宝华山护国圣化隆昌寺观音菩萨铜殿碑》，焦竑所撰；一为重修寺碑，康熙年间立。读此可见铜殿左右之文殊、普贤无梁殿，实为宝华山最古之遗迹矣。

再上为玉佛楼，旧有太后行宫，去冬毁于火。去寺门而西，为拜经台，旧迹荡然，仅近人所筑哭弟亭，危踞山巅，实为不伦。登临而望，大江前横，诸峰后拱，隔江诸山，隐现烟云中，而大华高出云表，巍然独峙，洵为伟观。下山行林壑间，以黄昏归汤山，始驱车言旋，斯行仓猝，未穷所观，异日更拟登大华山，以一览江山万里图也。

### 五　摄山栖霞寺〔图二一六—二三三〕

栖霞寺在金陵东北摄山，因山多药草，可以摄生，因以为名；又以其状似伞，亦名伞山。山在六朝以前，知者甚鲜。宋泰始中，处士明僧绍始抗迹来游，刊木结茅，二十余年，不交俗士，惟与释智度往还，待以师友之敬。齐永明七年（四八九），遂舍宅为栖霞精舍，请度居之。先有道士欲以寺地为馆，住者辄死，及度驻锡，群患皆息。于此有一段神话，有关栖霞寺掌故，《齐瑯邪摄山释法度传》尝记之，节录如下：

> ……经岁许忽闻人马鼓角之声，俄见一人持纸名通度曰靳尚；度前之，尚形甚都雅，羽卫亦严，致敬已，乃言：“主此山七百余年，神道有法，物不敢干，前诸栖托，或非真正，故死病继之，亦其命也。法师道德所归，谨舍以奉给，并愿五戒，永结来缘。”度曰：“人神道殊，毋容相屈；且檀越血食世祀，此最五戒所禁。”尚曰：“若备门徒，辄先去杀。”于是辞去。明旦度见一人送钱一万香烛刀子，疏云：“弟子靳尚奉供。”正月十五日，度为设会，尚又来，同众礼拜，行道受戒而去。摄山庙巫梦神告曰：吾已受戒于度法师，祠祀勿得杀戮。由是庙祀，荐止菜脯而已。

按《六朝事迹编类》，菩提王庙（同治时犹存）即楚大夫靳尚也；引《摄山记》云，楚靳尚以谗杀屈原，天谴作蟒，穴兹山后，后人为之立庙。由此各段记载，可见摄山初属于靳尚庙之势力，佛教传入之初，与道教争，不得不编为此种神话，以动听闻。以上栖霞寺之缘起也。

齐梁之增建　江总《栖霞寺碑》云：

> 僧绍之子仲璋，为临沂令，于西峰石壁，与度禅师镌造无量寿佛，坐身三丈二尺五寸，通座四丈；并二菩萨侍，高三丈三寸。大同六年（五四〇）龛顶放光。齐文惠太子、豫章文献王、竟陵文宣王、始安王遥光，及宋江夏王霍姬、齐田奂等琢造石像。梁临川靖惠王复加莹饰。

齐梁二代所琢佛像，大部尚存，即后世所谓千佛岩也〔图二三二〕。仲璋所镌造大佛，今供三圣殿〔图二二二〕，依岩而筑，衣褶作风，颇似大同云冈石窟；惜为寺僧以水泥修补，全失精神。惟殿前左右有二立佛，高可丈许，像慈悲和蔼，神气充足，表现江南秀美典雅之作风，与北魏造像略有不同〔图二二三—二二四〕。按其年代，与洛阳龙门石佛同时，吾国艺术之黄金时代也。

其他六朝遗迹　梁时寺僧僧朗，去乡辽水，闻道京华，梁武帝乃遣中寺释僧怀、灵根寺释慧令等诣山谘受三论大义，此三论宗之起源也。又南兰陵萧琛遁世兹山，多历年所，临终遗言，葬法师墓侧。据《江总集·栖霞寺诗》“丹青独不渝”注，寺有朗、诠二师，居士明僧绍，治中萧琛塑像图，久已失传。元帝为湘东王时，撰《栖霞寺碑文》，极为典丽；江总持碑（注五）则叙事详备过之。又寺侧有齐巴东献武公萧颖胄墓，今已无存；惟栖霞寺西北三里许张家库有失名之六朝古墓一，或即此墓欤〔图一八〕。

隋之舍利塔〔图二二五—二三一〕隋文帝仁寿元年（六〇一），敕建舍利塔于栖霞寺。关于建塔缘由，向有二说，大同而小异：《帝京景物略》云：

> 隋文帝遇阿罗汉授舍利一囊，与法师昙迁数之，莫定多少；乃以七宝函致雍岐等三十州，州建一塔，天宁寺塔其一也。

《上江两县志》卷三云：

> 相传文帝遇异尼，得舍利数百颗，分八十三州，各树塔，蒋州其一也。

塔南唐重修，五级八面，镌四天王像（西南面并镌普贤像）〔图二二八—二三一〕，塔基浮雕释迦八相图，人物须眉，蓬勃若生〔图二二七〕。八相图次序，与后世塔上所镌（如北京黄寺五岳浮图）略异，记之如下：

| | |
|---|---|
| 西北 | 托胎 |
| 北 | 诞生 |
| 东北 | 出游 |
| 东 | 逾城 |
| 西南 | 降魔 |
| 东南 | 成道 |
| 南 | 说法 |
| 西 | 入灭 |

四天王之上，更镌飞佛游空之像，亦极生动。塔旁旧有导引佛二，各高丈许，今已移置大佛阁前矣。

> 《摄山志》：隋文帝时诏送舍利天下，凡八十三州，分造石塔，蒋州栖霞寺其一也。塔以白石为之，高数丈，凡五级，锥琢天然，种种奇绝。前设导引二佛，各高丈许，亦以白石为之。像貌衣缕，谓有顾恺之笔法。

唐宋以后之沿革　唐高祖改栖霞寺为功德寺，增置梵宇四十九所，楼阁崇闳，宫室壮丽，与山东灵岩、荆州玉泉、天台国清，并称四大丛林。高宗御制《明徵君碑》（今在山门外左侧），改为隐君栖霞寺，御书寺额于碑阴。武宗会昌中废，宣宗大中五年（八五一）重建。降及南唐，寺又隆盛：高樾等既修建石塔，徐铉、徐锴复题名石壁，笔势有古人螺篆之法，今日犹存。铉又书额曰妙因寺，今亡。又寺西有徐铉宅，又有南唐高樾墓，今并已不可考矣。

> 《栖霞小志》：嘉靖中予与云谷、嵩山二师，散步于千佛岩上下，叹昔人题名，近多磨灭，每以沈传师与二徐之笔迹不可复见为憾。一日忽于萝根下隐隐见画如徐字者，及剔藓视之，则徐铉、徐锴二名并列，笔势有古人螺篆之法，非鼎臣、楚金不能书也。因遍历而寻，多得宋人题名，手拓以归，装为小册。后诸缙绅庄严岩佛匠者，往往以赭垩圬之。予每以此为山中俗客，败人佳兴，而所幸者此四字犹在也。然人不知寻者多矣。

宋太宗太平兴国五年（九八〇）改为普云寺；真宗景德四年（一〇〇七）又改为栖霞禅寺。哲宗元祐八年（一〇九三）改为严因崇报禅院；又为景德栖霞寺，亦称虎穴寺。明太祖洪武二十五年（一三九二）仍敕为栖霞寺。

清代之行宫　清乾隆二十二年（一七五七），二次南巡，大吏在中峰之左，建行宫以供驻跸，有春雨山房、太古堂、武夷一曲精庐、话山亭，有凌云意、白下卷阿、夕佳楼、石梁精舍诸胜，皆乾隆赐名。当时《南巡盛典》，载有栖霞山、栖霞行宫、玲峰池、紫峰阁、万松山房、天开岩、叠浪岩、珍珠泉、彩虹明镜、德云庵、幽居庵等景，称一时之盛。太平之役，通付劫灰。光绪三十四年（一九〇八）栖霞寺僧宗仰修葺，始渐复旧观也。

今日之情状　寺由栖霞街东行数百步，过旧时所谓“彩虹明镜”（即寺右之塘），经半月形之白莲池，始抵山门。门右碑亭，即唐高宗《明徵君碑》也。门内为天王殿，拾级而上，为毗卢宝殿〔图二一八、二一九〕，再上为藏经楼，各依山势层累而上。毗卢殿之左，走曲廊而下，出别院，即舍利塔及大佛阁，一称三圣殿，再上即千佛岩〔图二三二〕。中道为徐锴、徐铉题名处。上为玉冠峰，本名纱帽，四旁睨之其状酷肖，乾隆赐改今名。石壁遍凿佛像，据实地调查所得，为龛二百九十四，造像五百十五尊。上有默坐轩，今废。旧时其前立石曰明月台，每当月夜，可以眺江，见烟波浩浩，自寒影中来，若长虹，若环玦；台前为玲峰池，下为中峰涧，有巨石空灵奇变，杜于皇目为石髓，以在中峰，世谓之中峰石。今旧迹久湮，名胜多废，类不能指实其处矣。

由千佛岩渡涧而上，抵栖霞行宫故址，今日仅余殿基，茅屋一椽，为山人卖茶之所。从此循山径而行，过白云庵故址，上为白乳泉，有石壁大篆书试茶亭白乳泉六字。逶迤而上，可一小时，始达绝顶，所谓凤翔峰是也。登高而望，千峦起伏，尽出足下，遥见远山横黛，秀出云表者，钟山也。峰下临长江，风帆隐现，港湾纷歧，两岸良田千顷，如锦绣铺。回首中峰、龙、虎诸山，则郁郁苍苍，参差起伏，每当秋后，满山红叶绚烂，点缀松柏丛翠之间。山顶方圆可半亩，有三茅宫一座，山后有径，通龙潭江岸。峰下迤西，矗石凌空，两岩削立，其直如截，即天开岩也〔图二三三〕。岩中径仄且陡，又无石磴，欲登之者，必攀缘而上，偶一不慎，失足成千古恨矣。岩上有树生石罅中，其盘根深入岩底，树枝凌霄欲坠。岩旁更有石屏，禹碑在其阴，碑旧在南岳，明侍郎杨时乔摹刻兹山，并记缘起。前为叠浪岩，伏石万叠，状如波涛，旧有德云庵、般石台诸胜，今不可考矣。更前行，经桃花涧、一线天，又达寺后。旧有古佛庵，同治《上江两县志》云：

> 嘉靖中寺僧掘地得铜像于地，高二尺许，制度精古，不知为何代所铸，因以名庵。有明祖马后遗像。

今并亡。按寺后残基废址，触目皆是，石基雕刻，精妙异常，盖明代物也〔图二二一〕。抵珍珠泉，又达寺左，一路涧流萦回，溪径窈窕，乱石谽谺，风光胜绝。寺为南都惟一古刹，所谓千佛名蓝，六朝胜迹，与云冈石窟，南北相映。

### 栖霞寺东峰寻南齐明徵君故居　　刘长卿

山人今不见，山鸟自相从。长啸思齐主，终身卧此峰。
泉源通石径，涧户掩尘容。古墓依寒草，前朝寄老松。
片云生半壁，万壑遍疏钟。惆怅长空去，犹疑林下逢。

### 雨夜宿德云庵　　王士祯

精舍千峰上，禅关掩白云。下方群动息，风雨夜深闻。
瀑布遥争落，松声湿不分。却愁屐齿滑，绝顶闭氤氲。

### 雨中将往华山同尔止坐紫峰阁　　前　人

寂历山中雨，僧房昼掩门。还来紫峰阁，解带共清言。
危溜千岩落，中峰一涧喧。谁知江令宅，今是给孤园。

### 十一月五日雨中重游栖霞　　朱　偰

栖霞秋雨苦连绵，红树青山入望妍。
古径不曾缘客扫，丹枫依旧傲霜鲜。
行宫殿址蔓荒草，居士楼头锁暮烟。
怅望天涯何所见，江声暝色白云边。

六　岩山宏济寺及十二洞

岩山一名直渎山，在观音门外，北滨大江，西连幕府，东望乌龙、临沂、衡阳诸山，燕子矶其天险也[注六]。矶东有宏济寺，《南畿志》云：

弘济寺在石灰山北，临大江，洪武中即山建观音阁，正统初因阁建寺。

《上江两县志》卷三云：

……其侧有宏济寺，有吴道子石刻观音像，嵌绝壁上。洪武初即山建观音阁，正德初就阁建寺，危石半空，势若俯坠，以铁锁穿石系柱，下瞰大江，动魄惊骨，真天下之伟观也。寺今废，惟观音像尚存，然兵火摧残，风雨剥落，今片片碎矣。

寺今荒废，吴道子石刻观音像则移置三台洞，颇为完好，且无笔力，疑为赝鼎。观音阁尚存〔图二三九〕，危石半空，摇摇欲坠，悬壁有铁链，云是当年锁舟处；下瞰大江，云涛汹涌，惊心荡魄，今江面已去壁里许，无复当年伟观矣。

明乔宇《金陵游记》：……观音山下临大江，麓有一径，石甃而上，入弘济寺。寺之殿宇廊舍，负山横起，短垣长槛，接连而去。有阁自麓至梯绝处，凡数十丈，檐阿峻起，复系铁索于山前，置木槛，使可凭以瞰江上。阴风怒涛，势欲飞动；晴江净练，可以坐阅，夜当明月横江，尤可爱也。

**宿弘济寺晚登观音岩眺望** 王士祯

击楫凌沧洲，投宿招提境。入门优昙香，闻钟夜方永。
高枕听涛声，层轩抱江影。晓来微雨过，红叶满高岭。
凭阑见万里，云物殊清迥。长山去蜿蜒，上流压江郢。
海门控金焦，苍烟翳朝景。信美睇山川，霸图递烟冷。
何如学无生，抗迹云峰顶。

岩山十二洞，惟头台、二台〔图二四〇〕、三台洞为著。由宏济寺而西，沿山岩石嶙峋，林洞窅深，尤以三台洞为大观〔图二四一〕，中有穹窿，玲珑剔透，盖受江流洗刷，故窈窕空灵。有梯层累而上，达一线天〔图二四二〕，凡又数百级而达其顶，分为三台，故以为名。昔阮宗瑗《游燕子矶沿山诸洞记》，尝记各洞之名，得十有二，皆有名可考（仙源、上台、鳌鱼、中台、石床、莲台、水帘、三台、天台——其别室曰真武洞——王笋、达摩、猴儿）；而幕府山后，复有仙鹤洞，皆在直渎山幕府山临江一带。总之岩山石壁谽谺，洞壑幽深，皆昔年江流淘击所成，则其数正不止此十二洞也。

七　幕府山幕府寺　宝林寺　嘉善寺　观音庵

幕府山在神策门外，晋丞相王导开幕府于此，故名〔注七〕。山上有幕府寺，梁时所建，今因为要塞区，禁人登览。

《金陵梵刹志》：幕府寺，晋元帝渡江，王丞相建幕驻军于此，后改秀岩院。有达摩洞，前可瞰江。寺旁有芦数千枝，相传达摩折以渡江之余。

幕府山之东，接宝林山（今日汽车路穿山而过，可直达燕子矶），有宝林寺，本梁同行寺，今废。惟深山丛芜中，殿基重重，阶础尚在，犹可见其残址焉。

《至正金陵新志》：宝林寺在城西北二十五里，《旧图经》云：本同行寺。

梁天监中，武帝与志公同游此山，见林峦殊胜，命建寺，因名同行，亦名圣游寺。《事迹类编》：唐会昌中废；吴太和中复建，后改为秀峰院。至嘉祐中改赐今额。

南接铁石冈，有石佛阁、嘉善寺在焉。有苍云崖，最为幽胜，明焦竑题字摩壁上，乱石撑空，谽谺欲坠，两崖间旧有屋，石上镌观音（面部毁）及善财童子（颇为生动）〔图二四七〕，有碑，刻“万历丁未（一六〇七）秋建，明年二月成”。又有云窍石，竦立如人，众窍纷如，山雨欲来，云缕缕出，洵奇观也。

石佛阁旁有崇化寺，古高峰院也，今废。

幕府山之西，俗称老虎山，半山面江有观音庵，仅三楹，岩石纵横，林壑幽深，前望大江，风光尤胜。

八　其他城外诸刹

金陵四百八十寺，散处城外者颇多，今虽大半湮灭，然间亦有遗迹可寻者，如：

（1）本业寺　在京汤路南近阳山一带（凳子山与陶家山间）。今虽荒废，然遗迹数年前犹可见，且其下犹有和尚坟，碑记宣德年号，并重修本业寺事，可证其地为本业寺遗址也。

《建康实录》卷十七：天监九年（五一〇），置本业寺，西去县五十里，比丘净洁造，在蒋山里。

《金陵梵刹志》：本业寺在麒麟门外东城地，梁天监中释净玉舍宅为之。

明胡广《游阳山记》：……日午下山，回至小村市，望见树林阴翳中，一径沿涧上，两旁皆松柏，有古寺甚牢落，梁本业寺也。创于天监九年，五代时碑刻尚存。有古桂二株，其本枯朽，其旁枝复拱抱，又将枯矣，疑与寺同植者。……地志云，谢灵运墓在寺近，叩僧不知其处。……

（2）衡阳寺〔图二一一—二一五〕　衡阳寺在栖霞山西南清风乡衡阳山，即六朝时宝城寺，今存。院宇二进，有石刻及石造像，不类近代物也。

《至正金陵新志》：衡阳寺在上元清风乡。《乾道志》云：衡阳资福禅院，去城东北四十五里，即古宝城寺基。唐天祐三年（九〇六），徐温重建，改今额。

《白下琐言》卷八：衡阳寺在太平门外三十里清风乡，予赴北乡觅地，尝假宿其中。南朝朗法师结茅于此。有衡阳神女听经，因名；相传为志公出家之所。大殿有联云：“六朝钟秀，运启齐梁，朗禅师披草莱，占南朝四百八十寺之首；感龙女献泉，涓涓派流不息。五叶流芳，光吞吴越，宝志公剃须发，开西域三千七百年之灯；遇梁皇问道，赫赫声价弥高。”栖霞慈中印道人题。然志公少出家，止京师道林寺，师事沙门僧俭为和尚，见《高僧传》。又宝公林为志公出家地，见《宝华山志》〔偰按，不可信〕，而衡阳寺独无明文可证，则其说亦未可尽信也。

（3）祈泽寺　在高桥门外，与陈武帝万安陵相去不远。寺今日仅余十数楹，并无六朝遗物。因常为祈祷雨泽之所，故名。

张敦颐《六朝事迹编类》：祈泽寺，宋少帝景平元年（四二三）建，去府城二十里。梁朝置龙堂，有初法师者，结茅山下，诵《法华经》，有东海龙女来听。师曰："此山乏水，为我开一泉可乎？”后数日风雷良久，有清泉涌座下。

《金陵梵刹志》：祈泽寺在郭城高桥门外祈泽山，宋景平元年建；唐会昌中废；南唐昇元间复。宋治平间，改名祈泽治平寺。至嘉靖十二年（一五三三），常为祈祷雨泽之所。

（4）灵谷寺〔图一六九—一七二〕　灵谷寺在钟山东麓，于古为开善精舍。梁天监十三年（五一四）冬，葬宝志于钟山独龙阜，仍于墓所，立开善精舍，敕陆倕制铭辞于冢内，王筠勒碑文于寺门。永定公主又以汤沐之资，造五级浮图于其上，塔名玩珠，取龙玩珠之义。又赐玻璃珠，以为塔表（《六朝事迹编类》）。寺有张僧繇画志公像（《贞观公私画史》）及智藏法师碑，普通三年（五二二）萧抱书也（《至正金陵新志》）。陈后主尝幸钟山开善寺，召从臣坐于寺西南松林下，敕张讥、竖义折松枝以代麈尾，其逸致可想已（《南史·张讥传》）。梁昭明及元帝，皆有《开善寺法会诗》，元帝警句云（《古诗记》）：

牵萝下石磴，攀桂陟松梁。涧斜日欲隐，烟生楼半藏。

又陈阴铿、徐伯阳、释洪偃，皆有《游钟山开善寺诗》，铿警句云：

栋里归云白，窗外落晖红。古石何年卧，枯树几春空。

唐为宝公院；南唐为开善道场；宋为太平兴国寺，又为蒋山寺，皆为东南巨刹。明太祖因卜建孝陵，乃移寺于东麓，赐名灵谷寺。同治《上江两县志》记寺未改制以前之景颇详，堪引以供参考也：

灵谷禅林，本太平兴国寺，旧在独龙阜前，孝陵既建，移改今额。寺葱蔚深秀，中宏外拱，胜甲一邑。山门书第一禅林，入门行万松中，苍髯翠甲，拏攫夭矫，如虬如蛟；杳霭闲时复叒叒作海涛响。如此五里，方达梵舍，世所称灵谷深松是也。有放生池，植荷其内，或曰万工池也；相传凿池时曾役万夫，故名。中有一殿，累甓空构，自基及巅，都无寸木，名曰无量；俗以其宲桷弗施，呼为无梁矣。右为钟楼，左为说法台；台前有街，俗名琵琶，拍掌相应，有声如奏弦。台后有八功德水，以竹为笕，引水入寺，名曰竹递泉（见吴云《灵谷志》）。寺之东有梅花坞，灵芬艳雪，当春竞融。寺后有宝公塔，高五级，为志公藏骨地〔偰按宝公函明初曾移置鸡鸣寺，此说待考〕。壁有三绝碑……又有铁剪，吴云志以为隐天吴镇之半是也（剪上有天吴金三字）。乱后塔毁，覆以亭。其东麓龙神祠，以祷雨有验，故曾文正公重建焉。……

今灵谷深松，已无旧观，洪、杨乱后，仅无量殿岿然独存。自国府建都金陵，就灵谷寺殿址，改建阵亡将士墓，就无量殿改建祭堂〔图一七一〕，又造七层水泥钢骨塔于寺后，为阵亡将士纪念塔〔图一七二〕。于是寺半折入将士墓，半折入谭延闿墓，一代名刹，遂尽改旧观矣。

此外南都梵刹，散处四郊，而为六朝以后所建立者，为数尚夥，略举如下，以为殿焉：

（1）天隆寺　在中华门南七里，京建道上，居四山之中，森林蔽日，白鹭群栖，颇饶胜景。寺相传为梁极乐禅寺（不见于《南朝佛寺志》），明为古心塔院，律祖葬骨之所也。其坟尚在，规模颇宏，墓前石刻，大书“大明诏启皇坛传戒赐珠衣中兴律祖赐号慧云古心馨公大和尚之塔”，右书“传南山正宗第十三世”，左书“古林堂上开山第一代”。寺有泉，大旱不竭。

（2）岩山龙泉寺〔图二五〇〕　山在牛首之东，《寰宇记》谓其山岩险，故曰岩山。明韩宪王葬此，又谓之韩府山。龙泉寺建于明，有断臂崖之胜，今垂圮矣。

（3）岩山静明寺〔图二五一〕　寺在山西谷，昔多古木，景绝幽邃，明阉人罗志远建也（罗墓即在寺傍）。寺西有明南宁侯毛元墓，见第十章。

（4）广惠寺　寺在土山至方山道上骆村，系明代大刹，今仅余正统十三年（一四四八）广惠寺碑，攲倾欲倒〔图二五二〕。

（5）吉山永泰寺　在祖堂山之南，五峰联峙，侧看成峰，横看似屏，宋征虏将军建城侯吉翰葬此，因名。有永泰寺，梁建；南唐葬净果禅师，改名净果院。后复旧名，今犹有梵宇数楹。

（6）石佛庵〔图二四八、二四九〕　庵在汤山之北二十里，古为拈花禅院；有石佛洞，就山琢成佛像数十，略如千佛岩。有碑二，一为永乐，一为天启六年（一六二六）。按《建康志》

引石迈《古迹编》，武冈山有石佛十余躯，旧传唐武后造，俗呼为石佛子庙，或即此欤？

（7）长生禅林　在京芜公路左侧方家巷，钟刻五显禅林，而罏则刻净土禅林。寺有一正殿四偏殿，系近年新修，盖释道混合之寺宇也。

（8）芙蓉禅林眼香庙　在京芜公路之右高岗上，去城西南角不甚远，昔为大刹，今已荒落不堪，琉璃瓦砾，触目皆是。按宋高宗刘妃以治目疾祀，始有眼香之庙（见《牛首山志》），然在牛首山而不在此，意者其后世所转辗增建者欤？

（9）观音庵　在北固山（一称白骨山）顶，四望寥阔，远景极佳。庵已荒落，仅余数楹，然墙多古砖，盖由旧刹改建者也。

（10）邓府庵　在京芜公路之左，天界寺之东，邓氏家庵也，犹奉明宁河王邓愈之位（其西南即邓愈墓）。

（11）英台寺　明太监金英字子华，永乐时人，卒后所造，今在西善桥南。

（12）尚师庵　在钟山之东青马，已甚荒废。

（13）地藏庵　同上，在尚师庵之侧。

（14）珠峰寺　在湖熟，无足多述。

（15）大山寺　在牛头山西大山东麓，今仅余一楹（参阅《白下琐言》卷二）。

（16）观音洞　在岩山北麓，前临平野，远景颇佳。

（17）三山寺　在三山，下临大江，怒涛舂石，疏钟度云，境极清幽。

（注一）永乐十四年建立天妃宫，今废，惟碑独存。法人 Gaillard 著 Nankin D'alors et D'aujour d'Hui（Variétés Sinologiques No 23）（一九〇三年上海版）尝摄影并抄录碑文，时碑尚完整；民国二十三年著者前往调查，则龟趺之首已损，弃置碑旁，四周复建筑新屋，遗迹不久将泯灭矣。该碑雕刻极佳，且天妃宫之建，有关郑和出使西洋史乘，亟为抄录碑文如下：

御制弘仁普济天妃宫之碑（篆额）

仰维

皇考太祖高皇帝肇域四海幅员之广际天所覆极地所载咸入版章中外怀柔幽明循职各得其序朕丕承

鸿基勉绍

先志罔敢或怠抚辑内外悉俾生遂夙夜兢惕惟恐弗逮恒遣使敷宣教化于海外诸番国导以礼义变其夷习其初使者涉海洋经浩渺飓风黑雨晦冥黯惨雷电交作洪涛巨浪摧山倒岳龙鱼变怪诡形异状纷杂出没惊心骇目莫不错愕乃有神人飒飒云际隐显挥霍上下左右乍有忽无以妥以侑旋有红光如日煜煜流动飞来舟中凝辉腾耀遍烛诸舟熇熇有声已而烟消霾霁风浪帖息海波澄镜万里一碧龙鱼遁藏百怪潜匿张帆荡舻悠然顺适倏忽千里云驶星疾咸曰此天妃神显示灵应默加佑相归日以闻朕嘉乃绩特加封号曰护国庇民妙灵昭应弘仁普济天妃建庙于都城之外龙江之上祀神报贶自是以来神益显休应

视前有加凡使者及诸番国朝贡重译而来者海舶往还驾长风驭飞帆蓦数万里若履平地略无波涛忧险之虞歌吟恬嬉咸获安济或胶于滦冒入险阻则陵徙谷移略无关阂奇灵异效莫可殚纪今夫江湖之间以环海视之如池沼之多猛风急浪尚有倾樯破楫之患者况于临无涯不测之巨浸也哉然则神之功于是为大矣虽然君国子民其任在朕而卫国庇民必赖于神阴阳表里自然之道沧溟渤澥神之攸司凡风霆雨露寒暑燥湿调燮惟宜易沴为祥奠危为安铲险为夷皆神之能其可无文以著其迹爰书其事建碑于宫并系以诗曰

湄州神人濯厥灵　朝游玄圃暮蓬瀛
扶危济弱俾屯亨　呼之即应祷即聆
上帝有命司沧溟　驱役百怪降魔精
囊括风雨雷电霆　时其发泄执其衡
洪涛巨浪帖不惊　凌空若履平地行
雕题卉服皆天氓　梯航万国悉来庭
神庇佑之功溥弘　阴翊默卫向昭明
寝宫奕奕高以闳　报祀蠲洁腾苾馨
神之来兮佩珑玲　驾飚飚兮旖霓旌
云为扆兮雾为屏　灵缤缤兮倏而升
视下土兮福苍生　民安乐兮神攸宁
海波不兴天下平　于千万世扬休声

永乐十四年四月初六日

按《重增搜神》记，天妃林氏，福建兴化府莆田县滨海湄州林氏之女，著者在澳门亦尝见有天妃宫，盖福建人航海所崇拜之女神也。

（注二）见《晋京师瓦官寺释慧力传》及《南史·师子国传》。

（注三）寺前山下有晋阮嗣宗衣冠冢，近年重修。

（注四）参阅《白下琐言》卷一宝光寺一则。

（注五）明王世贞《游摄山栖霞寺记》，尚见江总持碑卧于地，拂而读之。

（注六）参阅第一章第二节直渎山。

（注七）参阅第一章第二节幕府山。

# 第十三章　园林及第宅

## 第一节　园　墅

金陵为山水之窟，六朝名迹无论已；即唐宋以来，园林第宅，亦都不能实指其处。明兴，以陪京之繁盛，士大夫丽都闲雅，润色升平，选胜探幽，园墅林立。如徐锦衣之东园（今白鹭洲）、西园（今愚园），三锦衣之凤台园，四锦衣之万竹园，徐元超公子之大隐园，焦润生之随园[注一]，尤其著者。及清，园林易主；太平之役，古迹如洗，仅胡氏之愚园、徐锦衣之东花园、秦学士（磵泉）之瞻园，犹可想见当年之遗迹焉。兹分城内外为数区，述略如下：

（1）城内西南隅

金陵园墅林立，其西南隅尤佳。六朝以来之名迹，如晋孙楚酒楼（志云在城西南）、刘宋南苑（梁改名建兴苑，志云在瓦官寺东北）、南唐宋齐邱南园（志云在城西南）、宋绣春园（图在淮水西南）、赏心亭及张咏折柳亭（志云在上下二浮桥之间），皆不能实指其处矣。明兴，凤台左右，园林相望。王侯子弟，纱帽隐囊，招集宾朋，风流跌宕，则有：

（甲）徐申之锦衣之西园，实为其冠。顾文庄《杏村诸园诗序》，谓其水木森秀，山谷窈窕，惜堂宇巨丽，差损山泽闲仪。中有古栝及石，皆宋时物也。武伦《西园诗》注，谓宋仁宗为昇王时手裁松以赐陶道士即此。今松已无存，而胡氏愚园（即西园）尚有刘秀高题名石焉。

（乙）三锦衣之凤台园。王弇州《名园记》所谓奇峰峻岭，参差岺嶨，怪木素藤，樛互映带者也。后废，地属凤游寺。

（丙）四锦衣之万竹园。王弇州谓其地大多种竹，今名尚存。

（丁）徐元超公子大隐园。在仙鹤街，经营于嘉靖中，明亡后犹属徐姓，后张稼兰居之。

至于名公巨德，闲宦退居，点缀林泉，从容游燕，则有：

（甲）张庄节公海石园，在萧公庙，海石高二丈许，径三尺有咫，具四面相，玲珑透漏，海气所蒸，五色烂然。幽房曲室，最为雅靓。有清绣堂，见《白云私乘》。

（乙）何公露凤嬉园。西北枕凤台山，亭馆池树，参差多致。

（丙）许长卿新旧二园。旧园在骁骑仓西北，为九天祠，内绣球花绝大而茂，可与凤台西园紫薇竞秀。新园在张氏佚园之北，本万竹园地也。

（丁）张孚之佚园

（戊）王尔祝太守园

（丁）（戊）皆分万竹园地，顾文庄谓其古树深篁，杳然异境。

（己）吴本如中丞园，即徐氏西园，有葆光堂、澄怀堂、海鸥亭、木末亭、荼蘼轩、桃花坞、梅岭、菊畦、荻岸、桐舫、茆亭、南轩、云深处诸胜。

（庚）汤熙台太守园。在杏花村口，地不甚广，而多嘉树，亭外老杏数株，花时红霞映地。

（辛）许无射园。在萧公庙东，入门曲房宛折，至迷出路，转入庙后，地忽宏敞，颇以竹树缀之。

（壬）张保御园。在许园北，清寂可人。

（癸）顾太初遁园。高处为小石山，为横秀阁，为郊旷楼；种梅者为月鳞馆，为快雪堂；又有花径、高卧室、劈花舫，主之以懒真草堂。松竹阴翳，最饶胜致。

此外文人墨客，各占胜区，月夕花晨，觞咏闲作，则多不可胜举。明社虽墟，未遭兵火，苔纹草色，履迹可寻；踵事增华，则又有邓氏青嶰堂（即万竹园址）、陶氏冰雪窝（即阮氏石巢园，老树小池，盎然古趣）、吴岐祥怡园（在护国庵），割青依绿，犹不甚荒凉也。逮至洪、杨之乱，古迹如洗，辛亥以还，旧家荡然，今日而访问昔时园林，半已化为荒烟蔓草，盛衰之感，岂独《洛阳名园记》已哉！其尚有规模可寻者，惟胡氏愚园及蔡家花园〔图三一三、三一四〕而已。

胡氏愚园者〔图三〇九—三一二〕，煦斋太守之所筑也。前临鸣阳街，后倚花盏冈。明为西园，后为吴中丞园；兵燹以来，瓦砾纵横，煦斋乐其幽旷，货而有之。由屋西入园，曲折绕廊行，过双桂轩，出清远堂后，甃石为池，荇藻漾碧，松柏翳青；有小阁居累石中，两旁皆假山，嵚岈欲坠，嵚崎万状〔图三〇九—三一一〕。循假山而西，磴道萦回，而跻于巅，孤亭耸峙〔图三一〇〕，若飞鸟之将翔。读邓熙之《愚园记》，昔尝以机引池水为瀑布，返泻于池，铮铮声若琴筑；今已久废，池水亦垂竭矣。其东仿倪高士师子林，叠石空洞，曲径宛转，忽升以高，忽降以下，而达于东亭，亭南为栖云阁，与双桂轩相连；回首西望，亭榭掩映，林壑幽窅。非胸有丘壑者，曷克臻此！池北为春晖堂〔图三〇九〕，右庭植桂四五株，杂艺鸡冠老少年之属，馥烈从风，陆离渲雨，每当深秋送凉，香色四溢；

今则贫民杂处，花木荡然尽矣。出假山而南，为清远堂，轩豁洞敞，为一园之胜；其右为水石居，前临清塘，大可数亩，芙蕖作花，疏密相间；红房坠粉，翠盖滴露；长夏南窗毕启，薰风徐来，荷香暗袭，倚槛披襟，溽暑顿失。由清远堂循东岸南行，曲篱缭绕，竹树蒙密，至旧课耕草堂，不翦茨，不丹漆，规制俭朴，略如农家。今有孝子坊，相传胡煦斋性至孝，园居不离母侧，母没投园池以殉，家人觉而救，后以孝子被旌，建坊园中。草堂之后临池，为秋水蒹葭之馆，旧时水木明瑟，湛然清华，今则浊水一湾，景无足取。沿塘渡桥而南，登高阜，旧时梅花几三百本，枝干虬曲如铁。更有高阁窿然，踞冈阜之岭，登阁而眺，东北诸山，烟云出没，如接几席，因名阁曰延青。坡陀东下，度石桥，北与清远堂正对，为胡氏家祠，年久失修，古色黯然。缘塘西北行，多海棠桃李梅杏枇杷樱桃，花时嫣红欲滴，今多为人侵占，尽余沿塘一径矣。堤傍临水有榭，署曰柳岸波光，今圮；基后拾级而上，为月洞门，隔岸望课耕草堂，风景似在村落间〔图三一二〕。北度曲桥，绕水石居之后，过孺慕亭，转假山石，又达回廊，复与清远堂接矣。凡斯园之中，各据胜概，而隐有内外之限；自回廊以西，南至清远堂水石居，为内园，擅山石之胜；自清远堂以南，循长堤至延青阁为外园，饶旷远之致。今胡氏久衰，园林亦呈消沉零落之象，读邓熙之《愚园记》，诚有不胜今昔之感者矣。

（2）城内西部

城西诸园，以随园为最著，扫叶楼、盋山园、乌龙潭次之。兹择要叙述如下：

随园在小仓山，旧为隋织造园；袁枚官江宁县令，亦筑园于此，易隋为随。袁以诗名盛于时，搜奇挹胜，吐纳烟景，园所蓄蕴，皆泄于诗，一时士大夫多从之游，园遂盛称于世。顾云《盋山志》谓天下所称名园者也。园外数武，有小桥名曰红土桥，江宁诸达官访随园者，仪仗不过此桥，以示雅慕之意。今旧迹荡然，仅有“清袁随园先生墓”碑，当干河沿南山坡上；袁子才先生祠，破椽一楹，当干河沿北，今又筑为马路；随园旧迹，扫地尽矣。

袁枚《随园记》：金陵自北门桥西行二里，得小仓山；山自清凉山胚胎，分两岭而下，尽桥而止，蜿蜒狭长，中有清池水田，俗号干河沿。河未干时，清凉山为南唐避暑所，盛可想也。凡称金陵之胜者，南曰雨花台，西南曰莫愁湖，北曰钟山，西曰冶城，东北曰孝陵，曰鸡鸣寺，登小仓山，诸景隆然上浮，凡江湖之大，云烟之变，非山之所有者，皆山之所有也。康熙时织造隋公，当山之北岭，构堂皇，缭垣牖，树之荻千亩，桂千畦，都人游者，翕然盛一时，号曰隋园，因其姓也。后三十年，余宰江宁，园倾且颓弛，其室为酒肆，舆台嚾呶，禽鸟厌之，不肯妪伏，百卉芜谢，春风不能花。余恻然而悲，问其直，曰三百金，购以月俸，茨墙翦阖，易室改涂，随其高为置江楼，随其下为置溪亭，随其夹涧为之桥，随其湍流为之舟；随其地之隆中而欹侧也，为缀峰岫，随其蓊郁而旷也，为设宦窔。或扶而起之，或挤而止之，皆随其丰杀繁瘠，就势取景，而莫之夭阏者。故仍名曰随园，同其音异其义。落成叹曰："使吾官于此，则月一至焉；使吾居于此，则日日至焉，二者不可得兼，舍官而取园者也。"遂乞病，率弟香亭甥湄君，移书史居随园。闻之苏子曰："君子不必仕，不必不仕。"然则余之仕与不仕，与居兹园之久与不久，亦随之而已。夫两物之能相易者，其一物之足以胜之也。余竟以一官易此园，园之奇可以见矣。

**袁枚《随园二十四咏》(选录)**

小人有老母，仓山多白云。奉母居山中，板舆常欣欣。
看花与山共，采药与山分。仓山云舍
聚书如聚谷，仓储苦不足。为藏万古人，多造三间屋。
为问藏书者，几时君尽读。书仓
秋斋号小眠，空廊无响蹀。读倦偶枕书，书痕印满颊。
不知窗外花，飞过几蝴蝶。小眠斋
梅花杂玉兰，排列西南峰。素女三千人，乱笑含春风。
我记相别时，瑶台雪万重群。玉山头
我取西子湖，移在金陵看。时将双镜白，写出群花寒。
前湖饶荷叶，后湖多钓竿。双湖
山头峰百层，山下泉一尺。叶落水面清，月落水光白。
此水淡无言，泠泠终日碧。澄碧泉
万事不嫌小，但问能成家。我有一间屋，公然类栖霞。
绝壁屋前山，天香屋后花。小栖霞
辟暑如辟客，一室阴悄悄。高梧拒日多，曲涧引风早。
热中人偶来，也觉此间好。凉室

扫叶楼〔图二九二、二九三〕在清凉山南麓，即半亩园也。上元龚半千贤隐居处，尝绘一僧持帚作扫叶状，因以名楼。有联云："四面云山朝古刹，一天风雨送残秋。"凭栏静坐，城外帆樯过石头城下，影掠窗前；而莫愁湖、雨花台，皆迢迢在望。今属善庆寺，品茗之胜地也。盖龚半千为名画家，所选园林果不虚也。

**龚贤《半亩园诗》**

嘘嗟少年日，识事苦不深。自知非通才，奚足承华簪。
一丘养吾志，天空鸣素琴。摄生调茗药，户外多幽寻。
希寿七十年，而正黔娄衾。私谓此薄分，苍公必鉴临。
孰知彼苍者，大笑如不任。笑我疲足马，敢具冥鸿心。
英雄求神仙，尚谓思荒淫。责我太狂瞽，罚我走崎嵚。
觅食不毛地，冰霜坏衣襟。皮宽止裹骨，鬓焦喉亦喑。
壮岁始有家，儿童已森森。辟贼还辟兵，奔腾如惊禽。
因而赋归来，莫辨家山岑。瓦屋四五间，购之将百金。
余地才半亩，新竹乍成阴。晨兴复偃仰，颇畏人事侵。
饥死不再出，回首皆汤燖。今年旱已甚，旅游思甘霖。
谷价不及腾，岂忧虚釜鬵。荷锄答成功，戮力补高吟。
寄谢交游人，与子别升沉。知己越天末，岁时遗好音。

盋山园在龙蟠里，安化陶文毅澍所筑也。园兼惜阴书院、四松庵址，金陵印心石屋在其中。倚山麓为石台，冠屋于上；山巅有亭曰听秋，魁松桧而立，陶公所谓金陵山水，盘互映带，俨如图画者，亭实有焉。今惜阴书院为国学图书馆，南京藏书最富之所也。

乌龙潭在小仓山麓，旧说晋时有乌龙见，故名。唐颜鲁公置为放生池，潭上旧有放生庵，为祀公处。按《唐书》：乾元二年（七五九），诏天下临江带郭，各置放生池八十一所，公所置在秦淮太平桥侧。兹潭在清凉山，今之城内。昔为城外，当秦淮西北沿石头将入江处，所谓临江带郭相合也。后邵阳魏刺史源居金陵，筑为别墅，曰小卷阿，有宛在亭，在其中央，岚影波光，风景胜绝。今亭垂圮，潭亦渐淤，然山光水色，固犹昔日也〔图二九四〕。

陈文述《乌龙潭访颜鲁公放生池诗》

神龙潜伏处，池为放生开。游女施钗去，残僧洗钵来。
鲁公应有记，江令本无才。留得空王宅，残碑掩绿苔。

（3）城内东南隅

城东诸园，大半荒废，今就史籍之可考者，列举如下：

市隐园　在大油坊巷，明姚元白淛园，淛园居待养，与顾东桥、顾清甫等为友。其子之裔，建海月楼于中。孙履素拓南面而大之，以北半归何侍御淳之，命曰。

足园　淳之字仲雅，巡按福建有政声。明亡后龚尚书鼎孳挈顾眉娘寓此，值其初度，张灯燕客，而园名益振。今皆无存。

丁继之水亭　秦淮两岸，试馆如林，率筑台榭。傍南岸者，以合肥刘氏河厅为冠，盖在丁字帘前遗址左右（对河水港歧出如丁字形，所谓帘前丁字水也）。或曰即丁继之水亭，复社会文处也。《桃花扇》尝纪其事，常张灯，曰“复社会文，闲人免进”。

长吟阁　在桃叶渡旁，明吴子充筑阁河上，啸咏其中。朱元律诗所谓“秦淮别派小成湖”是也。今亦无存。

随园　在汝南湾，晋汝南王南渡家此，旁即东冶亭，六朝士大夫饯别之所也。明焦太守润生之随园在焉。今无存。

东花园　在苑家桥，今白鹭洲，徐锦衣之东园也。中有世恩楼，徐霖所篆额也。《弇州名园记》云：“东园一曰太傅园，初入门杂植榆柳，余皆麦陇，转而右，为心远堂，为月台，为小蓬山，有峰峦洞壑亭榭之属。左有一鉴堂，枕大池，丹桥迤逦，凡五六折，桥尽有亭，宛在水中央，一水之外，皆平畴老树。”东园庄丽，为诸园冠，有园丁苑姓居桥旁，故桥以苑名矣。今园已泯，仅余茶肆草亭，今改为白鹭洲公园〔图三〇二〕。

韩氏园　在翦子巷，古名周处街，巷内有明韩通政国藩园。石山中峰高可二丈，宋贤题跋甚众，从徐氏东园购得者也。今亦无存。

快园　在箍桶巷，江宁徐霖园也。明武宗南巡时，尝幸其园，于晚静阁下钓鱼失足，落水中。园内有宸幸堂、浴龙池，皆纪实也。后园数易主，至清为凌霄所得。今虽废为丘墟，而春水鸭栏，夹以桃柳，土人犹呼为小西湖焉。

瞻园　在武定桥东，清嘉庆时，秦硐泉学士归老后居之。取欧阳永叔瞻望玉堂，如在天上之意，名其园曰瞻园。有东山楼，又树柏梓桐椐四本于庭，曰百子同居之堂。相传园址本明桐城何文端公如宠赐第，今名为大夫第，从秦硐泉官名也。

（4）城中部（以淮北及杨吴城濠之南为界）

城中第宅相望，官署林立，其园墅之大者，列举如下：

瞻园　徐中山王达园，在大功坊（今改中华路）。园以石胜，有最高峰，极其峭拔；其余石坡、梅花坞、平台、抱石轩、老树斋、翼然亭、竹深处诸胜，皆名实相称。石之下多邃洞，窅曲盘纡，颇称屈折。清改为藩署园，悉仍其旧。咸丰中毁，乱后重建，非复前规矣。今为内政部，园大部为某学校所占。

半亩园　在金沙井，江宁杨竹村观察筠园，饶山石之胜，有合欢花二株，与石峰高出层檐〔图二九六〕。

西园　在国府西参谋本部，有石船，系太平天国遗迹，更有水榭、漪澜阁、夕佳楼诸胜，山石点缀颇佳〔图三〇五—三〇八〕。

楝亭　在八府塘，旧江宁织造署也（今为国货展览会）。清雍正时，曹寅在署筑亭课子，树楝其侧，名曰楝亭。或曰，曹雪芹写《红楼梦》之所也。

立法院花园　旧为李鸿章宅园，窅曲深邃，饶山石林泉之致。

絜漪园　在羊皮巷，溧水濮青士太守文暹园。大小塘五，多白菡萏，树木皆果实，后接菜畦，自成村落，游者忘其身在园中也。今废，其一部折入国防设计委员会。

第一公园　在复成仓，民国初为李纯所建，名曰秀山公园。十二年齐燮元督苏，追念李纯，增建英威阁。十八年更名第一公园，改英威阁为烈士祠。

（5）城东及北部

竹园　在竹桥西汉府之后，明武定侯园也。今废，地属毗卢寺。

庸园　在大悲巷，上元罗叔重上舍鼎亭园，杂植果木，有古方井，水极清澈。今改雍园。

半野园　在双龙巷东东仓巷，为诗人刘必晖之孙梦芳所筑，园中有秋水堂、青松白石山房、梅花书屋、积翠轩、因山楼、爱夕亭诸胜，今废。

晚香山庄　在鸡鸣寺北胥家大塘，蔡友石观察购为屋舍，名曰晚香山庄。今废，案顾文庄云："鸡笼山后沿水径而上，萝木蒙翳，初若无有，豁然开朗，别一世间，池数十亩，旁植杨柳，中种荷芰，水田村舍，仿佛桃源。"即此。余尝由隔岸摄台城，柳荫深垂，颇有"依旧烟笼十里堤"之概。

（6）城外

漆园、桐园、棕园，在钟山之阳，洪武初造海运及防倭战船，油漆棕缆，用繁费重，乃立三园，植漆、桐、棕树各千万株，以备用而省民供焉。今废，树亦皆尽。

刘园在聚宝门（中华门）外，上元刘舒亭文陶园，一曰又来园，有刘公墩、菡萏居、虚明室、萦青阁、拥翠堂、豆花棚、访林桥、罜钓湾、绿尖阁、多竹居、小桃源诸胜。占地无多，而随堤布置，疏落有致。今诸景尽废，园墙亦圮，惟疏柳数株，掩映小桥之上，犹有昔日风味也〔图二九五〕。

**杨长年《刘园诗》**

寂寞荒郊久不春，故园今日焕然新。
一丘一壑归同姓，还喜名山得主人。刘公墩怀古

虚明必待月来初，月未明时室但虚。
须识庄周能化蝶，白生又可变蟾蜍。虚明室卧月

要从高处建楼台，眼界才能放得开。
南北诸山皆有寺，螺青都自佛头来。萦青阁看山

化工画笔最离奇，一白能令万绿披。
底事玉堂行禁体，不教獭祭便无诗。拥翠堂对雪

莫愁湖〔图二九七—三〇一〕，在水西门外，相传南齐时卢莫愁〔图三〇〇〕居此，故名。莫愁旧有数说，析述于下：

（1）莫愁洛阳女说　梁武帝《河中之水歌》云：

河中之水向东流，洛阳女儿名莫愁。
莫愁十三能织绮，十四采桑南陌头。
十五嫁为卢家妇，十六生儿字阿侯。
卢家兰室桂为梁，中有郁金苏合香。
头上金钗十二行，足下丝履五文章。
珊瑚挂镜烂生光，平头奴子擎履箱。
人生富贵何所望，恨不早嫁东家王。

又《乐府解题》曰："古歌亦有《莫愁洛阳女》。"此盖最初之传说也。

（2）莫愁石城女说　《唐书·乐志》云："《莫愁乐》者，出于《石城乐》，石城有女子名莫愁，善歌谣《石城乐》，和中后有忘愁声，因有此歌。"《古今乐录》曰："《莫愁乐》亦云《蛮乐》，旧舞十六人，梁八人。"唐张籍诗云：

莫愁家住石城西，月坠星沉客到迷。
一院无人春寂寂，九原何处草萋萋。
香魂未散烟笼水，舞袖休翻柳拂堤。
兰櫂一移风雨急，流莺千万莫长啼。

按张籍和州人，此所谓石城，盖即金陵之石头城。宋乐史《太平寰宇记》从其说，始有莫愁湖之名。

（3）莫愁系竟陵之石城女而非金陵之石城女说　洪迈《容斋随笔》云：莫愁郢州石城人。梅鼎祚曰："金陵莫愁湖以石城误名耳，非误始周也。"（周美成《西湖一阕》，专咏金陵，有"莫愁艇子曾系"之语。）又《乐府清商曲·西曲·莫愁乐》云：

莫愁在何处，莫愁石城西。艇子打两桨，催送莫愁来。
闻欢下扬州，相送楚山头。探手抱腰看，江水断不流。

此所谓莫愁，亦指楚之莫愁。马士图《莫愁湖志》，亦尝列举是说，谓石城在竟陵，非金陵之石头也。

按文学上之传说，本飘忽靡定，如游丝悠扬，浑无定着。乃马士图欲折衷（一）（二）两说，谓“梁武此诗，乃指刘宋时洛阳美女名莫愁者，远嫁江东之卢家，借河水东流不返，譬其独离乡土；歌末谓虽处富贵，欢会实稀，何如早嫁故乡东家之为得也。”定欲指实莫愁为金陵石城女，而创为莫愁非妓之说，适足以见其陋矣。

至于莫愁湖之名，始载于宋乐史《太平寰宇记》，嗣后吟诵者日多，湖名日著。明初筑楼其侧，相传为明祖与徐中山弈棋之所。中山棋胜，明祖以湖输之，遂为徐氏汤沐邑。明社既屋，日就荒凉，及李尧栋出典江宁郡事（乾隆癸丑，一七九三），公余之暇，往来莫愁湖上，辄称为金陵第一名胜。惜其倾颓，捐俸为建郁金堂三楹，又于堂西补筑湖心亭，杂植花柳，以仍其旧。李有櫂歌二十首，传诵一时。及洪、杨兵起，鞠为茂草。金陵既平，曾国藩督两江，以同治十年（一八七一）修复莫愁湖胜棋楼，并收买姚姓别墅荒基，点缀亭榭。曾常往来其间，有“江天小阁坐人豪”之句，后人名其阁曰曾公阁〔图二九七、二九八〕，旧有肖像，今移置胜棋楼。此莫愁湖之沿革也。

胜棋楼〔图三〇一〕在莫愁湖东岸，即郁金堂故址。旧属华严庵，今改为莫愁湖公园，入门，垂柳依依，一院寂寂，登楼而望，钟山龙蟠，石城虎踞，遥眺江北诸峰，远山横黛，秀出云外。晚景苍茫，尤饶胜景，而湖名莫愁，楼祀中山，六朝金粉，开国元勋，尤令人凭吊不止也。

**古　意**　　沈佺期

卢家少妇郁金香，海燕双栖玳瑁梁。
九月寒砧催木叶，十年征戍忆辽阳。
白狼河北音书断，丹凤城南秋夜长。
谁为含愁独不见，空教明月照流黄。

**秦淮杂诗**　　王士祯

潮落秦淮春复秋，莫愁好作石城游。
年来愁与春潮满，不信湖名尚莫愁。

**莫愁湖**　　陈文述

乐府清商旧有名，美人家在石头城。
从今莫唱襄阳曲，湖雨湖烟过一生。
烟柳丝丝白下门，湖波风淡不生鳞。
石城一角青山影，忆煞烟波打桨人。
芙蓉香淡蓼花秋，仿佛婵娟载月游。

两字莫愁空记取，六朝山色向人愁。
淡烟疏雨似潇湘，燕子飞飞话夕阳。
何处红楼遥问讯，卢家少妇郁金堂。
花外红阑一曲横，清凉山对小楼青。
江山功业湖山乐，第一英雄是武宁。
何处埋香吊绿芜，行人犹说莫愁湖。
秦淮河上如花女，问有眉痕似尔无。

**郁金堂后题影**　　朱　偰

系艇垂杨映绿浔，郁金堂上画帘深。
一从环佩声初歇，忍见雕梁燕再临。
烟雨满湖澄水碧，楼台半郭夕阳沉。
江山自是钟灵秀，依旧寒流绕石岑。

**莫愁湖**　　前　人

芳湖西望接城阙，十里芰荷号莫愁。
兰室桂梁今宛在，郁金堂外水空流。
莫愁风雨自多愁，金粉飘零楚水头。
征戍辽阳秋月夜，那堪长望隔沙鸥。
丝丝烟柳石城门，楼外斜阳水外村。
金粉六朝零落后，莺花犹是美人魂。

## 第二节　第　宅

金陵于明为陪都，王侯第宅，夹道相望，六百年来，陈迹未尽泯灭，犹可指实其处者，立为一表。至于亭馆台榭，早已湮没，年来变革之巨，几于无踪迹可寻，则概付略诸。明以前各代，则年代较远，如晋之王、谢，齐之西邸（竟陵王子良宅）、东田（文惠太子所建），梁之郊园（沈约），陈之江令宅，以及唐青溪王昌龄故居，皆湮没而莫考，且挂一难免漏万，故尽付阙如。

（1）徐中山王府　在大功坊，今内政部，犹存楠木大殿，今为礼堂。

（2）常开平王府　在常府街，府门建雕花牌楼甚庄丽，此花牌楼之所以得名也。门楼外有桥，名门楼桥。

（3）李歧阳王府　在马路街李府巷，今遗宅不可考。

（4）邓宁河王府　在中山东路北邓府巷。

（5）沐黔宁王府　在沐府西街，为明黔宁王沐英府第故址。

（6）信国公汤和宅　在信府河街。

（7）汉府　在西华门外，洪武初，封陈友谅子理为汉王，建府西华门外，后徙高丽。永乐中，封子高煦为汉王，亦居之，旋以反诛。清初改为织局，今犹存汉府西街。

（8）马士英宅　在鸡鹅巷。

（9）阮大铖宅　即石巢园，在库司坊，世人秽其名曰裤子裆，此外街道名称，以人得名者，略举如下，聊当南都坊巷志也：

（1）顾楼街　晋顾恺之以善画名，而有痴疾，时人以所官虎头将军谓之虎头痴，宅中有楼，故以名其街。

（2）状元境　宋秦桧父子居此，皆举状元，以丑其人，故没其姓氏。

（3）马府街　明马三宝太监所居，即下西洋之郑和也。

（4）卢妃巷　一名美人巷，今名洪武路，卢妃（明世宗妃）居此，故名。

（5）宗老爷巷　崇祯时学政宗敦一居此。

（6）程阁老巷　明阁老程国祥居此。

（7）三元巷　明尹凤中武试三元，故以名巷。凤后与倭寇战，屡有功。

（8）许家巷　明尚宝寺卿许会元谷居宅在此，故名。

（9）张都堂巷　明都御史张琮故居。

（10）沈举人巷　明举人沈九思居此，九思有学行，生徒敬之，名其里曰沈举人巷。

（11）焦状元巷　焦淡园居此，万历乙丑，大魁天下。

（12）黄状元巷　为清黄殿撰思永故宅。

（13）秦状元巷　秦硐泉未达时故居，旧在江宁县左。

（14）张家衙　旧名张家园，明张庄节公可大宅在此。

（15）方家苑　旧名方家巷，明世宗孝烈皇后家居此。

（16）朱状元巷　因明朱侍郎之蕃居此得名。

（注一）非袁枚之随园，园址当在东冶亭左右。

# 第十四章　结　论

金陵历代史迹，已为图为考，详述如上。自今而后，实已入于一新的阶段，新式之建筑，近代之工业，已随所谓“西化”而俱来；重以街道改筑，地名改命，房屋改建，今日之南京，实已尽失其本来之面目，而全然趋于欧化矣。试登清凉山，北望新住宅区，或登北极阁，南望城中，则见洋楼栉比，红屋相映，有不骇然而惊于变化之速者乎！新都之气象，固日新月异，然而古迹之沦亡，文物之消灭者，乃不知凡几矣！于是古物之珍存，文献之保管，乃为当前之亟务。

政府于此，亦未尝无相当之机关也。如古物保管委员会也，古物保存所也，然机关止于机关，保管保存，亦徒然成为具文而已。尝亲见明故宫之建筑新馆，地下发掘所得石阑柱头雕龙刻凤，以及瓦当石刻之类，俱为外人或古玩商人，盗买以去。尝亲见著名古墓，次第被掘，或平其墓以为建筑之地，或利其宝以为获利之赀。又尝亲见六朝陵墓，日就残破，如栖霞山西北张家库之古墓，初至头部已有裂痕，再至剥落更甚，三至则并下颚亦已不存矣。又尝亲见寺观祠宇，因驻军关系，荒废零落，日甚一日。凡此种种，不一而足，长此而往，非至历史遗迹，尽归消灭沦亡不止。余于三四年来，见历代古迹，日趋湮灭，年复一年，日复一日，以四千年声教文物之邦，而古迹沦亡若是，无人保管，无人注意，余有深哀焉。窃以为苏俄共产之邦，犹珍重历史古迹，至若意、法、德、英等国，则保藏古物，搜存遗迹，惟恐不逮。我国文化古邦，今竟若何！余有慨于斯，故竭三载之力，四出调查，写为此编，冀以及时摄影测量调查之工作，保存古物于万一。三载以来，所摄之影或已原物不存〔图一三三、一三四等〕，或已日趋损坏（明宁河王邓愈墓碑），则此种工作，未尝不无重要意义在内也。设余之著述及图版，能引起社会注意，进而督促政府，注意古物之保存，弗徒设机关，而不事工作，使金陵古迹，应修复者修复，应保管者保管，应登记者登记，应发掘者发掘，使先民文物，得以保存而不坠，则固民族文化之大幸。设不然者，南京竟变为完全欧化之都市，虚有物质文明之外表，则吾之图考，将永成为历史的记载，此固民族文化之不幸，然而是则无可奈何，亦惟有听之耳。余个人之责任，尽于此而已。

二十五年一月十四日，全书脱稿于金陵青溪